ちくま学芸文庫

ロック入門講義

イギリス経験論の原点

冨田恭彦

筑摩書房

ロック入門講義【目次】

ロック入門講義——イギリス経験論の原点

はじめに

ジョン・ロック（1632–1704）と言いますと、社会のあり方についていろいろ提言した人かなと、多分思っていただけるのではないでしょうか。例えば高校で、「自然状態」とか「社会契約」とか、「労働価値説」とか「寛容」とかを、ロックの名前とともに教わられた方も、おいでになると思います。

確かにロックは、そうした社会思想・政治哲学の分野で、大きな役割を果たしてきました。彼の『統治二論』や『寛容についての書簡』などに見られる思想は、自国イングランドの一連の動向においてだけでなく、アメリカ独立革命やフランス革命においても、その理論的基盤を準備するのに大きく貢献しました。

それだけではありません。彼のそういった思想は、現代の日本社会のあり方や、私たち日本人の社会意識においても、大きな影響力を行使してきました。とりわけ明治以降、彼の社会思想は、多くの場合、それと意識されることなく、私たち日本人の考え方の中に深く浸透してきたのです。

そうしたロックが、特定の分野の問題に特化してではなく、およそ人間の知的営み全般が持つべき基本的な姿勢について提言を行ったのが、主著『人間知性論』でした。

この『人間知性論』も、さまざまな形で後世に影響を残しました。しかも、その内容は、ロックの社会思想のさらに基盤をなすようなものでしたから、それを抜きにしてはロックを理解することができないような、多大の重要性を持っていました。ところが、そうした重要な書物であるにもかかわらず、ロックがその書で示した「経験論」的観念説は、社会のあり方に関する彼の見解と比べますと、誤解にまみれ、その意味で、いまだにその実質が十分に理解されているとは言えそうにありません。

例えば、ロックは「タブラ・ラサ」と言ったといまだによく言われますし、すべての知識を経験から得られるとした、と言われることもあります。もっと深刻なのは、ロックの経験論では心の直接的対象は心の中にある「観念」であり、ロックはこれを導入したことによって外の世界のあり方を私たちにはわからないものにしてしまったという、まことしやかな主張です。加えて、ロックは「抽象観念」というありもしない観念を論じたとか、観念を得ることを知識を得ることと同一視したとか。このような誤ったロック像が、今でも横行しています。

ロックの社会的・政治的発言についての丁寧な読解の試みに比べて、『人間知性論』に見られる彼の経験論的観念説は、いまだに誤解と誤読にまみれているというのが、大方の実情です。

こうした誤解や誤読に加えて、『人間知性論』には、それへの否定的評価を促す、別の伝統的無理解がありました。それは、ロックが、王立協会の初期の会員で、れっきとした科学者であったことに対する無理解であり、また、古くから自然科学の重要な方法であり続けている「仮説的方法」の論理に対する無理解でした。

ロックは一七世紀後半に活躍したイギリス人ですが、同じ世紀の前半には、フランスにデカルト（1596-1650）がいました。ロック同様科学者であったデカルトは、科学に基礎を与えるものとして、「第一哲学」（当時の公用語であったラテン語では prima philosophia プリーマ・ピロソピア）を構築しようとします。デカルトは、第一哲学は科学に依存するものであってはならないとし、その結果、絶対確実な知識を一つ一つ積み上げてできあがるという学問観を明確に打ち出し、この学問観がのちのちまで多くの人々に影響を与えることになりました。

これに対して、ロックが『人間知性論』で展開したロック的「第一哲学」（ロックはこのような言い方はしませんが）は、デカルトのそれとはずいぶんと性格を異にしています。それは、あからさまに、自身が是とする自然科学的見地を当然のように援用するものだったからです。

ロックは、『人間知性論』の目的について、次のように述べています。

人間の知識の起源と確実性と範囲を探究し、あわせて信念や意見や同意の根拠と程度を探究することが、私の目的である〔……〕。(John Locke, *An Essay Concerning Human Understanding*, ed. Peter H. Nidditch [Oxford: Oxford University Press, 1975], I. i. 2, p. 43.)

この文言が示すように、ロックの『人間知性論』は、のちの人々が「認識論」と呼んだものをことととしています。個々の学問的営みとは別に、知識や、知識とは言えないけれども信じてよさそうなものについて、それはどこから得られるのか、どこまで可能なのかということを、検討しようとしたのです。

この認識論的営みの中で、ロックは現代のさまざまな思想を先取りするようなおもしろいことを、いくつも述べています。けれども、先に述べた誤解と誤読のために、その内実が十分に捉えられることはほとんどありませんでした。そして、特にロックの真意を理解することを妨げたのが、デカルトとは違って自身の是とする自然科学的見地を当然のように用いるのは、そもそも認識論としてナンセンスであるという、ある種の絶対主義的嗜好を持った人々の思い込みでした。

実際には、当のデカルトの場合にも、その第一哲学の営みは、いくつかの重要な点において、自身の自然科学の知見に牽引されていました。つまり、公式には、科学とはまったく独立に科学を支える第一哲学の営みが必要だと主張しながら、彼の第一哲学もまた、彼が是とする科学的思考を援用していたのです。けれども、科学とは独立に成立するある種の絶対的知識の体系を構築するというその公式的見解は、のちのちまである人々を魅了し続け、科学を用いて科学を考察するロックは、それとは対照的に、ナンセンスとされたのです。

「自然主義」(naturalism)という言葉は、さまざまな用法を持ちます。今問題にしている分野での「自然主義」は、科学を考察するのに科学を用いるという立場を意味します。その意味で、ロックが『人間知性論』で展開した認識論は、典型的な自然主義的認識論でした。これに対して、ロック以後主流となったのは、デカルト流の反自然主義的な見解を当然視する人々の立場でした。つまり、「第一哲学」や「認識論」と呼ばれるものは、科学に属する見解をそこに持ち込んではならず、もしそれをするなら、それは悪しき「循環」でしかない、とされたのです。そうした絶対主義者の基本的見地は、単なる独断でしかなかったのですが、独断的絶対主義者は、『人間知性論』におけるロックの言説はデカルトやカントやフッサールらの試みに比して一段劣ると、十分な検討もなく一方的に断定してきたのです。

しかし、幸いなことに、今では、そうした独断的絶対主義者の言説を真に受ける人々は少なくなり、そうした立場を疑問視し、独断的思考停止をせず、われわれにとって知識とは何か、何を信じて生きるべきかを一から丁寧に検討しようとする人々が、次第に多くなってきました。そうした動きに手を貸したのは、実はかつてロックを「循環」のかどで批判したフッサール自身であったり、フッサールの弟子であったハイデッガーであったり、ハイデッガーの影響を受けたガーダマーであったり、また、別の系統では、カルナップであったりクワインであったりデイヴィドソンであったりハンソンであったりクーンであったり、そしてまたローティであったりするのです。え、フッサール自身もまた？　はい。実はそうなんです。

先に触れましたように、デカルトは、絶対に確かなものを一つ一つ確認しつつ積み上げていき、堅固な建物のような知的構造物を作るという、学問のイメージを持っていました。いわゆる「建築ブロック説」です。でも、デカルトが実際に第一哲学でやってみせたことは、さまざまな見解をより合わせ、批判的解体と再構築を重ねて、とりあえず彼自身納得のできる知識の網目を作ることでした。そして、今日では、多くの人々が、いわゆる「解釈学的循環」や「観察の理論負荷性」の実際を自身で意識的に確認することによって、私たちの知的営みが「建築ブロック説」的なものではなく、さまざまな知的要素を組み替え、また知的要素の内実そのものを変更させつつ、その都度暫定的な姿を示すものだということに、気づくようになりました。

こうした状況の変化は、ロックに対する誤読と誤解が、以前よりももっと解きやすくなっていることを意味します。

本書は、独断的絶対主義の立場を一旦棚上げにして、ロックがどのような見解を『人間知性論』において提示したかを、その主要な劈開面において示します。この作業の中で、『人間知性論』のロックがどのような仕方で現代を先取りしていたかが、同時に明らかになるはずです。


本題に入る前に、第1章「ロック略伝――一六三二年〜一七〇四年」で、ロックの生涯を概略的にたどっておきます。

第2章「観念はヴェールではない――仮説の論理の無理解に抗して」では、心の直接的対象を観念とすることによってロックは外の世界へのアプローチを不可能にしたとするいわゆる「知覚のヴェール説」的誤解がどのようにしてなされることになったのか、また、どのような意味でそれをまったくの誤解だと言わなければならないのかを説明します。この誤解は、ロックが依拠した仮説的思考の論理の誤解です。したがって、この誤解を解いておかなければ、ロックの経験論のロジックの全体像が見えてこないことになります。

第3章「経験論――「白紙」からの出発」では、ロックの経験論がどのような性格のものであったかを見ます。しばしばロックが言ったとされている「タブラ・ラサ」という言葉のルーツも、ここでたどっておきます。ロックが『人間知性論』で実際に使用した「白紙」の喩えが、それとどのように関わっているか。これを確認しながら、彼の「観念経験論」の基本を押さえるよう努めます。

第4章「感覚と概念的把握――ロックを心像論者とする誤解に抗して」では、ロックの観念を感覚もしくは心像およびそれに類するものと見るいわゆる「心像論」的解釈に対して、具体的な事例を基に、その誤りを正します。

第5章「抽象観念説はナンセンス？――もう一つの流言」では、バークリによってその存在を否定されたロックの「抽象観念」がどのようなものであったのか、バークリがどのようにロックを誤読したかを、明らかにします。あわせて、バークリ、ヒューム、カントがどのような「一般観念」説を採用したかを見、ロックの「一般抽象観念」説の位置を確認します。

第6章「単純観念を求めて――可感的単純観念と可想的単純観念」では、前二章での考察を踏まえ、第3章で宿題としていた「単純観念」と「複合観念」の区別について、さらに考察を進めます。感覚や心像のような「可感的」観念と、概念のような「可想的」観念とでは、その「単純性」の基準が異なることが、この章の眼目となります。

第7章「観察の理論負荷性への視点――モリニュー問題」では、「モリニュー問題」を取り上げ、その機縁を与えたロックの知覚説が、どのような意味で今日の知覚説の先駆であったかを見ていきます。

先駆と言えば、ロックの思想にはさまざまな現代思想の先取りが見られます。その一つが指示理論です。第8章「現代指示理論の二重のさきがけ――記述主義と反記述主義のはざまで」では、ロックの指示理論が記述主義と反記述主義の両面を持っていたことを確認し、両者がどのように関わっていたかを明らかにするよう試みます。

最後に、第9章「創造的変化の思想――ローティの批判にもかかわらず彼の先駆者として」では、ローティの否定的ロック観に抗して、ロックがどのような仕方でローティの創造の哲学を先取りしていたかを論じます。

本書は、ご覧のとおり、「ですます調」で書かれています。別の機会にも申しましたが、この文体について、一言申し上げておきたいと思います。

もし読者のお一人お一人に、私が直接、ロックはこういう考えを持っていたんですよとお話しするとしたら、大学での講義と同じように、こうした語り口でお話しするはずです。大学での私の講義が、わかりやすさを心がけるものの、けっしてレベルを落とすことがなかったのと同じように、本書でも、そうした普段の語り口でお話しさせていただくものの、けっしてレベルを落とすものではありません。むしろ、いわゆる「専門書」以上に、レベルの高い話になっているかもしれません。

本書によって、読者のみなさまとロックとの距離が近くなることを願っています。

＊　地名や書名、特に重要な専門用語については、読者のみなさまが調べ直さなくてもいいように、できるだけ原語を挙げておきました。また、英語以外の原語については、必要に応じてカタカナ書きで原音に近い読みを記しておきました。英語についても、あまり見かけないものについては、カタカナ書きを添えました。わずらわしい場合には、無視していただいて結構です。いつか気になられた折りに、ご確認いただければ幸いです。

＊＊　特に重要な人物や書物については、名前の綴りと生没年、原題と出版年等を、繰り返し表記する場合があります。どこにあったかなと、改めて捜していただかなくていいようにしています。

＊＊＊　本書では、『人間知性論』（*An Essay Concerning Human Understanding*）の箇所を示すための表記法として、I. i. 2 のように、ローマ数字の大文字、ローマ数字の小文字、アラビア数字を順に挙げる方式を採用しています。ローマ数字の大文字は巻を、ローマ数字の小文字は章を、アラビア数字は節を示します。ですから、I. i. 2 は、第一巻第一章第二節を意味します。

＊＊＊＊　原典からの引用は、一つを除いてすべて私の翻訳です。例外は、第1章に出てくる『ホラティウス全集』（玉川大学出版部、二〇〇一年）からの引用です。訳者の鈴木一郎先生、ありがとうございました。

第1章　ロック略伝——一六三二年〜一七〇四年

†誕生

ジョン・ロック（John Locke, 1632–1704）は、一六三二年八月二九日に、サマセット（Somerset）のリントン（Wrington）という村に生まれました。

父は、同名のジョン・ロック（John Locke, 1606–1661）で、彼は家業の織物商を継がず、法律を学び、サマセットの治安判事の吏員を務めていました。一六三〇年にリントンの製革業者エドマンド・キーン（Edmund Keene）の娘アグネス・キーン（Agnes Keene, 1597–1654）と結婚、二人の間の第一子が、哲学者ジョン・ロックです。

ロックの父方の高祖父——すなわち父ジョンの曽祖父——もしくはその父は、ウィリアム・ロック（Sir William Lok, 1480–1550）であったとされることがあります。ここに言うウィリアム・ロックは、チューダー朝のヘンリー八世（Henry VIII, 1491–1547 在位 1509–1547）のもとで絹や宝石などの独占的輸入許可を得て財をなした人で、案内係式部官（gentleman usher）を務め、ヘンリー八世の没後はエドワード六世（Edward VI, 1537–1553 在位 1547–1553）のもと、ロンドン市助役（sheriff）を務めるとともにナイト（knight）に叙せられた、富裕な織物商人でした。

また、ロックは、ウィリアム・ロックの祖父（もしくは曽祖父）で彼に先立ってロンドン市助役を務めた織物商人ジョン・ロック（John Lok, c. 1400–1463. c. はラテン語の circa［キ

【図1】ロックの生地

【図2】ジョン・ロック（1632–1704）

ルカー」を略したもので、「おおよそ」、「頃」を意味します）の、別の系譜の末裔と見られる場合もあります。

私自身は、いくつかの理由（特に、記録に残る関係者の名前とその生年）から、哲学者ロックを右のウィリアム・ロックの直系の末裔とすることには無理があると考えています。けれども、ロックが一五世紀にロンドン市助役を務めたジョン・ロックの系譜に連なることとは、まず間違いありません。ロックの父方の曽祖父は、そうした系譜に連なるエドワード・ロック（Edward Locke, 1540–?）、祖父はその子ニコラス・ロック（Nicholas Locke, 1574–1648）です。ニコラスは、若い頃イングランド南西部のドーセット（Dorset）からサマセットに移り、織物商を営んでいました。

ロックがリントンで生まれたのは、母が実家で出産したためです。一家は、父方の祖父ニコラスから譲り受けたベリュートン（Belluton もしくはベルトン［Belton］）の家で暮らしました。

†ウェストミンスター・スクール

父ジョンが吏員を務めたサマセットの治安判事（justice of the peace）に、アレグザンダー・ポッパム（Alexander Popham, c. 1605–1669）という人がいました。ポッパムは、一六四〇年に短期議会の議員に選出され、一六四二年にイングランド議会と国王との間で内戦

【図3】ウェストミンスター・スクール。2004年にジョン・ロック没後300年記念学会（John Locke Tercentenary Conference）がオックスフォードで開かれた際に、ロンドンで撮影したもの。

【図4】ウェストミンスター・スクールの位置

が始まると、議会軍の大佐（colonel）として騎兵連隊を率いることになり、ロックの父は大尉（captain）として彼を補佐しました。

議員はロンドンのウェストミンスター・スクール（Westminster School）へ入学者を推薦することができました。父ジョンの働きを認めたポッパムは、その優秀な息子を推薦、こうしてロックは、（おそらく）一六四七年、一五歳でウェストミンスター・スクールに入学します。これはロックの人生を大きく変える出来事でした。

ウェストミンスター・スクールは、一一世紀に建立されたウェストミンスター寺院（Westminster Abbey）の修道僧が一二世紀に作った慈善学校が始まりで、ヘンリー八世が修道院を廃止したあとも学校の存続を保証し、一五六〇年にはエリザベス一世（Elizabeth I, 1533-1603 在位 1558-1603）が新たな認可状を与えました。そのため、ウェストミンスター・スクールの創立は、一五六〇年とされています。

ロックはこのウェストミンスター・スクールで優秀な成績を修め、一六五二年の秋に、オックスフォード大学のクライスト・チャーチ（Christ Church）に進学します。

†イングランドの王家

ここで、当時のイングランドの王家について、少し見ておきたいと思います。

図5の系図をご覧ください（それぞれの王・女王の在位は、イングランド王としてのそれを

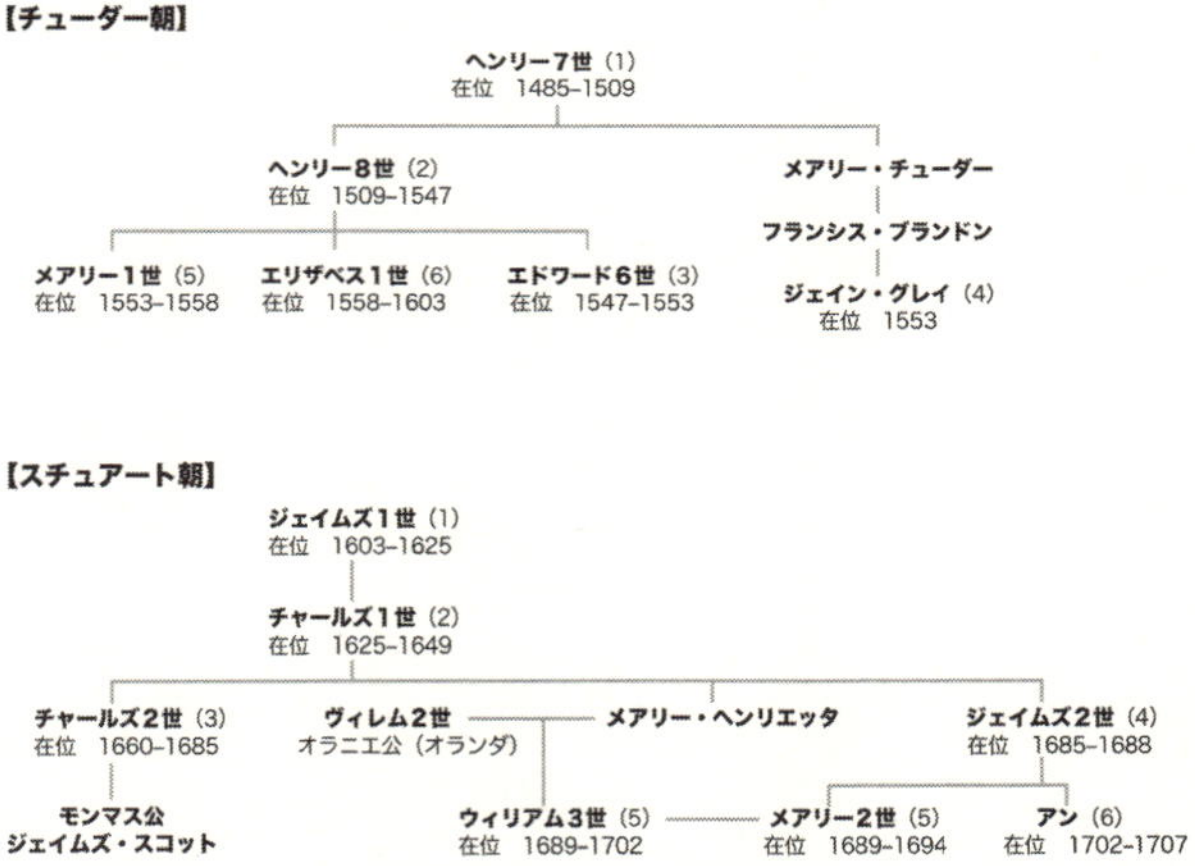

【図5】チューダー朝とスチュアート朝

【図6】大ブリテン島とアイルランド

示しています。また、括弧の中の数字は、何代目の王であるかを示しています）。チューダー朝は、ヘンリー七世から始まり、ヘンリー八世のときに、イングランド王がアイルランド王を兼ねることになりました。いわゆる「同君連合」です。ウェールズについては、すでに久しくイングランドの王太子がウェールズ大公（Prince of Wales）としてこれを統治する形がとられていました。ヘンリー八世は、離婚問題がもとでローマ教皇庁と決別（一五三四年）、国王を「イングランド教会」（Church of England）の唯一最高の首長と定めます。先に触れた「修道院の廃止」も、このときに行われます。

チューダー朝は、エリザベス一世の跡継ぎがおらず、エリザベス一世の死後、スチュアート朝第九代スコットランド王ジェイムズ六世がジェイムズ一世（James I, 1566–1625 在位 1603–1625）としてイングランド王・アイルランド王を兼任することになります。こうして、イングランドについて言えば、チューダー朝のエリザベス一世のあと、スチュアート朝のジェイムズ一世が王位を継承し、ロックがウェストミンスター・スクールに入学したとき、ジェイムズ一世の子チャールズ一世（Charles I, 1600–1649 在位 1625–1649）が王位にありました。もとより彼もまた、イングランド、アイルランド、スコットランドの王でした。

†清教徒革命

チャールズ一世は父ジェイムズ一世同様、王権神授説を奉じてイングランド議会と対立、独裁的政策を続けます。これに対して、一六二八年、議会は「権利の請願」を提出し、王がイングランド法に従い、議会の承認なしに課税等を行わないよう求めます。チャールズ一世は一旦これを承認しながら、翌一六二九年に議会を解散、以後議会を開かず独裁を続けました。

ここで、話をよりよくご理解いただくために、イギリスの教会制度について、少しお話ししなければなりません。

教会を秩序正しく運営するための「教会政治」の形態には、監督制、長老制、会衆制の三つがあります。監督制は、教会を治める権利を聖職者にのみ認め、また聖職者に階層を設け、上の権威に下の者は従うという形をとります。カトリック教会やイングランド教会がこの制度を採用しています。

これに対して、スコットランドでは、長老制が広く支持されていました。長老とはもともとイスラエルの部族長を意味する言葉で、牧師と信徒の中から選ばれた信徒代表（長老）からなる長老会議によって、教会を運営しようとするものです。長老制は、宗教改革を進めたカルヴァンが採用したため、スコットランドのカルヴァン派（長老派、プレスビテリアン）がこれを採用していました。

三つ目の会衆制というのは、信徒の集団である会衆の総意で教会政治を行おうとするもので、直接民主制的な制度です。イングランド教会の改革が不徹底であるとしてイングランド教会から離れようとした人々（分離派）の多くがこの制度を採用し、「会衆派」と呼ばれます。分離派の一部はピルグリム・ファーザーズとしてアメリカに渡ります。また、「清教徒（ピューリタン）」と呼ばれた人々は、その多くが分離派もしくは長老派でした。

一六三七年、チャールズ一世は、イングランドだけでなくスコットランドをもイングランド教会化しようとし、イングランド教会様式の祈禱書をスコットランドに強制したため、スコットランドの諸侯がこれに反発、一六三九年に反乱を起こします（第一次主教戦争）。形勢を不利と見た国王側は和約を締結しますが、対立は続き、国王は戦費を調達するため、一六四〇年四月、一一年間開かなかった議会を召集します。これが先ほど出てきた「短期議会」です。国王と議会の対立により三週間で解散となったため、このように呼ばれています。

同年八月、第二次主教戦争が起き、国王軍は敗れ、財政はさらに悪化、そこでチャールズ一世は同年一一月、再び議会を召集します。この議会は一六五三年まで続き、「長期議会」と呼ばれています。

議会では国王に対する批判が続き、翌一六四一年には国王に抗議する「大抗議文」が提出されます。この抗議文は、その急進的な傾向のため、庶民院（下院）においてごくわずかの差で可決されたものであったことから、これによって議員は「国王派」と「議会派」

に分裂、翌一六四二年には国王軍と議会軍との間で内戦が始まります（ロックの父がポッパムを補佐して従軍したのはこのときです）。

内戦の詳細は割愛しますが、ともかく一連の経緯を経て、一六四八年、チャールズ一世は議会軍に投降、翌一六四九年、裁判ののち処刑され、これによってイングランドは共和国となります（ロックのウェストミンスター・スクール在学中のことでした）。そして、一六五三年から一六五八年まで、国王軍を制圧するのに貢献したオリバー・クロムウェル（Oliver Cromwell, 1599-1658 在任 1653-1658）が、そして、彼の死後は息子のリチャード・クロムウェル（Richard Cromwell, 1626-1712 在任 1658-1659）が、「護国卿」（Lord Protector ロード・プロテクター）となり、独裁体制がとられます。しかし、一六五九年にリチャード・クロムウェルが就任後一年を経ずして辞任に追い込まれ、一六六〇年には、チャールズ一世の子で大陸に逃れていたチャールズ二世（Charles II, 1630-1685 在位 1660-1685）が王位に就き、王政復古を迎えます。

一六四二年から、チャールズ一世が処刑されイングランドに共和制が敷かれる一六四九年までの出来事を、狭義において、「清教徒革命」もしくは「ピューリタン革命」と呼んでいます（広義には、一六六〇年の王政復古までの期間も含みます）。議会派の多くが、先ほど触れた「清教徒（ピューリタン）」によって占められていたからです。そして、まさしくこの激動の時代に、ロックは、ウェストミンスター・スクールとオックスフォード大学クライスト・チャーチで、教育を受けることになります。

†大学

ロックがクライスト・チャーチに入学したのは、一六五二年の秋（一一月二七日）のことでした（私が生まれたのは、その三百年後です。あはは、関係ないか）。

オックスフォード大学は、ケンブリッジ大学などとともに、我が国の大学とはかなり作りの異なる大学です。その点について、少しお話ししておきましょう。

オックスフォード大学は、世界で二番目もしくは三番目に古い大学であると考えられています。最古の大学は、イタリアのボローニャにあるボローニャ大学（Università di Bologna ウニヴェルシタ・ディ・ボローニャ）で、一〇八八年の創立とされています。オックスフォード大学（University of Oxford）については、何年に設立されたのか明確ではありません。一一六七年と言われることがあるものの、少なくとも一〇九六年にはオックスフォードで教育が行われていたことが確認されています。そして、オックスフォード大学とその古さを競っているのが（つまりどちらが二番目に古い大学であるかを競っているのが）パリ大学（Université de Paris ユニヴェルシテ・ド・パリ）です。起源は一一五〇年頃まで遡ります。あとで説明しますように、ケンブリッジ大学はオックスフォード大学からその構成員が移ってできた大学で、設立は一二〇九年とされています。

ところで、一一世紀から一二世紀にかけてのヨーロッパでは、歴史的・社会的事情から、神学、ローマ法、医学に関する高度な知識が求められるようになりました。右に挙げた古い大学は、いわば自然発生的に形成されたもので、ボローニャ大学は法学校が、パリ大学の場合には教会付属学校がもとになっています。そこに、人が集まり、教授に教育をしてもらい、その対価として授業料を支払うのです。

【図7】ドイツのヘンリクス（Henricus de Alemannia, c. 1245–1340）の、ボローニャ大学での講義風景（イタリアの画家ラウレンティウス・デー・ウォルトリーナー［Laurentius de Voltolina］作。14世紀後半）。Edward Craig, *Philosophy*（New York and London: Sterling, 2002）, p. 14より。

ボローニャの場合、各国から集まった学生は国ごとにまとまり、「国民団」（ラテン語で natio［ナーティオー］。英語の nation［ネイション］のもとになった言葉です）を形成していました（県民会的互助組織の拡大版と思っていただければいいかもしれませんね）。学生の多くは下宿して生活しており、生活と学業遂行のため、さらに結束を強める必要がありました。というのも、下宿代や生活用品の価格が不当につり上げられるということがしばしばあり、また、学生が問題を起こしたときに、市当局が一方的な措置に出るといったこともあったからです。こうした市民や市当局とのトラブルに毅然とした対応をとるため、学生たちは、国民団を超えた「組合」を作ります。これが、ラテン語で universitas（ウーニウェルシタース）と呼ばれたのです（英語の university［ユニヴァーシティー］のもとです）。「ウーニウェルシタース」には「一団をなす多数の人々」という意味がありました。つまり、「社会」や「共同体」や「組合」や「ギルド」を意味したのです。こうして、「ウーニウェルシタース」つまり「組合」としての大学は（まだしっかりとした建物があったわけではありませんし、教授は学生に見放されると困りますから）、場合によっては学生も教授もみんなそろってよその地に移ることもできました。ですから、大学がそこにあることによって益を得ている市民や市当局としても、むやみなことはできなくなりました。

そんなわけで、他の大学についてもそうなのですが、大学はこうして「組合」（ウーニウェルシタース）を形成し、さまざまな権利を獲得していきます。世俗の当局にせよ教会の当局にせよ、なんらかの「当局」にあたるものが、この権利を次第に承認していったのです。権利の中で特に大事にされたのは、「学問の自由」でした。

ところで、パリ大学の場合、先に言いましたように、もともと教会付属学校でしたから、世俗の法学を中心としたボローニャ大学が学生中心であったのとは異なり、どちらかといえば教授が中心でした。ここでは教授が「組合」（ウーニウェルシタース）を作り、自由人が当然学んでいなければならない「自由学芸」を教授する自由学芸部（哲学部）、それに、神学部、法学部、医学部の三学部、合わせて四学部に分属していました。学生は自由学芸部（我が国では「教養部」とか「教養学部」とか言われてきたもの）で教育を受けなければ、神学部、法学部、医学部に進むことはできませんでした。そのため、自由学芸部の教員組織が最大で、パリ大学の総長は自由学芸部から選ばれていました。

†オックスフォードとケンブリッジ

さてオックスフォード大学ですが、先ほど言いましたように、一一世紀の終わり頃にはすでにその地で教育が行われていました。

一一五四年、フランスの貴族、アンジュー伯アンリ（Henri, comte d'Anjou, 1133–1189）が、プランタジネット朝初代のイングランド王ヘンリー二世（Henry II, 在位 1154–1189）として即位します。一一六七年、彼はある理由から（その事情は若干ややこしいので、ここでは割愛しますが）イングランドの学生がパリ大学に行くことを禁じ、そのためオックスフォードに学生が集まり、オックスフォード大学は急速に発展します。

そうした中、一二〇九年に、学生が一人の女性を死に至らしめます。故意なのか事故なのかは不明ですが、当の学生が逃げたため、市当局と群衆は、同居していた数人の学生を、王の同意のもと、大学の許可なく処刑します。大学はこれに抗議して活動を停止、多くの構成員がレディングやケンブリッジやパリに移ります。のちにオックスフォード大学は活動を再開しますが、ケンブリッジに残った人々が核となって、ケンブリッジ大学が設立されます。ケンブリッジ大学は、一二〇九年を、創立の年としています。

†コレッジ（学寮）

さて、問題は「コレッジ」です（イギリスの話なので、「カレッジ」ではなくて「コレッジ」で通すことにします）。

現在、オックスフォード大学には、四〇近くのコレッジがあります。これは、「学寮」と訳されるもので、オックスフォード大学やケンブリッジ大学ではこの学寮制が発達しました。

コレッジが最初にできたのは、パリ大学だと言われています。それはもともと、下宿するのにも窮している貧窮学生のための寮として金持ちが提供したもので、建物とともに維持費が用意され、学生はそこに寄宿するだけでなく、教育もそこで行われるようになりました。

のちに、オックスフォード大学やケンブリッジ大学では、学生はいずれかのコレッジに所属し、そこに寄宿して教育を受け研究を進めるという形が一般化します。ロックが所属したクライスト・チャーチは、オックスフォードの代表的なコレッジの一つでした。

†クライスト・チャーチ

図8の地図をご覧ください。ボヘミア出身でイングランドで活躍した版画家ウェンセスロース・ホラー（Wenceslaus Hollar, 1607-1677）が作ったオックスフォードの俯瞰図で、ロックが在籍していた頃のものです（作者の名前は、我が国では「ウェンセスロース・ホラー」ではなく、オランダ語風に「ヴェンセスラウス・ホラー」と表記されることが多く、また、もとのチェコ語では Václav Hollar と綴り、「ヴァーツラフ・ホラル」に近く発音されます）。

この地図は下が北で、左右のほぼ真ん中の、上から三分の一ほどのところに、四角い庭のある建物が見えると思います。その部分を拡大したのが図9です。この拡大図の中の、18という番号の付されたコの字形の建物が、クライスト・チャーチのコレッジで、その左の23という番号の付された塔のついた建物が、教会としてのクライスト・チャーチ（文字通り「キリスト教会」）です。そこで、教会そのものと区別するために、コレッジのほうは、ときに「クライスト・チャーチ・コレッジ」と呼ばれます。

もともと、その地には、オックスフォード大学とオックスフォード市の守護聖人、聖フライズワイド（St Frideswide [Friðuswiþ, Frithuswith], c. 650- c. 727）を記念する修道院（The priory of St Frideswide 聖フライズワイド修道院）があり、さらに遡れば、かつてそこ

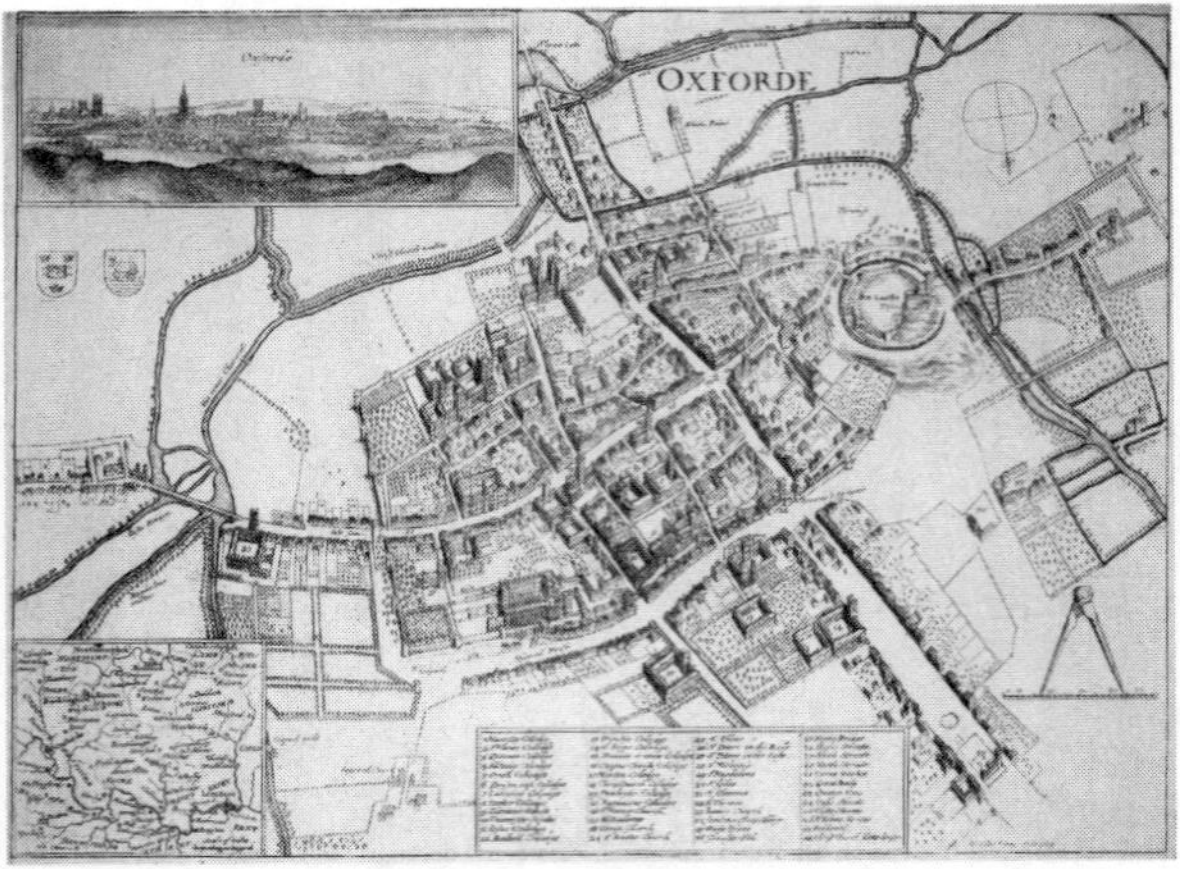

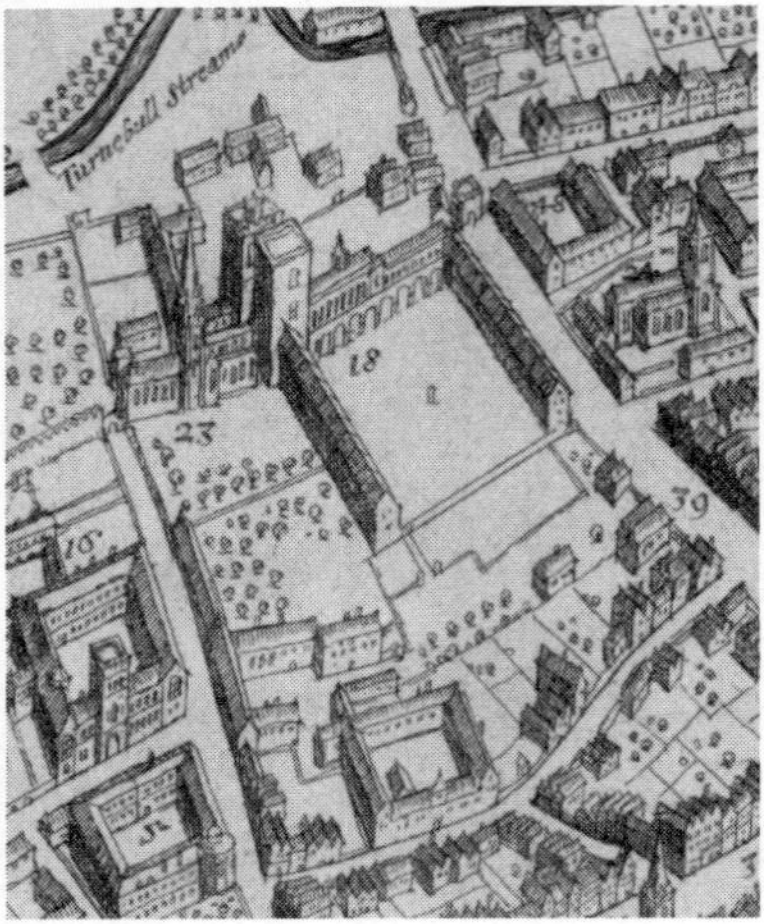

【図 8】17 世紀のオックスフォード

【図 9】クライスト・チャーチ

には、聖フライズワイド自身が創設した女子修道院がありました。コレッジとしてのクライスト・チャーチは、一六世紀に聖フライズワイド修道院跡に作られた「カーディナルズ・コレッジ」をルーツとしています。

当時、国王ヘンリー八世のもとに、大法官とヨークの大司教を務めて権勢を極めたトマス・ウルジー（Thomas Wolsey, c. 1475–1530）という枢機卿（cardinal カーディナル）がいました。「大法官」（Lord Chancellor ロード・チャーンセラー）は、最高裁判所長官にあたる地位を保持し、かつ貴族院（上院）議長でもある、イングランドにおける最高の官職でした。一五二五年、彼は、聖フライズワイド修道院を解散させ、そこに「枢機卿のコレッジ」を意味する「カーディナルズ・コレッジ」（Cardinal's College）を設置しようとしました。しかし、一五二九年、建物が四分の三ほど完成したところでウルジーは失脚し、翌年亡くなります。先の図でコレッジの建物がコの字形で、中庭を囲む四角形になっていないのはそのためです。

建物が完成したのは、次の世紀、ジョン・フェル（John Fell, 1625–1686）が学寮長（Dean 在任 1660–1686）のときでした。建築家のクリストファー・レン（Christopher Wren, 1632–1723）が設計した鐘楼「トム・タワー」（Tom Tower）が造られたのも、このときです（1681–1682）。鐘楼の名は、中に設置された六トン以上もある大きな鐘が「グレート・トム」（Great Tom）と呼ばれていることに因んでいます。

【図10】クライスト・チャーチ大聖堂のバナー（旗）に描かれた聖フライズワイド

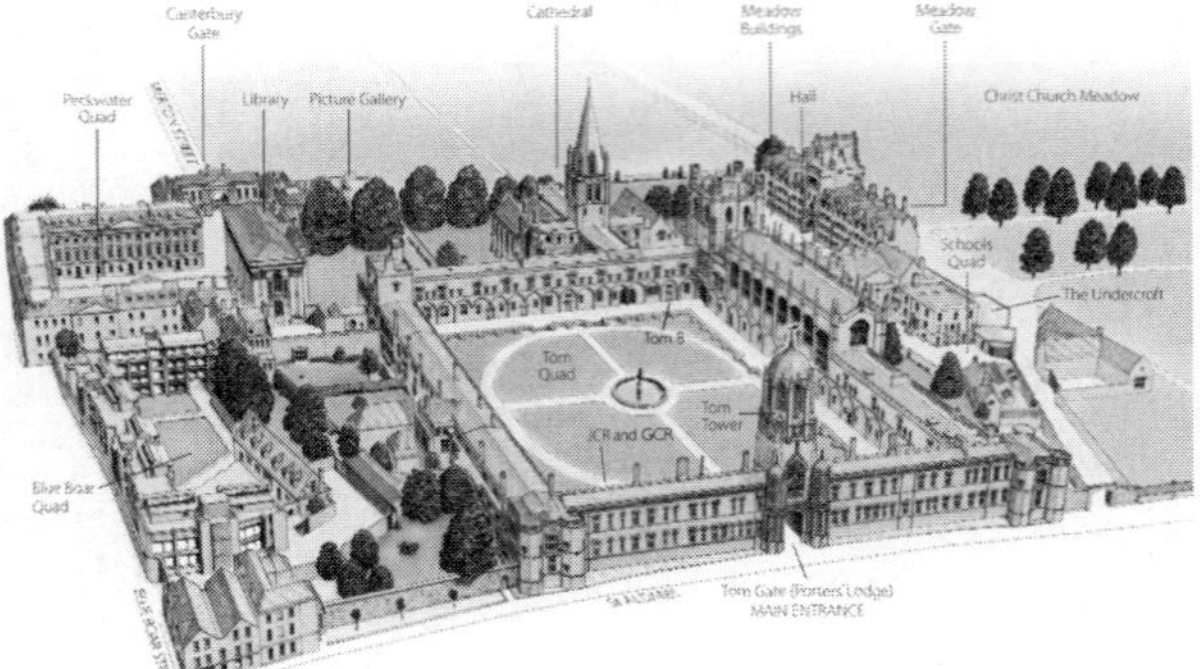

【図11】現在のクライスト・チャーチ（*Christ Church Visitor's Guide*, pp. 12–13 より）。手前が西で、手前中央付近の塔がトム・タワー、四角形の回廊の向こう側にある尖塔の付いた建物がクライスト・チャーチ大聖堂です。

ウルジー枢機卿の死去の翌年（一五三一年）にカーディナルズ・コレッジは閉鎖され、ヘンリー八世が建物や基金を接収、さらにその翌年の一五三二年に、これを「国王ヘンリー八世のコレッジ」（King Henry VIII's College）として再開します。

それから間もなく、ヘンリー八世は、離婚問題がもとでカトリック教会から離脱（一五三四年）します。そして、一五四六年には、かつての聖フライズワイド修道院の教会を、イングランド教会のオックスフォード主教区を統括する「クライスト・チャーチ大聖堂」（Christ Church Cathedral）とし、同時に「国王ヘンリー八世のコレッジ」を新たにクライスト・チャーチ・コレッジとした上で、右のクライスト・チャーチ大聖堂を新たなコレッジの礼拝堂（chapel）を兼ねるものとしました。こうして、コレッジの礼拝堂が同時に主教区の大聖堂であり、主教がコレッジの長を兼任するという特異な形態を持つコレッジ、「クライスト・チャーチ」が誕生します（以後、本書では、「クライスト・チャーチ」はコレッジとしてのクライスト・チャーチを意味するものとします）。

ところで、クライスト・チャーチが誕生したのと同じ年（一五四六年）に、ヘンリー八世はケンブリッジ大学の二つのコレッジ（マイケルハウスとキングズ・ホール）を合わせて、新たにトリニティー・コレッジ（Trinity College）を創設します。つまり、クライスト・チャーチとトリニティー・コレッジは、姉妹コレッジなのです。

一五六一年、ヘンリー八世の子エリザベス一世は、この姉妹コレッジであるオックスフォードのクライスト・チャーチとケンブリッジのトリニティー・コレッジに奨学金の基金を用意し、ロンドンのウェストミンスター・スクールから選出された学生にこれを与え、それぞれのコレッジで教育が受けられるようにしました。こうして、以後、毎年数名のウェストミンスター・スクールの卒業生が、この奨学金を得てクライスト・チャーチで学ぶ

イングランドは、二つの大主教管区に分かれていて、それぞれをカンタベリー大主教とヨーク大主教が統括しています。

各大主教管区は、主教が監督する主教区に分かれています。上の網目部分がオックスフォード主教区で、カンタベリー大主教管区に属しています。

【図 12】イングランドの主教区

こととなります。ロックもその一人でした。

クライスト・チャーチについては、もう一つお話ししておかなければならないことがあります。

†激動の渦

一六四二年から一六四九年にかけての清教徒革命は、オックスフォード大学をも激動の渦に巻き込みます。とりわけ、クライスト・チャーチは、この時期、その渦中に置かれることになりました。

一六二五年に、チャールズ一世と議会は、ペストを避けて、オックスフォードのクライスト・チャーチに来たことがありました。一六四二年、内戦が始まると、チャールズ一世はクライスト・チャーチに首都機能を移します。自身は学寮長館を宮殿とし、議会はクライスト・チャーチのホール（大食堂）で開かれ、広い中庭は閲兵場になりました。その間も、大聖堂とコレッジは通常の機能を維持しようと努めました。

当時、一六三八年から一六四八年までクライスト・チャーチの学寮長を務めていたのは、国王派のサミュエル・フェル（Samuel Fell, 1584–1649 在任 1638–1648）でした。彼は一六四五年から一六四八年には、総長（Vice-chancellor ヴァイス＝チャーンセラー［Vice-「副」が付いていますが、Chancellor チャーンセラーは名誉職で、Vice-chancellor が実質的に「総長」ですので、本書ではこれを「総長」としておきます」）の任にもありました。一六四六年、戦況の悪化により国王がオックスフォードから逃亡、スコットランド軍の手に落ち、翌一六四七年、議会側に引き渡されます。その後国王は再起を試みるものの、結局議会派に捕らえられます。一六四八年、国王の敗北が決定的となったとき、サミュエル・フェルは解任されましたが、コレッジと大聖堂は廃止を免れました。オリバー・クロムウェルの支持者がクライスト・チャーチの学寮長となり、また、チャールズ一世の処刑の翌年（一六五〇年）には、オリバー・クロムウェルがオックスフォード大学の名誉総長（Chancellor 在任 1650-1657）になり、一六五七年には息子のリチャード・クロムウェルがその地位を継いでいます。

一六六〇年の王政復古で、サミュエル・フェルの息子のジョン・フェルがクライスト・チャーチの学寮長になり、のちに総長（在任 1666-1669）を務めています。彼のことは、先に触れたとおりです。

†ロックに戻って――クライスト・チャーチでの学生生活

これでやっと準備が整いました。そこで、もう一度ロックに戻りましょう。

先にお話ししましたように、ロックがクライスト・チャーチに入学したのは、一六五二年一一月二七日のことでした。当時ロックは二〇歳。そして、オックスフォードの名誉総長は、オリバー・クロムウェルでした。

学生は、まず三年半、主として古典語、修辞学、論理学、形而上学を学んで、学士の学位（Bachelor of Arts, ラテン語では Baccalaureus Artium バッカラウレウス・アルティウム）を取得します。それからさらに三年間勉強を続けて、修士の学位（Master of Arts, ラテン語では Magister Artium マギステル・アルティウム）を取得することになっていました。

コレッジでは、講義も討論も個別指導も、すべてラテン語で行われました。学生の一日の生活は、五時の起床から始まり、朝の礼拝のあと、六時に朝食、四時間勉強して、正午から正餐、そのあとまた二時間の勉強時間があって、夕食は七時です。

こうした日々の続く一六五四年の秋、ロックの母が、リントンの親戚を訪ねた折りに病気になり、一〇月四日、彼女はベリュートンに帰れないまま、ロックを生んだ家でこの世を去ります。五七歳でした。ロックはリントンに急ぎましたが、葬儀に間に合うのがやっとでした。

一六五六年二月一四日（二三歳のとき）、ロックは学士の学位を取得します。

その後ロックは一時ロンドンの法学院（Inns of Court）の一つ、グレイ法学院（The Honourable Society of Gray's Inn）に所属します（法学院は法廷弁護士と裁判官の組織で、弁護士を志望する人々はそこで教育を受けました）が、間もなくオックスフォードに戻って、修士号取得を目指します。

一六五八年六月二九日、二五歳で、ロックは修士の学位を取得しています。

†シニア・スチューデント、そして講師

おそらく同年もしくは翌一六五九年の早い時期に、ロックはクライスト・チャーチの「シニア・スチューデント」（senior student）に選ばれます。シニア・スチューデントは他のコレッジの「フェロー」（fellow 特別研究員）にあたります。

護国卿オリバー・クロムウェルが亡くなったのは一六五八年の九月、多くの若者が先の見えない時代を生きなければなりませんでした。ロックもその一人でした。

王政が復古した一六六〇年のクリスマスイブに、ロックはギリシャ語講師に選ばれ、これによって彼の大学教師としての経歴が始まります。その年父ジョンが重い病気になり、ロックは手を尽くすのですが、翌一六六一年二月に帰らぬ人となりました。五四歳でした。父の遺言でロックに土地が残され、ロックは以後、そこからの収入で、生計を維持することになります。

父の葬儀のあと、オックスフォードに戻ったロックは、ギリシャ語講師（1661-1662）を務めるとともに、チューター（個別指導教師 1661-1667）の任にあたります。また、一六六二年のクリスマスイブには、修辞学の講師に任命されています。

さて、ここで、この頃イングランドで進んでいた学界の動きを、取り上げておかなければなりません。王立協会（Royal Society）のことです。

†王立協会

一五九七年に、ロンドンにグレシャム・コレッジ（Gresham College）が設立されました。これは、エドワード六世、メアリー一世、エリザベス一世に仕えたロンドンの商人トマス・グレシャム（Thomas Gresham, c. 1519–1579.「悪貨は良貨を駆逐する」という「グレシャムの法則」でその名が知られています）の遺言により、その遺産をもとに設立されたロンドンの最初の高等教育機関で、天文学、幾何学、物理学、法学、神学、修辞学、音楽の公開講義が七人の教授陣によって行われました。

一六四五年、ロンドン在住の、数学と自然科学の進歩に関心を持つ幾人かの優れた科学者が、週に一度、このグレシャム・コレッジで会合を持つことになりました。そこに集まった科学者グループは、「一六四五年のグレシャム・コレッジ・グループ」（Gresham College group of 1645）とか、単に「一六四五年グループ」（1645 group）とか呼ばれています。

一六四八年に、そのグレシャム・コレッジ・グループのメンバーであったジョン・ウィルキンズ（John Wilkins, 1614–1672）が、またその翌年にはジョン・ウォリス（John Wallis, 1616–1703）がオックスフォード大学に移ることになり、ウォダム・コレッジ（Wadham

【図 13】 グレシャム・コレッジ

【図 14】 ロバート・ボイル

College）の学寮長（Warden）となったウィルキンズ（学寮長在任 1648–1659）が中心となって、その地で同様の会が開かれます。「オックスフォード実験哲学クラブ」（Oxford Experimental Philosophy Club, 1649–1660）もしくは「オックスフォード哲学クラブ」（Oxford Philosophical Club）です（この場合の「哲学」は、今で言えばおおよそ「科学」のことであるとご理解ください）。その会は、はじめ医師で経済学者のウィリアム・ペティー（William Petty, 1623–1687）の居室で開かれ、のちにウィルキンズやロバート・ボイルの居室が会合の場となりました。

ロバート・ボイル（Robert Boyle, 1627-1691）はアイルランド生まれの科学者で、温度が一定な場合、気体の体積は圧力に反比例するという「ボイルの法則」でご存じの方も多いと思います。彼は初代コーク伯爵（Earl of Cork）の七男で、イートン校で教育を受けたあと、数年間ヨーロッパ大陸を旅し、一四歳のとき（一六四一年から一六四二年にかけて）フィレンツェでガリレオ・ガリレイ（Galileo Galilei, 1564-1642）の著作から深い感銘を受けます。そして、科学の研究に生涯を捧げることを決意、瞬く間にイングランドの科学者の間で知られる存在になります。彼は、ウィルキンズの誘いのもと、より良い研究環境を求めて、一六五五年から一六五六年にかけての冬の季節にオックスフォードに移り、「オックスフォード実験哲学クラブ」の重要メンバーとなります。

さて、話をもう一度ロンドンのグレシャム・コレッジに戻しますと、先ほど建築家として登場しましたクリストファー・レン（Christopher Wren, 1632-1723）が、一六五七年に、二五歳で、グレシャム・コレッジの天文学の教授に任命されます。彼は、ロックと同じくウェストミンスター・スクールの出身で、一六四九年に、ウィルキンズのいるオックスフォード大学のウォダム・コレッジ（Wadham College）に進み、一六五一年に学士の学位を、一六五三年には修士の学位を得て、オール・ソウルズ・コレッジ（All Souls College）のフェロー（特別研究員）になっていました。一六六六年九月二日に起き同月五日まで続いた「ロンドン大火」（the Great Fire of London）のあと、彼は建築家として（セントポール大聖堂の再建をはじめ）ロンドンの復興に多大の貢献をしましたが、解剖学者、天文学者、数学者としても優れた功績を残しました。

レンは、グレシャム・コレッジに移ったあと、オックスフォードの人々も交えて科学を論じる会合を開いていました。一六五九年に護国卿リチャード・クロムウェルが失脚し、イングランドは混乱に陥ります。そして、それが少し落ち着いてきた一六六〇年一一月二八日、グレシャム・コレッジで行われたレンの講義のあと、右の「一六四五年のグレシャム・コレッジ・グループ」や「オックスフォード実験哲学クラブ」に関わる一二人のメンバーがそこで会合を開き、「協会」を設立することを決定しました。これが、ロンドンに設けられた最古の自然科学者の学会、「王立協会」（Royal Society）の始まりでした。

協会は、一六六二年に国王チャールズ二世（Charles II, 1630–1685 在位 1660–1685）の認可を得、「王立協会」を名乗ることになります。もちろん、ウィルキンズもウォリスもペティーもボイルもレンも、当初からの会員でした。また、ボイルの助手を務め、顕微鏡によるさまざまな観察などでも知られるロバート・フック（Robert Hooke, 1635–1703）も、当初からの会員として名を連ねていました。

王立協会のモットーは Nullius in verba（ヌーッリーウス・イン・ウェルバ）です。このモットーは、ローマの詩人ホラティウス（Horatius, 65–8 B. C.）の『書簡詩』（*Epistulae* エピストゥラエ）第一巻に見られる Nullius addictus iurare in verba magistri（ヌーッリーウス・アッディクトゥス・ユーラーレ・イン・ウェルバ・マギストゥリー）がもとになっています。『ホラティウス全集』（玉川大学出版部、二〇〇一年）の訳者鈴木一郎さんは、ホラティウスのこの一節を、「私はどんな師匠にも身を売り誓いをたてたりはしていませんから」と訳しておられます。味わいのある訳ですよね。つまり、「権威者の言葉には従わない」ということが表明されているのです。ということは、王立協会の視点からすれば、「権威者からではなく、観察や実験によって自然から学ぶことを本意とする」ということです。まさしくこれが王立協会の基本理念です。

†医学と自然科学への関心

ロックはオックスフォードに入学する前から、医学に興味を抱いていました。一六五八年に修士号を得たあと、彼は医学と、それに関連する自然科学の諸分野に強い関心を向けるようになります。一六六七年までに彼が読んだ本の半分以上が、そうした分野のものでした。

この時期——つまり、シニア・スチューデントになって大学に残って以降、一六六〇年代半ばまでの時期——に、ロックは聖職者になるか、医者になるかの選択をしなければなりませんでした。結局ロックは後者の道を選びます。ときにオックスフォードは、先に述べた「王立協会」とその前身のグループに関わる重要な科学者の多くが所属する、最先端

【図15】『自然法についての試論』（1954年）の表紙

の場所だったのです。

ロックがボイルにはじめて会ったのは、一六六〇年のことでした。以後、ボイルは科学の分野でのロックの師となります。ロックはボイルから原子論（粒子仮説）を学び、またボイルの影響下にデカルト（René Descartes, 1596–1650）の自然科学の考え方を熱心に研究、一六六八年には王立協会の会員となっています。また、二〇年以上あとのことになりますが、のちにロックはニュートン（Isaac Newton, 1642–1727）とも親交を深めています。

†自然法論

こうした医学や自然科学への傾倒と並行して、彼が一六六〇年代前半に進めたのが、自然法についての考察でした。

ロックの友人の一人に、ゲイブリエル・タワソン（Gabriel Towerson, 1635–1697）という人がいました。彼はオックスフォード大学のクイーンズ・コレッジ（Queen's College）を出て、一六六〇年に同大学オール・ソウルズ・コレッジのフェローになった人で、ロックは一六五〇年代の終わり頃から、タワソンと自然法（law of nature）についての議論を行っていたと推定されます。そして、一六六〇年代のはじめには、自然法に関する八篇の試論を書いています。

また、一六六三年の暮れに、ロックはクライスト・チャーチの「道徳哲学監督官」（Censor of Moral Philosophy）に選任され、一六六四年の一年間、その任にありました。彼は職務の一環として自然法を主題とした一連の講義を行い、また、その年の終わりには自然法についてのラテン語によるスピーチを行いました。

ロックがこの時期（つまり一六六〇年代前半）にラテン語で書いた自然法に関する一群の原稿は、久しく忘れられていましたが、一九五四年になって、他の関連する資料とともに、『自然法についての試論』（John Locke, *Essays on the Law of Nature*, ed. W. von Leyden [Oxford: Oxford University Press, 1954]）として出版されました。

†外交官秘書

ヨーロッパでは、近代に至るまで何度かにわたってペストが大流行し、多くの人々が亡くなりました。一六六五年のロンドンでの大流行もその一つで、およそ七万人の人々が犠牲になりました。いわゆる「大疫病」（Great Plague）もしくは「ロンドンの大疫病」

(Great Plague of London）です。

その年の九月に、国王チャールズ二世は、ペストを逃れるため、オックスフォード大学クライスト・チャーチに宮殿を移し、その地で議会を開きます。またチャールズ二世は、一六六三年九月にも、この地を訪れていました。そのいずれかの機会に、ロックは国王に知られるようになります。そして、国王が直接ロックを選んだのか、それとも、ウェストミンスター・スクールとクライスト・チャーチのいずれにおいてもロックの学友であった外交官ウィリアム・ゴドルフィン（William Godolphin, 1635-1696）の推挙によるかのいずれかにより、ロックは外交官秘書として大陸へ行くことになります。

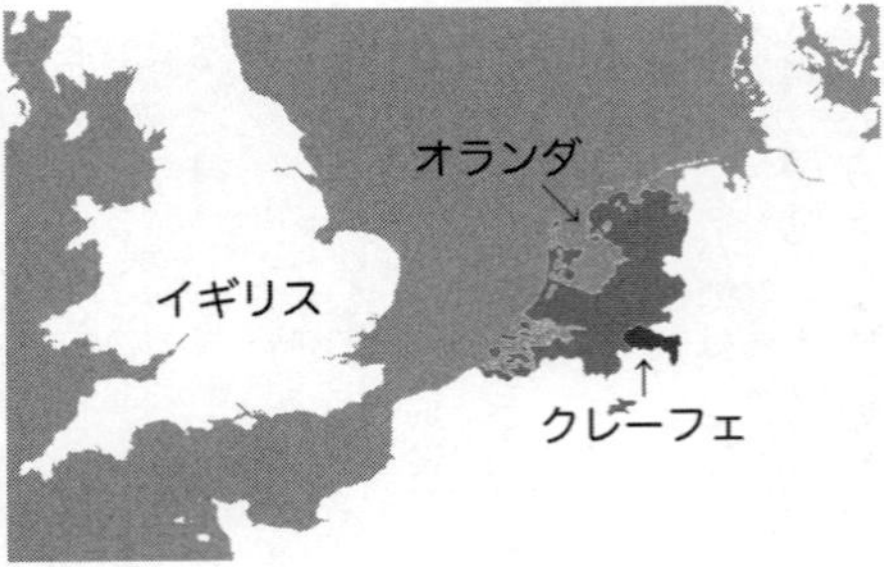

【図16】クレーフェ

当時イングランドはオランダと敵対し、第二次英蘭戦争（1665-1667）の最中でした（イングランド軍がアメリカ東海岸のオランダの植民地ニウアムステルダムを占領したことが、ことの発端でした）。そこで、ことを有利に進めるため、ブランデンブルク選帝侯フリードリッヒ・ヴィルヘルム（Friedrich Wilhelm, 1620-1688 在位 1640-1688.「大選帝侯」[der Große

Kurfürst デア・グローセ・クーアヒュルスト」と呼ばれています）に同盟もしくは中立を求めて、選帝侯のいるクレーフェ（Cleve）にウォルター・ヴェイン（Sir Walter Vane, 1619-1676）を使節として派遣することになりました（クレーフェはオランダと国境を接していました）。

ロックがウォルター・ヴェインの秘書官としてイングランドを離れたのは、一六六五年一一月のことでした。大選帝侯は同盟もしくは中立の代償として金銭を求めましたが、イングランド政府はその支払いを認めず、結局交渉はうまく行きませんでした。けれども、ロックの働きは評価され、翌一六六六年二月に帰国の途に就きロンドンに戻ると、すぐにスペイン大使とともにスペインに行くことを勧められ、また八月には今度はスウェーデン大使の秘書官としてスウェーデンに行くことを勧められます。けれども、ロックはどちらも断り、医学の道に進みます。

オックスフォードに戻ったロックは、友人デイヴィッド・トマス（David Thomas, c. 1634-1694）と協力して、医化学の研究を進めます。トマスは、オックスフォード大学ニュー・コレッジ（New College）のフェローで、次に出てくるアントニー・アシュリー＝クーパーの友人でもありました。

【図17】アントニー・アシュリー＝クーパー

†シャフツベリ伯

一六六六年、ロックの人生にとって、もう一つの大きな出来事が起こります。アントニー・アシュリー＝クーパー（Anthony Ashley-Cooper, 1621-1683）との出会いです。

アントニー・アシュリー＝クーパーは、アントニーが生まれた翌年の一六二二年に准男爵（baronet）となるジョン・クーパー（John Cooper, ?-1630）を父とし、アン・クーパー（Anne Cooper, 1593-1628 旧姓「アシュリー」［Ashley］）を母として、一六二一年にドーセットのウィンボーン・セントジャイルズ（Wimborne St Giles）の母の実家で生まれました。アンには兄弟姉妹がありませんでしたから、母方の祖父と彼の両親との約束により、アントニーはアシュリー＝クーパーを名乗ることになりました。一六三〇年に父が亡くなると、彼は准男爵の爵位を継承し、サー・アントニー・アシュリー＝クーパーとなります。

アントニーは、一六四〇年に庶民院（下院）議員に初当選したあと、イングランド内戦では議会派に付き、護国卿リチャード・クロムウェルの失脚後は王政復古において重要な役割を果たします。そのことから、アントニーは即位したチャールズ二世に重用され、一六六一年にはウィンボーン・セントジャイルズのアシュリー男爵（Baron Ashley of Wimborne St Giles）となって大蔵大臣（Chancellor of the Exchequer）などさまざまな重職に就き、「アシュリー卿」（Lord Ashley）と呼ばれました。また、のちには初代シャフツベリ伯

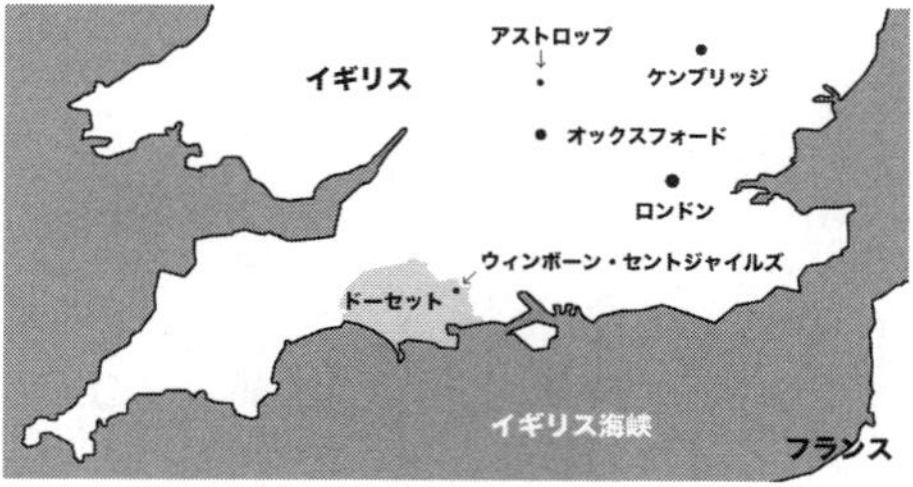

【図 18】ウィンボーン・セントジャイルズとアストロップ

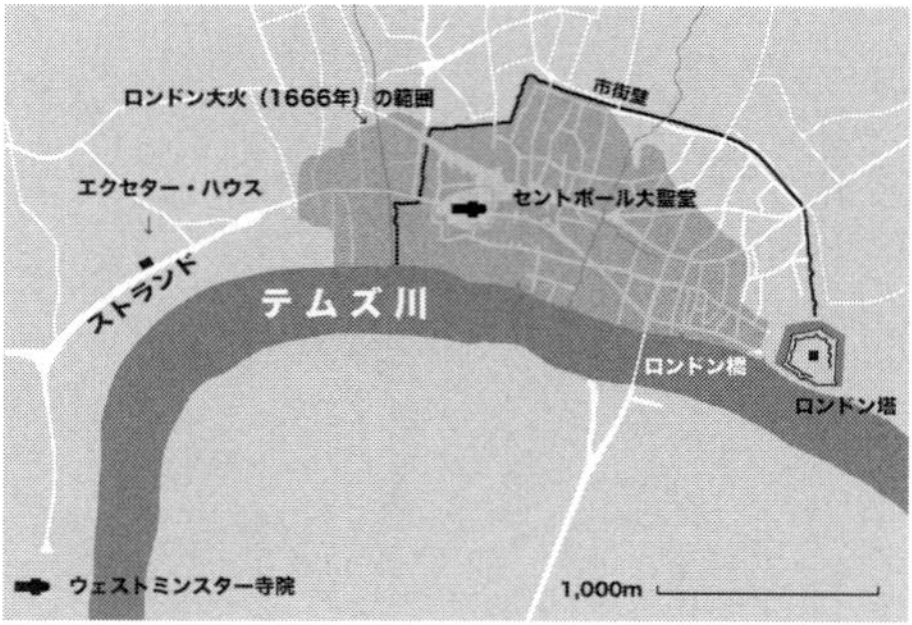

【図 19】エクセター・ハウス

爵（1st Earl of Shaftesbury）に叙せられ（一六七二年）、一六七二年から一六七三年にかけて、大法官（Lord Chancellor）を務めるに至ります。

ロックがオックスフォードでアシュリー卿に会ったのは、一六六六年の夏のことでした。二〇年近く脇腹の痛みに悩まされ、また黄疸にかかっていたアシュリー卿は、オックスフォードから二七キロほど北にあるアストロップ（Astrop）という村のミネラルウォーターが効くかもしれないと考え、それを取り寄せて飲んでみようとオックスフォードに行くのですが、彼から話を受けたデイヴィッド・トマスの都合がつかず、ロックが代わりに相手をすることになったのです。ロックに会ったアシュリー卿は、ロックの人柄と才能に惚れ込み、二人は意気投合します。そしてやがて、先に述べた「ロンドン大火」が、九月のはじめに起こります。アシュリー卿はロックにロンドンに来るよう求め、同年一〇月はじめ、ロックはロンドンにあるアシュリー卿の家、「エクセター・ハウス」（Exeter House）を訪れます。当時ロックは三四歳、アシュリー卿は四五歳でした。

†エクセター・ハウス

エクセター・ハウスはシティー・オヴ・ロンドン（City of London ローマ時代の市街壁London Wall で囲まれた地域にほぼ相当します）とウェストミンスター（Westminster ウェストミンスター寺院やウェストミンスター宮殿を中心とする地域で、シティー・オヴ・ロンドンのセントポール大聖堂に対して、西の修道院［大聖堂］West Minsterを意味します）とを繋ぐストランド街（Strand）にあった煉瓦造りの屋敷で、エクセター伯爵（Earl of Exeter）の所有だったことからそのように呼ばれています。

その年の一一月の終わり頃、ロックは一旦オックスフォードに戻りますが、エクセター・ハウスに住んで力になってほしいとのアシュリー卿の要請に応えて、翌一六六七年五月にエクセター・ハウスの住人となります。ロックのここでの暮らしは、一六七五年まで続きます。

†医師として

ロンドンに住み始めて間もなく、ロックはシドナムと知り合います。トマス・シドナム（Thomas Sydenham, 1624-1689）。アシュリー卿と同じドーセットの生まれで、オックスフォードのモードリン・ホール（Magdalen Hall）出身でオール・ソウルズ・コレッジのフェローを務めた医師です。ロックはシドナムに協力して医学の研究をさらに進めます。

そうした中、ロックがエクセター・ハウスに住むようになっておよそ一年後の一六六八年五月に、もともと良くなかったアシュリー卿の容態が悪化します。腹部の痛み、黄疸、嘔吐が続き、王の侍医の指示に従って処置がなされましたがさらに悪化、そこで、ロックの指示により、膿瘍の焼灼と排液が進められ、これが功を奏し、アシュリー卿は一命をとりとめます。これによってアシュリー卿はロックへの信頼をさらに深めます。

ロックが王立協会の会員に選ばれたのは、その年の一一月のことでした。

†キャロライナ基本法の起草と、貿易植民地評議会の仕事

一六六〇年の王政復古で王位に就いたチャールズ二世は、その褒賞として、一六六三年、王の復帰に尽くした八人の人物に、王の父チャールズ一世に因んで「キャロライナ」(Carolina) と名づけた北米植民地の「植民地領主」(Lord Proprietor) の地位を与えます。「チャールズ」(Charles) のラテン語形は「カロルス」(Carolus) で、その形容詞の女性形が「カロリーナ」(Carolina)、これを英語読みすると「キャロライナ」です (「国」や「植民地」を意味するラテン語の名詞が女性名詞なので、それに合わせて女性形になり、そのまま固有名詞として使用されます)。「植民地領主」の地位を与えられた八人のうちには、アシュリー卿も入っていました。彼はキャロライナ植民地の経営に最も熱心で、アメリカ合衆国サウス・キャロライナ州の「アシュリー川」(Ashley River) と「クーパー川」(Cooper River) は、彼に因んで命名されています。

一六六九年から、フランスに旅立つ一六七五年にかけて、ロックはこの植民地領主たちの秘書 (Secretary) を務め、「キャロライナ基本法」(Fundamental Constitutions of Carolina) の起草に参与しています。

また、ロックは、アシュリー卿が大法官を務めていた一六七三年一〇月、アシュリー卿が総裁を務める貿易植民地評議会（Council of Trade and Plantations）の秘書官（Secretary）になり、また翌月には出納官（Treasurer）を兼任することになります。ロックは翌一六七四年一二月までその任にありました。

†『人間知性論』の草稿の執筆

一六七一年、ロンドンのエクセター・ハウスで、彼が『人間知性論』（『人間の知性についての試論』*An Essay Concerning Human Understanding*）を書くきっかけとなるある出来事が起こります。その出来事は、のちに（一六八九年の暮れに）出版されたロックの『人間知性論』の「読者への手紙」に、次のように描かれています。

ここで読者にこの試論の由来をお聞きいただいてよければ、五、六人の友人が私の部屋に集まって、本書の主題とは非常にかけ離れた主題について論じていたとき、たちまち、あらゆる方面から立ち現れる困難な問題に行き詰まってしまったことを、私は読者にお話ししなければなりません。私たちが、自分たちを当惑させている疑問の解決に少しも近づけぬまま、しばらく途方に暮れたあと、私の心に浮かんだのは、自分たちは道を間違えており、そうした本性を持つ研究に携わる前に、私たち自身の能力を調査し、私たちの知性はどのような対象を扱うのに適し、適さないかを確かめなければならないということでした。私はこのことを一同に提案し、みなすぐに同意しました。そして、その結果、これを私たちはまず研究すべきであるということになりました。私は、自分がこれまで考察したことのなかった主題について、性急な未消化のいくつかの考えを、次の会合に向けて書き留めました。これが、この論考の始まりとなりました。こうして、それはたまたま始まり、人々から請われて続けられ、つじつまが合わないまま少しずつ書かれ、久しく捨て置かれたあと、気が向いてその気になったときに再開され、ついに、健康への気遣いのため閑居して都合がついた折りに、読者が今見られるような形に整理されました。(John Locke, *An Essay Concerning Human Understanding*, ed. Peter H. Nidditch [Oxford: Oxford University Press, 1975], The Epistle to the Reader, p. 7.)

このように、『人間知性論』執筆のきっかけは、エクセター・ハウスのロックの居室で行われていた会合での出来事でした。そして、具体的な問題に対処する前に、そもそも「私たち自身の能力を調査し、私たちの知性はどのような対象を扱うのに適し、適さないかを確かめなければならない」ということになった、と言うのです。

会合の出席者の一人、ジェイムズ・ティレル(James Tyrrell, 1642-1718)は、後年、そのとき論じられていた話題は「道徳の原理と啓示宗教」だったと述懐しています。

ロックがその頃用意した『人間知性論』の草稿が二つ残っていて、「草稿A」(Draft A)、「草稿B」(Draft B)と呼ばれています。「草稿A」にはSic Cogitavit de intellectu humano Jo: Locke an[no] 1671(ジョン・ロックは一六七一年に人間の知性についてこのように考えた)とラテン語で書かれています。「草稿B」も、一六七一年に書かれました。

†シャフツベリ伯の下野と、フランス旅行

アシュリー卿は、一六七二年三月にシャフツベリ伯に叙せられるとともに、同年一一月に大法官に任ぜられ、政治家として絶頂期を迎えます。しかし、その後の相次ぐ政争により、翌一六七三年一一月に王の信頼を失い、大法官を罷免され、下野します。シャフツベリ伯は、病気がちとなったチャールズ二世の後継者に、王の推挙する、王の弟のカトリックの信仰を持つヨーク公ジェイムズがなることに反対、チャールズ二世の庶子のモンマス公ジェイムズ・スコットを擁立しようとし、これが、王の信頼を失う大きな原因の一つとなりました。

シャフツベリ伯が下野したあとも、一六七五年までロックはシャフツベリ伯のエクセター・ハウスに留まり、実務を続けます。それが一段落した一六七五年一一月に、彼は健康上の理由からフランスに旅立ちます。これは、一六七二年秋の数週間のパリ滞在に続く二度目の渡仏で、三年半にわたるものでした。

ロックは一年余りモンペリエに滞在し、一六七七年三月にモンペリエを離れ、トゥールーズとボルドーを経て六月にパリに到着し、そのあと、一六七九年にイングランドに戻るまでのほとんどを、パリで過ごします。パリではデカルトやデカルト派の人々の哲学を研究し、また、『人間知性論』の原稿を書き進めています。このフランス滞在中に、ロックはトマス・ハーバート（Thomas Herbert, c. 1656–1733）、のちの第八代ペンブルック伯爵（8th Earl of Pembroke）の友人になっています（出版された『人間知性論』には、このペンブルック伯への献辞が載せられています）。

†『統治二論』の執筆

一六七九年四月に、ロックはイングランドに戻ります。

国王チャールズ二世には、多くの庶子がいましたが、王妃キャサリンとの間に嫡出子がなく、先に述べましたように、王はカトリックの信仰を持つ弟のヨーク公ジェイムズを後継者にしようとしていました。当時イングランドは、王位継承問題において、ジェイムズを支持するトーリー党（のちの保守党）と、それに反対するホイッグ党（のちの自由党）が激しい抗争を繰り返していました。

この時期、一六七九年から一六八三年にかけて、ロックはのちに『統治二論』（*Two Treatises of Government* [1989]）として出版される書の大半の部分を執筆しています。『統治二論』は、一六八〇年に出版された、絶対王権を擁護するロバート・フィルマー（Robert Filmer, c. 1588-1653）の『パトリアーカ』（*Patriarcha*［1680］）を反駁する「第一論」（*First Treatise*）と、自然状態から始めて政治権力の起源を社会契約に求めた「第二論」（*Second Treatise*）からなっています。

†オランダ亡命

さて、シャフツベリ伯は、下野したのちも、反カトリック運動（ヨーク公ジェイムズの排除）を執拗に展開しますが、一六八一年には反逆罪の嫌疑でロンドン塔に送られ、一六八二年一一月にオランダへ亡命、体調の悪化により、翌一六八三年一月に亡命先のアムステルダムで亡くなります。故人の遺言に従って、遺体はウィンボーン・セントジャイルズに埋葬され、ロックは伯爵夫人を助けて葬儀や家督相続のために手を尽くしました。ヨーク公ジェイムズがジェイムズ二世（James II, 1633-1701 在位 1685-1688）として王位に就いたのは、二年後の一六八五年のことでした（因みに、アメリカのニューヨークは、一六六四年にイングランドがこの地を占領したとき、当時海軍卿の任にあったヨーク公［Duke of York］に因んで新たに命名したもので、先に述べましたように、もとはオランダの植民地でしたから、それまでは「ニウアムステルダム」［Nieuw Amsterdam］と呼ばれていました）。

一六八三年一月のシャフツベリ伯の死後、ホイッグ党の急進派によるチャールズ二世とジェイムズの暗殺計画が発覚（いわゆる「ライハウス陰謀事件」）、関係者が逮捕され処刑されます。ロックはこの動向に危険を感じ、同年九月、オランダに亡命します。

一六八四年一一月、当時クライスト・チャーチの学寮長だったジョン・フェルのもとに、故シャフツベリ伯に関わるロックがクライスト・チャーチの「シニア・スチューデント」の身分に留まることを王は望まないとの通達が、宮廷から届きます。フェルはロックに弁明の機会を与えることを宮廷に申し出ますが、受け入れられず、ロックは王の命令により、クライスト・チャーチから追放されます。その一方で、ロックはこの時期（一六八四年から八五年にかけての冬）に、ユトレヒトで『人間知性論』の原稿を書き進めています。

一六八五年二月にジェイムズ二世が即位、その年の五月、ロックは、オランダに対する亡命者の本国送還要求リストの最後に八四番目の手配者として記載され、以後彼は身分を隠し、名前を変えて、オランダやクレーフェを転々とします。ロックが使った偽名の一つは、「医師ファン・デル・リンデン」（Dr. van der Linden）でした。

翌一六八六年五月、本国送還要求リストはまだ効力を持っていましたが、おそらくは二度目のフランス旅行以来の友人、ペンブルック伯の尽力によって、ロックの名前はリストから外されます。それでもロックは、「医師ファン・デル・リンデン」という偽名の使用は控えたものの、慎重な行動を続けています。

一六八六年九月に、ロックは友人のエドワード・クラーク（Edward Clarke, 1650–1710）

に『人間知性論』第三巻の原稿を送り、ペンブルック伯に見てもらうよう依頼しています（第一巻と第二巻の原稿は、その年の早い時期にすでにクラークの許に届けられていました）。また、同じ年にロックは『人間知性論』第四巻を書き進め、これも同年暮れにはクラークの許に送られています。なお、一六八五年の日付のある『人間知性論』の草稿が現存していて、「草稿C」（Draft C）と呼ばれています。これは、第一巻と第二巻のみの草稿です。

同じ頃（一六八五年から八六年にかけての冬に）、ロックはこれと並行して、『寛容についての書簡』（*Epistola de tolerantia*）を書いています。これは、信教の自由を説き、魂の救済に政治権力は介入すべきではないとするもので、もともと、ロックのオランダ人の友人フィリップ・ファン・リンボルフ（Philip van Limborch, 1633–1712）に宛てて、ラテン語で書かれたものです。このラテン語版は、リンボルフの監修により、一六八九年にオランダのハウダ（Gouda）で出版され、すぐに各国語版が出版されます。

ここで、もう一人、ロックの友人を紹介しなければなりません。ジャン・ル・クレール（Jean Le Clerc, 1657–1736）。スイス生まれの神学者です。彼は、聖職に就いたのち、フランスのソミュールに移り、一六八二年にはイギリスのロンドンに滞在しますが、不安定な政情を避けてオランダのアムステルダムに移り、そこでロックやリンボルフの友人となります。彼は、一六八六年にアムステルダムで *Bibliotheque universelle et historique*（ビブリオテック・ユニヴェルセル・エ・イストリック。なお、*Bibliotheque* にはアクサンが付いていません）誌を創刊、ロックは執筆者の一人となります。

一六八八年の春、この『ビブリオテック・ユニヴェルセル・エ・イストリック』誌第八巻（四九～一四二ページ）に、まだ公刊されていないロックの『人間知性論』のフランス語の要約が掲載されます。付されたタイトルは'*Extrait d'un Livre Anglois qui n'est pas encore publié, intitulé* ESSAI PHILOSOPHIQUE *concernant* L'ENTENDEMENT, *où l'on montre quelle est l'étenduë de nos connoissances certaines, & la maniere dont nous y parvenons.* Communiqué par Monsieur LOCKE'で、ロックが準備し、ル・クレールがフランス語に訳しました。この要約は、『人間知性論』の内容予告以上に、重要な役割を演じます。英語が読めない人々にとっては、『人間知性論』の出版後も、フランス語訳やラテン語訳が出るまでは、『人間知性論』の内容を知る上で不可欠のものとなりました。

†名誉革命と帰国

チャールズ二世の後を継いだ弟のジェイムズ二世は、一六八五年の即位後、カトリック教徒を重用し、プロテスタントを弾圧し、プロテスタントが多数派を占める議会と対立します。議会は、ジェイムズ二世の長女で、ジェイムズ二世の甥のオランダ総督オラニエ公ウィレム三世（Willem III van Oranje, 1650-1702）の妃、メアリー（マリア Maria II van Engeland, 1662-1694）が、プロテスタントの女王として後継者となることを望みました。ところが、一六八八年六月、ジェイムズ二世の妃メアリーが王子ジェイムズを生み、このままではカトリックの王がその後も続くことになるとの危機感から、議会は、ウィレム三世とその妃メアリーに、イングランド上陸を要請します。

同一六八八年一一月に、ウィレム三世が率いるオランダ軍がイングランドに上陸、一二月にはジェイムズ二世の亡命を認め、ジェイムズ二世はフランスに亡命、ウィレム三世はロンドンに入ります。いわゆる名誉革命（Glorious Revolution）です。

ロックは、この革命に深く関わった第二代モーダント子爵チャールズ・モーダント（Charles Mordaunt, 2nd Viscount Mordaunt, 1658-1735, のちの初代モンマス伯爵［1st Earl of Monmouth］・第三代ピータバラ伯爵［3rd Earl of Peterborough］）の依頼により、一六八九年二月、メアリーに随行するモーダント子爵夫人キャリー（Carey Mordaunt, c. 1658-1709）をエスコートして、オランダからイングランドに向かうメアリーとともにロンドンに戻ります。同年同月、ウィレム三世とメアリーは、共同統治者ウィリアム三世（William III）およびメアリー二世（Mary II）として即位、「権利の宣言」（Declaration of Rights）に署名し、「権利の章典」（Bill of Rights）が公布されます。ロックはもはや名前を変えて隠れ住むことはなく、ロンドンで仕事を始めます。

国王ウィリアム三世は、帰国して間もないロックに、重要な役職を提案します。それは、ウィーン在住の神聖ローマ皇帝レオポルド一世（Leopold I, 1640-1705 在位 1658-1705）もし

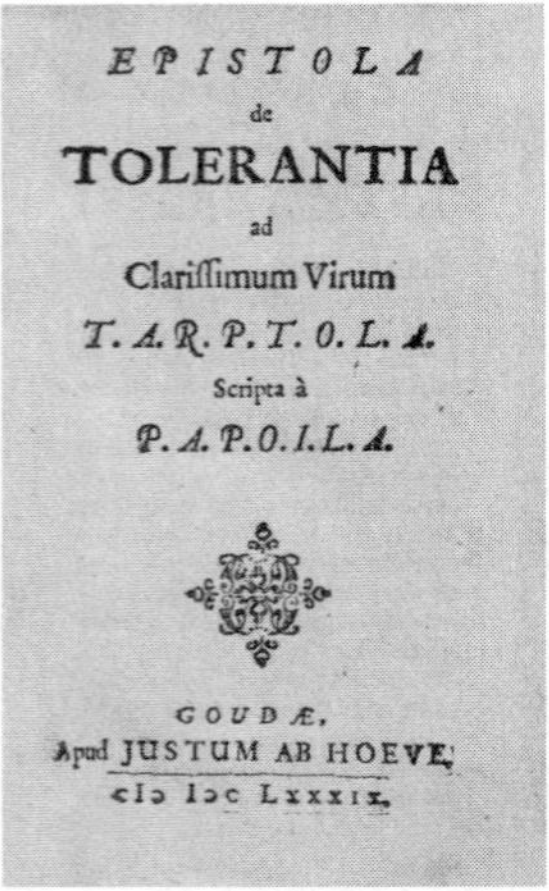

EPISTOLA
de
TOLERANTIA
ad
Clarissimum Virum
T. A. R. P. T. O. L. A.
Scripta à
P. A. P. O. I. L. A.

GOUDÆ,
Apud JUSTUM AB HOEVE,
clɔ Iɔc Lxxxix.

【図 20】『寛容についての書簡』（ラテン語版）の扉

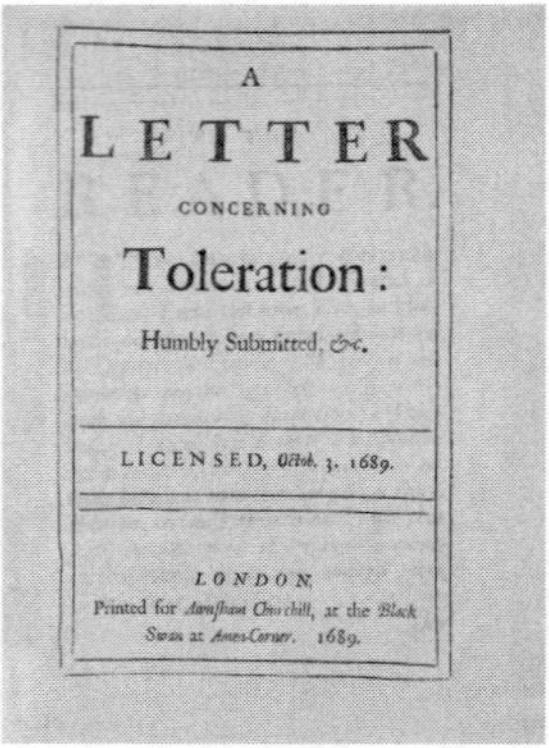

A
LETTER
CONCERNING
Toleration:
Humbly Submitted, &c.

LICENSED, Octob. 3. 1689.

LONDON,
Printed for Awnsham Churchill, at the Black
Swan at Amen-Corner. 1689.

【図 21】『寛容についての書簡』（英語版）の扉

くはブランデンブルク選帝侯フリードリッヒ三世（Friedrich III, 1657–1713 在位 1688–1713 のち、初代プロイセン王フリードリッヒ一世、在位 1701-1713）への全権公使であったと言われています。けれども、ロックは健康上の理由からこれを断り、一六八九年五月、彼は新政府の租税訴願局委員（Commissioner of Appeals for Excise）に就任する一方で、著書を次々と刊行します。

†相次ぐ出版

一六八九年に最初に出版されたロックの著書は、先に言及した『寛容についての書簡』（ラテン語版 *Epistola de tolerantia* [Gouda: Justus van der Hoeve, 1689]）です。これは、リンボルフが四月にオランダで出版し、ロックのもとにも送られたあと、数箇月後にはイングランドでも発売されることになりました。この本は、最初匿名で出版されたのですが、そこには *P. A. P. O. I. L. A.* という、著者に関する表記があります（図20）。これは、Pacis Amante, Persecutionis Osore, Joanni Lockio, Anglo の頭文字を取ったもので、「平和を愛し、迫害を憎む、イングランド人ジョン・ロック」を意味します。つまり、その本がロックによって書かれたことが、暗号的に表記されているのです。因みに、その二行上に見られる *T. A. R. P. T. O. L. A.* は、Theologiae apud Remonstrantes Professorem, Tyrannidis Osorem, Libertatis Amantem の略で、その書簡が「専制を憎み、自由を愛する、抗議派に属する神学教授」に宛てたものであることを表しています。

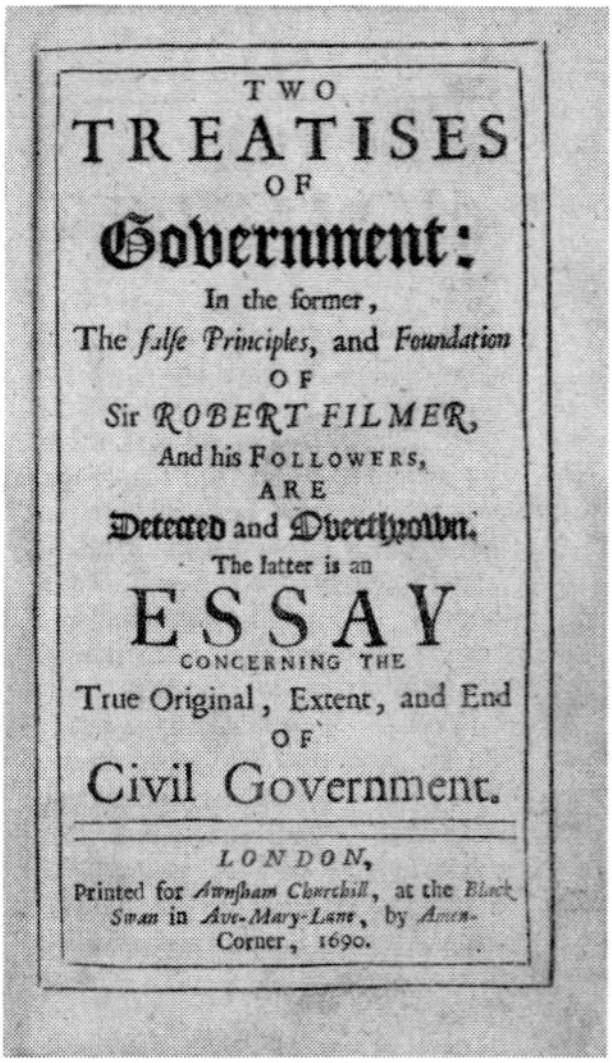
TWO
TREATISES
OF
Government:
In the former,
The false Principles, and Foundation
OF
Sir ROBERT FILMER,
And his FOLLOWERS,
ARE
Detected and Overthrown.
The latter is an
ESSAY
CONCERNING THE
True Original, Extent, and End
OF
Civil Government.

LONDON,
Printed for Awnsham Churchill, at the Black Swan in Ave-Mary-Lane, by Amen-Corner, 1690.

【図22】『統治二論』の扉

この本は、オランダ語、フランス語、英語の翻訳がすぐに準備されます。英語版は、ウィリアム・ポップル（William Popple, 1638–1708）の手になるもので、同年一一月に、

A Letter Concerning Toleration（London: Awnsham Churchill, 1689）として出版されました。

次いで、『統治二論』と『人間知性論』が出版されます。

『統治二論』は、同年夏に印刷準備が整い、出版年は当時の慣行に従って「一六九〇」年となっていますが、同年一〇月に刊行されています。『寛容についての書簡』同様、『統治二論』も、匿名で出版されました。

また、『人間知性論』は、同年五月に出版社との合意に至り、印刷が始まります。これも、刊行年は「一六九〇」年と印刷されていますが、一六八九年一二月に印刷が整い、すぐに製本され、年内に刊行されました。

その後ロックは、一六九〇年夏には『寛容についての第二の書簡』（*A Second Letter Concerning Toleration* [London: Awnsham and John Churchill, 1690]）を、一六九一年一二月には『利子の引き下げと貨幣価値の引き上げの結果に関するいくつかの考察』（*Some Considerations of the Consequences of the Lowering of Interest and the Raising the Value of Money* [London: Awnsham and John Churchill, 1692]）を、また、一六九二年一一月には『寛容についての第三の書簡』（*A Third Letter for Toleration, to the Author of the Third Letter Concerning Toleration* [London: Awnsham and John Churchill, 1692]）を刊行しています。さらに、一六九三年七月には『教育についてのいくつかの考え』（*Some Thoughts Concerning Education* [London: Awnsham and John Churchill, 1693]）を、一六九五年八月には『キリスト教の

合理性』（*The Reasonableness of Christianity* [London: Awnsham and John Churchill, 1695]）を出版しています。

†『人間知性論』の初期の版

『人間知性論』は、ロックの生前に、第四版まで版を重ね、ロックの没後、彼が生前準備していた第五版が出版されています。それらの版について、少し見ておきましょう。

1　初版（一六九〇年）

先に述べましたように、『人間知性論』の初版が出版されたのは一六八九年の暮れですが、本の扉には、当時の慣行に従い、「一六九〇」年（実際にはローマ数字で MDCXC [M = 1000, D = 500, C = 100, X = 10 で、1000 + 500 + 100 − 10 + 100 = 1690]）と印刷されています。

初版には、扉の出版事項の異なる二つの版があります。一つは、出版事項が *LONDON*: Printed by *Eliz. Holt*, for Thomas Basset, at the *George* in *Fleetstreet*, near St. *Dunstan*'s Church. MDCXC. となっており、もう一つは *LONDON*: Printed for *Tho. Basset*, and sold by *Edw. Mory* at the Sign of the *Three Bibles* in St. *Paul*'s Church-Yard. MDCXC. となっています。一九七五年のクラレンドン版『人間知性論』の編集者であるピーター・H・ニディッチ（Peter H. Nidditch, 1928–1983）は、前者が先行していた

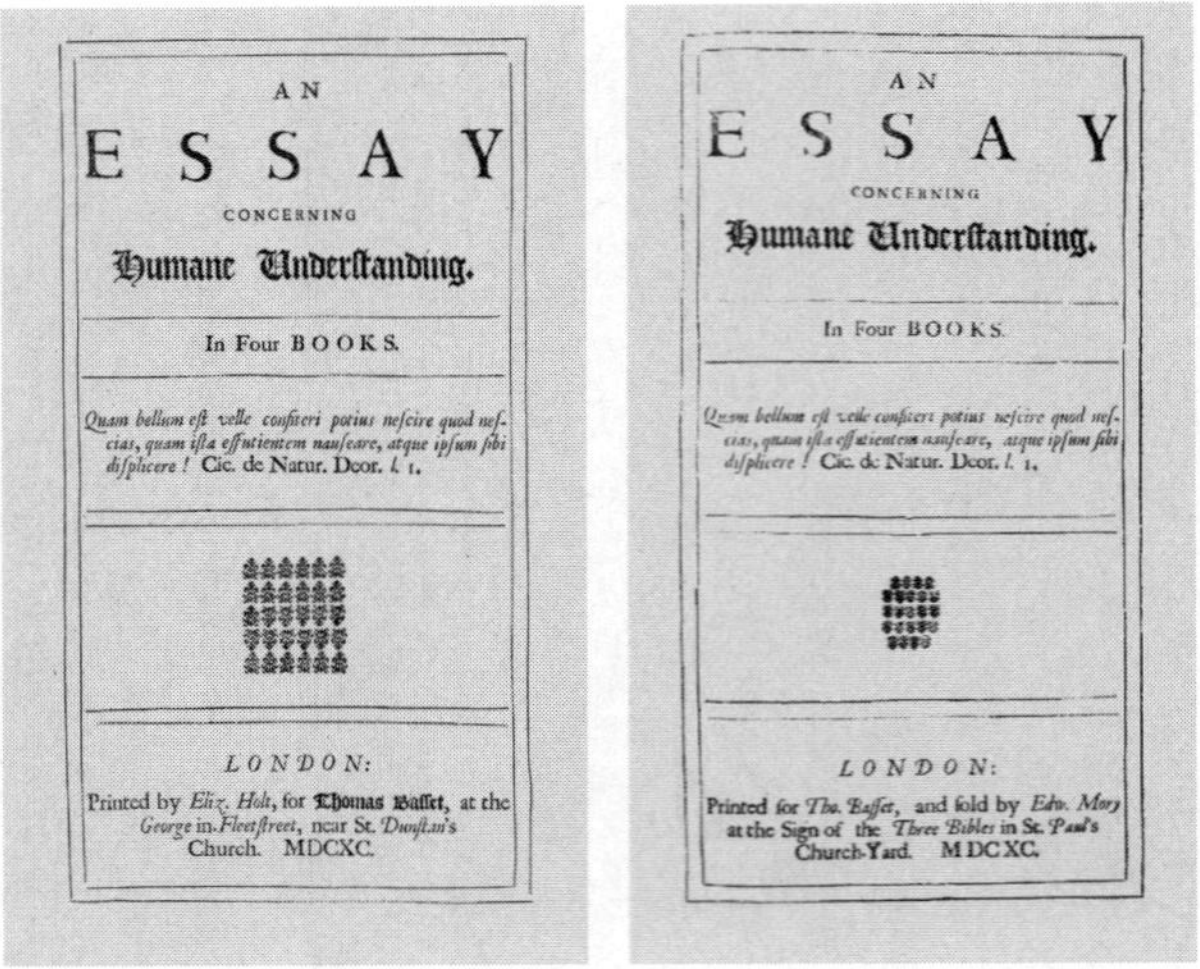

AN
ESSAY
CONCERNING
Humane Understanding.

In Four BOOKS.

Quam bellum est velle confiteri potius nescire quod nescias, quam ista effutientem nauseare, atque ipsum sibi displicere! Cic. de Natur. Deor. *l.* 1.

LONDON:
Printed by *Eliz. Holt*, for **Thomas Basset**, at the *George* in *Fleetstreet*, near St. *Dunstan's* Church. MDCXC.

AN
ESSAY
CONCERNING
Humane Understanding.

In Four BOOKS.

Quam bellum est velle confiteri potius nescire quod nescias, quam ista effutientem nauseare, atque ipsum sibi displicere! Cic. de Natur. Deor. *l.* 1.

LONDON:
Printed for *Tho. Basset*, and sold by *Edw. Mory* at the Sign of the *Three Bibles* in St. *Paul's* Church-Yard. MDCXC.

【図23】『人間知性論』初版の扉

としています。なお、初版の扉にはロックの名前は出てきませんが、献辞の末尾に彼の名前が記されています。

2　第二版（一六九四年）

初版が売り切れたあと、ロックは改訂増補版を出すことにします。これが一六九四年の第二版です。初版とはいくつかの重要な箇所で違いを見せていますが、本書のあとの議論で特に重要なのは、「知覚について」と題された章でウィリアム・モリニュー（William Molyneux, 1656–1698）が提起したいわゆる「モリニュー問題」に言及し、コメントしているところです。この件については、本書第7章で改めて取り上げます。なお、第二版の扉には、Written by *JOHN LOCKE*, Gent. と、ロックの名前が記されています。

3 第三版（一六九五年）

一六九四年の改訂第二版は、ロックが思った以上の売れ行きを見せ、翌年、第三版を出すことになります。この版は、第二版とほとんど同じです。

4 第四版（一七〇〇年）

その後ロックは、『人間知性論』に新たな章を加えようとします。第四版の章番号で言いますと、一つは、第二巻第三三章「観念の連合について」です。そしてもう一つは、第四巻第一九章「狂信について」です。一六九九年一二月に、これらの章を新たに含む『人間知性論』第四版が出版されます。初版同様、扉には翌年の一七〇〇年を表すローマ数字（MDCC）が印刷されています。

ロックはそれら二つの章以外に、もう一つの章を『人間知性論』に加えるプランを持っていましたが、結局これが加えられることはありませんでした。そのもう一つの章は「知性の導き方について」（Of the Conduct of the Understanding）というもので、これはロックの死後、一七〇六年に、彼の叔父ピーター・ロック（Peter Locke, 1607-1686）の娘アン・

キング（Anne King）の息子（つまりロックのいとこの子）ピーター・キング（Peter King, 1669-1734）が出版した『ジョン・ロック氏の遺作』（*Posthumous Works of Mr. John Locke* [London: Awnsham and John Churchill, 1706]）に収められました（pp. 1-137）。

5　第五版（一七〇六年）と第六版（一七一〇年）

ロックは第四版を出版したあとも、『人間知性論』の推敲を亡くなるまで続けます。ロックの死去の二年後の一七〇六年に出版されたこの第五版では、あとで触れるスティリングフリートとの論争からの引用が、数箇所にわたって脚注の形で挿入されています。また、一七一〇年には、第五版の誤植を訂正した第六版が、二巻本として（それまでは一巻本でした）出版されています。

†マサム夫人

さて、これまでロックの女性関係にはまったく触れませんでしたが、ここで一人の女性を紹介することにします。ダマリス・カドワース・マサム（Damaris Cudworth Masham, 1659-1708）です。Masham は「マシャム」ではなく「マサム」に近く発音するのが正解です。英語名の語尾によく見かける -ham は、もともと home に通じる「町」や「村」を表す言葉で、h は発音しないと覚えておくといいかもしれません。ですから、Denham は

「デナム」、Durham は「ダラム」、Masham は「マシャム」じゃなくて「マサム」です。でも、Bentham の場合には、「ベンタム」だけど、「ベンサム」とも発音されますし、Sydenham は「シドナム」ですが、Gresham は「グレシャム」で、Masham を「マシャム」と発音する人もいます。ここでは「マサム」で通します。

彼女は、「ケンブリッジ・プラトニスト」の代表的人物、レイフ（ラルフ）・カドワース (Ralph Cudworth, 1617–1688) の娘で、結婚前の名前はダマリス・カドワース (Damaris Cudworth) でした。ケンブリッジ・プラトニストというのは、当時、ケンブリッジ大学で活躍した思想グループで、プラトンや新プラトン主義者の思想を重視し、伝統的な神学を批判し、理性と信仰の調和を求めました。一六八五年、ダマリスが二六歳のとき、彼女

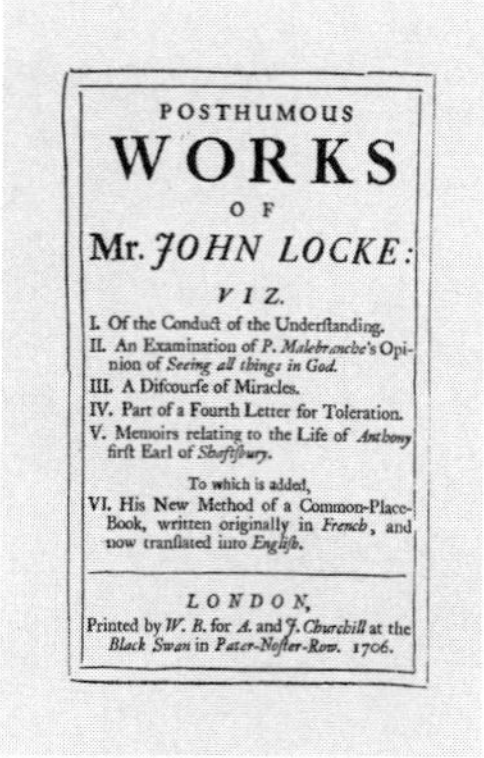

POSTHUMOUS
WORKS
OF
Mr. JOHN LOCKE:
VIZ.
I. Of the Conduct of the Understanding.
II. An Examination of P. Malebranche's Opinion of Seeing all things in God.
III. A Discourse of Miracles.
IV. Part of a Fourth Letter for Toleration.
V. Memoirs relating to the Life of Anthony first Earl of Shaftsbury.
To which is added,
VI. His New Method of a Common-Place-Book, written originally in French, and now translated into English.
LONDON,
Printed by W. B. for A. and J. Churchill at the Black Swan in Pater-Noster-Row. 1706.

【図 24】『ジョン・ロック氏の遺作』の扉

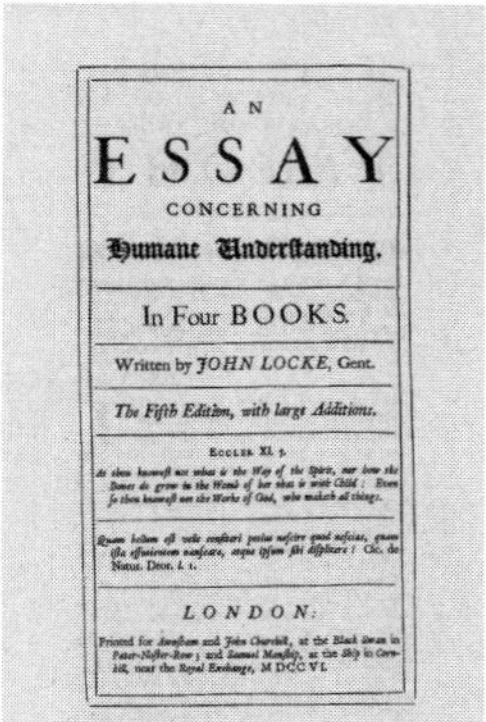

AN
ESSAY
CONCERNING
Humane Understanding.
In Four BOOKS.
Written by JOHN LOCKE, Gent.
The Fifth Edition, with large Additions.
ECCLES. XI. 5.
As thou knowest not what is the Way of the Spirit, nor how the Bones do grow in the Womb of her that is with Child: Even so thou knowest not the Works of God, who maketh all things.
LONDON:
Printed for Awnsham and John Churchill, at the Black Swan in Pater-Noster-Row; and Samuel Manship, at the Ship in Cornhill, near the Royal Exchange, MDCCVI.

【図 25】『人間知性論』第 5 版の扉

【図26】ハイ・レイヴァー

はハイ・レイヴァー（High Laver）のフランシス・マサム（Francis Masham, c. 1646–1723）准男爵と結婚、これによってダマリス・カドワース・マサムを名乗り、「マサム夫人」（Lady Masham）と呼ばれることになりました。

彼女は哲学に造詣が深く、共通の友人であるエドワード・クラークを介して、独身時代にすでにロックと知り合いになっていました。ロックは彼女に敬意を払い（それは敬意以上のものであったと思われます）、オランダ滞在中もダマリスと書簡を交換し、さまざまな哲学的な話題について論じました。

一六八九年の帰国後、ロックはマサム夫人のもとを訪れ、一六九一年以降は、フランシス・マサムに招かれて、ハイ・レイヴァーの彼の館（館の以前の持ち主の名を取って「オウツ邸」［Otes もしくは Oates］と呼ばれています）を主たる住まいとすることになります。持病の喘息のため、空気の汚れたロンドンでの居住が難しくなったためです。彼は自分と使用人のために週一ポンド、馬のために週一シリングを支払ったと言われています。

マサム夫人には、『神の愛についての論考』(*A Discourse Concerning the Love of God* [London: Awnsham and John Churchil, 1696]) 等の著作があり、ライプニッツと書簡を交わしていたことでも知られています。

†晩年、そして逝去

一六九六年五月、ロックは新たに設置された貿易植民地委員会の委員に任命され、体調がすぐれないまま、四年間、この仕事を続けています。

この時期、ロックはウスターの主教エドワード・スティリングフリート (Edward Stillingfleet, 1635-1699) と『人間知性論』に示した見解をめぐって論争を行うこともありましたが、一七〇〇年五月には、貿易植民地委員会委員を辞し、以後、マサム夫人のもとで穏やかに余生を過ごしました。

一七〇四年一〇月二八日、ロックはこの世を去りました。享年(満)七二でした。

遺体は、ハイ・レイヴァーのオール・セインツ・チャーチ (All Saints Church) に埋葬されました。

第2章

観念はヴェールではない――仮説の論理の無理解に抗して

†物そのもの・観念・心

さてさて、これからロックの『人間知性論』の話に入るわけですが、その本の中で展開されている彼の原型的「経験論」の思想は、「物そのもの」、「観念」、「心」という三項からなる枠組みを持っています。「物そのもの」は、単に「物」とか「物体」とかとも言われます。「心」はともかくとして、また、「物そのもの」は「物」の強調された形ですからそれもともかくとして、間に入っている「観念」って何だろうと、当然疑問に思われますよね。ですから、その「観念」が何であるかを、できるだけ丁寧にお話ししなければならないのですが、ともかく、物と心との間に観念が入っていることが、その後長い間物議を醸すことになりました。と言うのも、ロックは、私たちの心の「直接的対象」を、物ではなく心の中の観念としたからです。

日常私たちは、物と直接的に関わっていると思っています。物を見、物に触れる。通常は、物をそのあるがままに眺め、またあるがままの物に触れていると思っていますよね。物と私たちの心との間の関係は、そういう意味で、直接的ですよね。ところが、ロックは心の直接的対象を、物ではなく心の中の観念だと言うわけですから、多くの人々が、ロックは物を「観念」なるものによって私たちから遠ざけ、物について知識を得ることを妨げることになったと主張しました。

実は、あとで述べますように、ロックが「物そのもの」と言っているものは、私たちが日常「物」と思っているものとは違います。え、そうなんだ。はい、そうなんです。ですから、私たちが日常物だと思っているものをそのまま「物そのもの」と言い換えているわけではないのです。

今日私たちは、たいてい「原子仮説」を受け入れていますよね。その「原子仮説」という科学的見解のルーツとなった古代原子論の、近代における復活形態を、「粒子仮説」と呼んだりします（あとで詳しく話しますね）。その「粒子仮説」において存在すると想定されている「物」。これが、彼の言う「物そのもの」なのです。ということは、まさしく文字通り、彼は科学の新たな潮流の先頭に立って、科学者としての見地から新たな「物そのもの」を仮説的に想定し、その結果、「観念」なるものを、その「物そのもの」と心との間に導入することになったというわけです。

†「知覚のヴェール説」との誤解

このように、ロックが「観念」を私たちの知覚の「直接的対象」としたことが、科学（とりわけ仮説的方法）のロジックを捉えられないでいるある人々に誤解され、きわめて単純素朴なロック批判を生むことになりました。そしてこのことがまた、（具体的にはさらにそれぞれに異なる理由から）ロックよりもデカルトやカントやフッサールのほうが優れているという、独断的な思い込みを招来することになりました。

ロックの説は、観念によって物を私たちから遠ざけ、それを直接知覚できなくしている。こうした誤解から、ロックの見解は、「知覚のヴェール説」（veil-of-perception doctrine）と呼ばれることがあります。ロックの説をこのように呼んだのは、ジョナサン・ベネット（Jonathan Bennett, 1930–）です（私は、あとに出てくるエアロン同様、ベネットを、研究者として尊敬しています。けれども、この件に関しては、彼の解釈を認めることはできません）。

ベネットは、一九七一年出版の『ロック・バークリ・ヒューム』（Jonathan Bennett, *Locke, Berkeley, Hume: Central Themes* [Oxford: Oxford University Press, 1971]）の中で、次のように述べています。

ロックは、客観的世界すなわち「実在物」の世界を、われわれには手の届かない知覚のヴェールの向こう側に置く。それゆえ私は、彼の思想のこの面を、「知覚のヴェール説」と呼ぶ。もっと普通に使われているのは「知覚表象説」という呼称であるが、これは満足のいくものではない。なぜなら、それは、その説のどこがよくないかを表現しないからである。（Ibid., p. 69.）

ここでベネットは、「ロックは、客観的世界〔……〕を、われわれには手の届かない知覚のヴェールの向こう側に置く」と言っていますよね。そうなんです。「知覚のヴェール」と言っているのは、「観念」が、物からなる客観的世界（「実在物」の世界）と、それを知覚しようとする私たちの心との間に入り込み、物の世界を観念というヴェールで覆ってしまうと見るからです。このことから、アメリカの代表的哲学者であったリチャード・ローティ（Richard Rorty, 1931-2007）も、一九七九年刊の『哲学と自然の鏡』（Richard Rorty, *Philosophy and the Mirror of Nature* [Princeton: Princeton University Press, 1979], p. 140）において、ロックの説を「観念のヴェール懐疑論」（veil-of-ideas skepticism）と呼んでいます。

†古くからの否定的評価

ところで、ベネットは、右の引用の中で、「もっと普通に使われているのは「知覚表象説」という呼称である」と言っていましたよね。「知覚表象説」。英語では、representative theory of perception です。知覚を、物そのものを対象とするのではなく、「観念」という、物の代わりに心の中に現れるもの（表象 representation）を対象とすると考えることから、こう言われてきました。けれども、representative theory of perception という言い方は、「知覚に関する「代表的な」（あるいは「典型的な」）理論」というふうに誤解される可能性もあるからでしょうか、今日では、「表象的実在論」（representational realism）と呼ばれることが多くなっています。「表象的実在論」。物が実在すると主張する説ではあるが、物が直接知覚の対象となるわけではなく、表象（＝観念）がそれに代わって知覚の対象となるとする説である、ということから、そういう言い方がなされます。

物と心との間に観念を置くロックの知覚表象説（表象的実在論）は、ベネットの批判とほぼ同趣旨の批判を、古くから受け続けてきました。その典型は、まず、ロックのあとに続くジョージ・バークリ（George Berkeley, 1685–1753）に見られます。彼は、ロックの説を、観念と物の「二重存在」（twofold existence）を認める懐疑論的見解の一種とみなして、これを退けようとします。バークリは、『人間の知識の諸原理についての論考』（George Berkeley, *A Treatise Concerning the Principles of Human Knowledge* [1710]）の中で、この「二重存在」説に言及して、次のように述べています。

> これ〔二重存在の肯定〕〔……〕は、懐疑論の源泉にほかならない。というのも、実在物が心の外に存立し、自分たちの知識は実在物と合致する限りにおいてのみ本当の知識であると人々が考える限り、彼らは自分たちが本当の知識を持っていると確信することができないからである。というのも、知覚されるものが、知覚されないもの、あるいは心の外に存在するものと合致することが、どうして知られようか。（George Berkeley, *A Treatise Concerning the Principles of Human Knowledge*, in *The Works of George Berkeley, Bishop of Cloyne*, ed. A. A. Luce and T. E. Jessop, 9 vols. [London: Nelson, 1948–1957], ii. Part

I, § 86, p. 78.)

また、スコットランド常識学派のトマス・リード（Thomas Reid, 1710-1796）は、『人間の知的能力についての試論』（Thomas Reid, *Essays on the Intellectual Powers of Man* [1785]）の中で、次のように述べています。

ロック氏は、デカルトに劣らず、観念の学説によってわれわれの外にある物質世界の存在証明が必要になると同時に、その証明が困難になることに気づいていた。なぜなら、その学説によれば、心はそれ自身の中にある観念の世界しか知覚しないからである。デカルトばかりでなくマールブランシュもアルノーもノリスもこの困難に気づいており、それを除去することを試みたが、ほとんど成功しなかった。ロック氏も同じことを試みるが、彼の議論は脆弱である。（Thomas Reid, *Essays on the Intellectual Powers of Man*, in *The Works of Thomas Reid*, ed. William Hamilton, 2 vols. [6th edn, Edinburgh: MacLachlan and Stewart, 1863; repr. Bristol: Thoemmes Press, 1994], i. p. 275.)

このように、リードもまた、「心はそれ自身の中にある観念の世界しか知覚しない」ので、「外にある物質世界の存在証明が必要になる」が、そもそも心は観念の世界しか知覚できないのであるから、それはできない相談だと言うのです。ロックの知覚表象説（表象的実在論）に対するこうした否定的評価は、その後も続きます。ベネットのことは、先に言及したとおりです。別の例を挙げますと、例えば、二〇世紀の優れたロック研究者であったR・I・エアロン（Richard I. Aaron, 1901-1987）も、この点に関しては同じで、著書『ジョン・ロック』（Richard I. Aaron, *John Locke* [3rd edn., Oxford: Oxford University Press, 1971]）の中で、次のように述べています。

今日その〔知覚表象説の〕欠陥は、まったく明らかである。第一に、観念しか与えられないのであれば、われわれがけっして見たことのない原型をそれが十全に表象しているかどうかが、どうしてわかるのか。表象が正しいか正しくないかを知るためには、われわれはまず、原型を見なければならない。ロック自身、この批判に気づいていたようであるが、それがどれほど破壊的でありうるかを十分に理解していたかどうかは不明である。〔……〕表象が信頼できることを知るためには、われわれはまず原型を見なければならないが、原型を見るのであれば、表象を見ることは間違いなく余計なことである。第二に、われわれの前にある証拠に基づいてこれらの原型が確かに存在すると主張する権利をわれわれは持たないのであるから、その説〔知覚表象説〕には欠陥がある。われわれは、模写を見るだけである。そうすると、それらが模写であり、われわれがけっして直接経験することのないある原型を模写していることが、どうしてわれわれにわかるのか。観念が模写すると想定される究極の対象を否定することが、自己矛盾を犯すことなく可能となり、観念論への道が開かれることになる。(Ibid., pp. 102-103.)

ここでも、「観念しか与えられないのであれば、われわれがけっして見たことのない原型をそれが十全に表象しているかどうかが、どうしてわかるのか」と、バークリやリードと同趣旨のことが言われています。要するに、わかるのは観念だけで、それでは外にある原型がわからないことになる。したがって、「観念が模写すると想定される究極の対象を否定することが、自己矛盾を犯すことなく可能とな〔る〕」、というわけです。エアロンは引用箇所の最後で、それに続けて、「観念論への道が開かれることになる」と言っていますが、実際、先のバークリは、外の対象の存在を否定して、観念論(彼自身の言い方では「物質否定論」[immaterialism])を採ることになりました。

『心の概念』(Gilbert Ryle, *The Concept of Mind* [London: Hutchinson, 1949])で知られる日常言語学派のギルバート・ライル(Gilbert Ryle, 1900–1976)も、同様の主張を行っています。ライルは一九三二年(ロック生誕三〇〇年にあたる年)にオックスフォード大学クライスト・チャーチでロックについての記念講演('John Locke on the Human Understanding')を行いましたが、その講演の中で、「独立的実在物に対する心的代理物〔……〕を想定しても、いかにしてわれわれが物について考えたり知識を得たりできるかという問題〔……〕に光が投ぜられるわけではない」と言い、「その想定によって具体化される理論〔……〕は、もしそれが真であるなら、独立的実在物に関する知識を、あるいはそれに関する蓋然的意見すら、まったく不可能にするであろう」（Gilbert Ryle, *Critical Essays* [Collected Papers, 1; London and New York: Routledge, 2009], p. 139）と述べています。「独立的実在物」というのは私たちの外に存在する「物」のことで、それに対する「心的代理物」とは、心の中の「観念」のことです。観念を想定する理論は、物に関する知識を「まったく不可能にするであろう」と、ライルも見ているのです。

ほかにも事例は多いのですが、もう十分でしょう。ともかく、『人間知性論』の刊行以来、観念が心の直接の知覚対象であるというロックの知覚表象説は、実に久しく、受け入れがたい考え方として扱われてきたのです。

ですが、こうしたロック理解は、明らかに誤解です。それは、ロックが与してきた仮説的思考のロジックを理解していないことに起因する誤解なのです。

そこで、本章の以下の部分では、それがどうして誤解なのかを明らかにし、それによって、『人間知性論』におけるロックの思考の、自然科学的・動的ロジックを確認します。そして、その上で、最後にカントの「物自体」の考え方がそれとどう連動し、そのロジックがどのように変質していったかを見ておきたいと思います。

まずは、「観念」という言葉の由来です。

†観念

ロックの『人間知性論』には、「観念」(Idea) という言葉が、最初から、あたりまえのように出てきます(ロックは重要な名詞をしばしば大文字で書き始めます。Idea もその一つです)。ロックはその言葉を、一貫してイタリック体にしています。ですから、ロックの場合、本当は Idea ではなくて、*Idea* です。どうしてイタリック体なのかというと、ロックはまだこの言葉を「外来語」だと思っているからです。

今では idea と言えば「アイディア」というごく普通の英語の単語で、「考え」といったようなことを意味しますよね。ところが、この言葉は、当時としては、ヨーロッパの広範な地域の公用語であったラテン語から取り込んだテクニカルタームとして意識されており、ラテン語としては「イデア」に近く発音されていました。

この「イデア」、さらにもとをただせば、プラトン(Πλάτων, 427-347 B. C.) の言うギリシャ語の「イデア」(ἰδέα 最後の α は長母音ですから「イデアー」に近く発音されるのですが、我が国では一般に長母音であることを無視して「イデア」と表記しています) にまで遡ります。

プラトンの「イデア」は、さまざまな物事の本質をなすものであり、人間の考えとは関わりなくそれ自体定まったものと考えられていました。この「イデア」が、ある経緯を経たのち、一七世紀前半に活躍したデカルト（René Descartes, 1596-1650）によって、近代的な用法を獲得します。つまり、心の中にあって、意識の対象となるもの全般を表す言葉として、使用されるようになります（その経緯については、『岩波哲学・思想事典』〔岩波書店、一九九八年〕の「観念」〔冨田担当〕の項〔二九二〜二九三ページ〕を参照していただければ幸いです）。ロックの「観念」（Idea）は、このデカルトによる「イデア」の近代的用法を引き継いでいるのです。

†古代の原子論

この「観念」という言葉の用法は、近代科学のある動きと連動するものでした。一六世紀から一七世紀にかけて、古代の原子論が次第に復活していきます。コペルニクスが一六世紀に古代ギリシャの地動説を復活させたように、ここでも古代ギリシャの遺産が、もう一度注目されるようになるのです。

古代ギリシャでは、紀元前五世紀に、レウキッポス（Λεύκιππος, c. 435 B. C. 生没年が明確でない人の場合には四〇歳頃の年を一つ挙げるという慣例に従って、ここでは一つだけ年を挙げておきます）とデモクリトス（Δημόκριτος, c. 420 B. C.）が、原子論を考案します。さまざまな自然現象を説明するには、形や大きさといった性質しかもたず、微小なため知覚不可能な、また、生じたりなくなったり変化したりすることのない、「原子」（ἄτομον アトモン）なるものを想定し、これが「空虚」（κενόν ケノン、真空の空間）の中で運動しながら、さまざまなものを作り上げているとすればどうかと考えたのです。

原子には色や味や触って感じられる熱さ・冷たさなどはないとされます。日常生活においては当然「物」が持っているとされる色や味や熱さ・冷たさですが、そうしたものをなぜ原子は持たないとしたのか。その最大の理由は、それらは際立って「相対性」の度合いが高いということにありました。

例えば色や味は、周囲の状況の違いや、私たちの体の状態の違いによって、違って感じられるのが通常ですよね。物の色は、明るいところと暗いところではずいぶん違って見えますし、動物の種によってそれが違って感じられている可能性があることは、古代人も知っていました。このように、状況の違いに対して「相対的」に、感じられ方が違うものについては、どの場合の感じられ方がその当の物の本当のあり方を示しているかを決定するのは容易ではありません。私たちは、日常、一般に、その物の最も慣れ親しんだあり方を、そのものの本当の性質とみなしているにすぎません。この件について、デモクリトスは、異なる感じ方のいずれかをもって物の「本当の」性質だとする理由はないと言っています。色や味、熱さや冷たさは、そうした相対性の度合いが高いとみられ、それらを物（原子）の性質として残すよりも、物はそうした性質は持たないとするほうが、さまざまな事象を説明するのに都合がよいと考えたのです。

では、原子の性質から外された色や味などが、どうして感じられるのでしょうか。これについては、原子論者は、私たちの感覚機能の特性にその説明を求めます。つまり、私たち人間の場合には、外からある刺激が感覚器官に与えられると、その結果、色や味や熱さ・冷たさなどを感じるようにできているから色や味や熱さ・冷たさなどを感じるのだ、としたのです。

原子論は、すべてを原子（と空虚）という物の観点から説明しようとする唯物論でしたから、のちにヨーロッパに広く行きわたったキリスト教とは相容れず、永らく忘れられていました。ところが、原子論の考えを含む、ギリシャ語で書かれたある古代の書物（ディオゲネス・ラエルティオス［Διογένης Λαέρτιος］編とされている、いわゆる『著名な哲学者の生涯と学説』［Βίοι καὶ γνῶμαι τῶν ἐν φιλοσοφίᾳ εὐδοκιμησάντων］のことです。『ギリシア哲学者列伝』という表題で、岩波文庫に上中下三冊本として入っています。訳者は、加来彰俊先生です）が、のちに、ラテン語等の翻訳でも読まれるようになります。こうした古代の文献への新たな関心が、原子論の考えを再度知らしめることとなり、これによって、古代の原子論が、行き詰まっていた科学の現状を打破するものとして、キリスト教と折り合いをつけつつ復活することになります。デカルトは、その復活に手を貸した科学者の一人でした。

因みに、右に挙げた『著名な哲学者の生涯と学説』は、第九巻でレウキッポスとデモクリトスを、第一〇巻でエピクロス（Ἐπίκουρος, 341-270 B. C.）を扱っています。エピクロスは、原子論の継承者でした。そうしたことから、原子論はエピクロスの名前とともに知られることになり、そのため、一七世紀の復活した原子論は、あとで述べます「粒子仮説」という言い方とともに、「エピクロス主義」（Epicureanism）という言い方で呼ばれることもありました。

なお、唯物論者カール・マルクス（Karl Marx, 1818–1883）が一八四一年にイェーナ大学に提出した博士学位論文が、「デモクリトスの自然哲学とエピクロスの自然哲学の違い」（'Differenz der demokritischen und epikureischen Naturphilosophie'）であったことも、もしかしたら参考になるかもしれませんね。もとより、デモクリトスもエピクロスも原子論者ですから、マルクスが扱った「違い」は、原子論の考え方の中に見られる違いでした。

【図27】カール・マルクス

†デカルトの場合

さてその原子論の復活に手を貸したデカルトですが、彼は、原子論の二つの基本原理である「原子」と「空虚」のうち、ある理由から「空虚」を認めませんでしたので、原子論者ではありません。けれども、さまざまな自然現象を量的な性質しか持たない微細な粒子の観点から捉えようとした点で、古代の原子論の発想を明確に引き継ぐ立場を採っていました。そのため、デカルトは、この世界を形や大きさだけを持つ微細な粒子からなるものとして説明し、それが外部受容器と神経を介して私たちの脳にある種の刺激を与えると、それに対応して心の中で形や大きさだけでなく色や味や匂いや熱さ・冷たさなどが感じられるとしたのです。

私たちは色つきの世界を知覚していますが、それは要するに、外に存在する、形や大きさだけを持つ微細物質からの刺激の結果として、私たちが知覚しているものだと言うのです。

色つきの世界は、外に仮説的に想定される粒子からなる世界とは異なります。そこで、デカルトは、この色つきの世界を、心の中で知覚されるものとして位置づけ、そうした心の中で知覚される色や形や味などを、すでに日常的に心の中にあるとされている他のものとともに、「観念」と呼ぶことにしました。

外にある物と心の中の観念との違いに関するデカルトの発言を、一つ見ておきましょう。

彼の著書に、『世界論』（*Le Monde*［1664］）というのがあります。一六三二年頃にはほぼ完成していながら、コペルニクス説を受け入れていたことから、ガリレオ同様迫害を受けるのではないかと懸念してその出版を断念し、死後に出版されることになったものです。

その『世界論』のはじめのところに、次のような言葉が出てきます。

言葉は、それが表示する事物とは少しも類似していないが、それでもわれわれに〔その事物〕を理解させる。〔……〕さて、単語が人々の約束によってのみ表示するものでありながら、それとはなんの類似性も持たない事物をわれわれに理解させるのに十分であるとすれば、自然もまたなんらかの記号（signe）を定め、われわれに光の感覚を持たせることが――この記号はその感覚に似たものをなにもその中に持っていないとしても――どうしてできないだろうか。（René Descartes, *Le Monde*, in *Œuvres de Descartes*,

【図 28】ルネ・デカルト

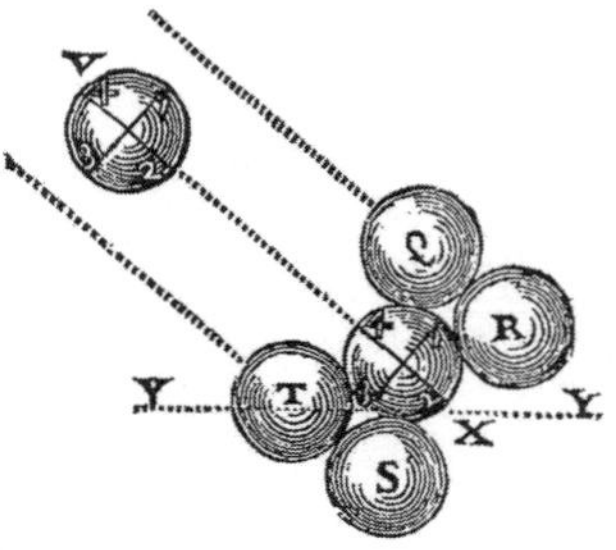

【図 29】デカルトによる光の粒子の図（デカルト「気象学」［1637 年］より）

ed. Charles Adam and Paul Tannery, 2nd edn, 11 vols. [Paris: J. Vrin, 1974-1986], xi. p. 4.)

ここに言われている自然が定めた記号というのは、光の感覚を引き起こす微小な物体の運動のことです。そして、それと光の感覚（つまり観念）とが似ていないことを、デカルトは「記号」（signe シーニュ）に言及することによって示そうとしているのです。「キ」とか「トゥリー」とか「アルブル」とかいった音が、森の樹木に似ていないように、一般に記号はそれが表すものに似ていません。それと同じように、微小な物体の運動と、それが引き起こす光の感覚は似ていない、とデカルトは言うのです。こうして、物体と、私たちが直接見知っている心の中の観念との二分法が、デカルトの自然科学書に特徴的に認められるのです。

†粒子仮説

ロックもまた原子論の継承者でした。それはときに「粒子仮説」（corpuscularian hypothesis コーパスキュラリアン・ハイポセシス）という名称で呼ばれていました。ロックによれば、粒子は本来、形、大きさ、固性、運動・静止といった、「一次性質」（primary Quality）しか持っていません（固性［Solidity］というのは、物体［粒子］がそれが占める場所から移動してその場所を譲ることがない限り、他の物体［粒子］がそこに入るのを許さない性質のことです)。こうした「粒子」と、それが存在し運動する場としての「空虚」から、世界は成り立っていると考えるのです。

他方、私たちは、粒子が持たないとされる色や味や熱さ・冷たさなどを感じています。それは、粒子が私たちの感覚器官をなす粒子群にぶつかり、神経を通して衝撃が運動の形で脳にまで伝わり、その結果私たちが色や味や熱さ・冷たさなどを感じるようになっているからだと説明されます。粒子は一次性質しか持たないのですが、それが私たちの感覚器官にぶつかって運動が脳に伝わると、それに対応した(色などの)「観念」が知覚されるというのです。もちろん、視覚の場合、色だけでなく形や大きさも知覚されます。

こんなふうにして、物は一次性質しか持たないものの、それが私たちの感覚機能に働きかけ、結果的に私たちに、物が持っていないさまざまな性質を感じさせます。このことをロックは、物にはそうしたことをなす「能力」(Power)があると表現します。

この「能力」は、なにか摩訶不思議な力のようなものではありません。例えば光の粒子が私たちの眼球の奥にある網膜にぶつかりますと、運動が神経を通して脳にまで伝わり、その結果色が見えるというわけで、当の光の粒子はあくまで一次性質を持つだけです。ですが、結果的に私たちに色や光を感じさせることになりますので、光の粒子はそうした「能力」を持つ、と言うのです。物が持つこうした能力、つまり、物そのものが持っていない色や味や匂いや熱さ・冷たさなどを私たちに感じさせる能力を、ロックは「二次性質」(secondary Quality)と呼びます。

こうした一次性質と二次性質が私たちの感覚器官に働きかけて、その結果、形や大きさはもとより、色や味などさまざまな感覚を私たちは持つことになります。この感覚は、外にあるとされる「物」そのものとは違い、物そのものからの働きかけによって心の中で知覚されているものですから、ロックはこれを、デカルトの語法に倣って、「観念」と呼びました。

二次性質は、一次性質だけしか持たない物そのものが、私たちの感覚器官に働きかけて、物そのものが持っていない色や味などの性質を私たちに感じさせる「能力」ですが、物そのものはこのような仕方で私たちの感覚器官に働きかけるだけでなく、互いにさまざまな働きかけを行います。言い換えれば、物そのものは、他のものに対して働きかける多様な「能力」を持っています。二次性質は、そうした物そのものが持っている能力のうち、働きかける相手が私たちの感覚器官であって、その結果私たちに色などを感じさせることになる能力のことです。ですから、物そのものは、一次性質と、能力としての二次性質だけでなく、他の物一般にさまざまな仕方で働きかける能力を持っていることになります(二次性質を除いた、物そのものが持つさまざまな能力のことを、ここでは「いわゆる能力」と呼ぶことにします)。

物そのものが「一次性質」と「二次性質」と「いわゆる能力」を持つことを、ロックは

『人間知性論』の中で、次のように説明しています。

物体の中にある諸性質が正しく考察されるなら、それらには三つの種類がある。

第一に、物体の固性を持つ諸部分の嵩、形、数、位置、それに運動もしくは静止。それらは、われわれが物体を知覚しようとしまいと、物体にある。そして、物体が、われわれが発見できる大きさの場合には、われわれはそれら〔の性質〕によって〔……〕物のそれ自体あるがままの観念を持つ。私はこれら〔の性質〕を、「一次性質」と呼ぶ。

第二に、物体にあり、その感覚しえない一次性質によって、ある特有の仕方でわれわれの感官のいずれかに働きかけ、それによって、多様な色、音、匂い、味などのさまざまな観念をわれわれの中に生み出す能力。これらは通常、「可感的性質」と呼ばれる。

第三に、物体にあり、その一次性質の特定の構成によって、別の物体の嵩、形、組織、運動を変化させ、それが以前とは異なる仕方でわれわれの感官に働きかけるようにする能力。例えば、太陽は蠟を白くする能力を持ち、火は鉛を溶かす能力を持つ。これらは通常、「能力」と呼ばれる。(John Locke, *An Essay Concerning Human Understanding*, ed. Peter H. Nidditch [Oxford: Oxford University Press, 1975], II. viii. 23, pp. 140-141. 訳文の傍点の打ち方を気にされる方がおいでになるかもしれませんね。ロックのイタリック体の用法の中に、イタリックになっている箇所［必ずしも続いているとは限りません］を続けて読むと句や文になっていて、その句や文でその節の内容がわかるというのがあります。こうしたイタリック箇所にできるだけ対応する形で、傍点を付してみました。傍点の箇所を続けて読むと、内容の要約になっているというわけです。)

三つ目のいわゆる能力が、「物体にあり、その一次性質の特定の構成によって、別の物体の嵩、形、組織、運動を変化させ、それが以前とは異なる仕方でわれわれの感官に働きかけるようにする」と説明されていることについて、どうしてそのような持って回った言い方をするのかと、いぶかしく思われるかもしれませんね。「その一次性質の特定の構成によって、別の物体の嵩、形、組織、運動を変化させ」というのは、物体が他の物体に働きかけるということは、粒子仮説に従えば、その物体を構成する粒子の組織や運動の仕方などを変化させるということです。ですから、「別の物体の嵩、形、組織、運動を変化させ」ということになります。けれども、その変化は、一般にマイクロレベルの話ですから(つまり、微小な原子レベルの話ですから)、私たちには直接にはわかりませんよね。その変化は、物そのもののそうした一次性質の変化に伴って、私たちの感覚器官への刺激の仕方が変わり、その結果、私たちが感覚することになんらかの変化が生じることから、はじめて推測がつくものです。というわけで、私たちの感官に対する物そのものの働きかけに違いが生じることによって、私たちはある物が他の物になんらかの働きかけを行っていることを知る（「能力」が行使されていることを知る）ことになります。ロックは、この点を考慮して、三つ目の、いわゆる能力の説明に、「それが以前とは異なる仕方でわれわれの感官に働きかけるようにする」という言い方を付加しているのです。

†物そのもの・触発・観念

こうして、私たちが、日常、外的な物体を感覚によって直接知覚していると考えている事態は、原子論的（粒子仮説的）に考えられた「物そのもの」が、私たちの感覚器官に刺激を与え、その結果私たちが色や形や味や匂いや熱さや冷たさなどを知覚することとして、理解されることになります。日常私たちが直接知覚しているものは、こうした「物そのもの」からの刺激の結果、私たちが感じているもので、私たちが感じているものは、外にある「物そのもの」の、私たちの感官に対する働きかけの結果ですから、外の「物そのもの」とは別の、「心の中の観念」ということになります。

そうなんです。外に新たに粒子仮説的な「物そのもの」が想定され、それに応じて、これまで日常的に私たちが「物」もしくはその性質として扱ってきたものは、「物そのもの」が私たちの感覚器官を刺激した結果心の中に現れる「観念」として、捉え直されるのです。

因みに、ロックは外にあると想定される粒子の一つ一つもしくはそれらが複合体をなしたものを、しばしば「物そのもの」（通常複数形で、Things themselves）と呼んでおり、また、物そのものが私たちの感覚器官に刺激を与えることを、「触発する」（affect）と表現します。そう。あとで確認しますけれども、カントの言う「物自体」（Ding an sich ディング・アン・ジッヒ）と「触発する」（affizieren アフィツィーレン）の原型です。そして、触発の結果、私たちの心の中に、さまざまな感覚としての「観念」が現れます。カントの場合は「観念」ではなくて「表象」（Vorstellung フォーアシュテルング）ですけどね。

†粒子仮説的な「物そのもの」と、日常的な物としての「経験的対象」

というわけで、ロックは原子論復活に与し、新たに粒子仮説的に、一次性質とそれに基づく能力としての二次性質（またそれに加えていわゆる「能力」）を持つ粒子を想定し、そうした粒子と空虚からなる世界を考えます。このように、外に新たな「物そのもの」を考えますと、これまで物と見なしてきた、日常私たちが「物」と思っているもの――形や大きさだけでなく色や味や熱さや冷たさなどもその性質として持つ「物」――は、これもまた私たちの外に「物」としてあると言うことはできません。そこで、ロックは、一七世紀前半に活躍したデカルトの「観念」語法を用いて、私たちが日常「物」と思っている感覚的に直接知覚される対象（と、それが持つと思われている感覚される諸性質）を、すべて心の中の「観念」として扱う道を選びます。

今、議論の都合上、私たちが日常「物」だと思っているいわば「色つきの物」を、「経験的対象」（英語で表現する場合には experiential object）と呼ぶことにしましょう（ここに言う「色つきの物」とは、要するに、原子論が言うような形や大きさなどだけを持つ「物」でなく、色や味や匂いや熱さや冷たさなども持っていると考えられる日常的な「物」のことなのですが、ここでは「色」で代表させて、「色つきの物」と言うことにします。先に「色つきの世界」という言い方をしましたが、これも趣旨は同じです）。そうしますと、経験的対象は、日常的には心の外にある「物」と見なされているのですが、ロックの粒子仮説の立場では、それは「心の中の観念」として扱われることになります。

†表象的実在論と直接実在論

ところで、経験的対象の場合、つまり、私たちが日常「色つきの物」と思っているものの場合、この世界にはそういう「色つきの物」があって、私たちは通常それをあるがままに直接知覚していると思っていますよね。「物が実在する」とする立場を「実在論」と言います。そして、その「物」を私たちは直接あるがままに知覚しているとする場合には、その「実在論」に「直接」という形容詞を付けます。こうして、実在する色つきの物をそのあるがままに知覚しているとする立場を、「直接実在論」（direct realism）と呼びます。

これに対して、粒子仮説を採用するロックの場合には、先に見ましたように、「物」は実在するとされるのですが、それは粒子仮説的な「物そのもの」で、私たちはそれから「触発」されて、それに対応する心の中の「観念」を知覚することになります。先に言いましたように、この考え方は、「知覚表象説」ないしは「表象的実在論」(representational realism)と呼ばれます。

日常的にはたいていの場合「直接実在論」。粒子仮説を採る学者の立場としては「表象的実在論」。かつて『人間知性論』にはこれら二つの立場が混在していると言われたことがありました。ロックは基本的に「表象的実在論」の立場を採っていながら、ときどき「直接実在論」的な発言が出てくるというのです。ところが、それはけっして「混在」ではなく、論理の赴くところからしてそうならざるをえないことだったのです。

なぜかと言うと、原子論や粒子仮説の考え方をすでに知っている場合には、いきなり「表象的実在論」の観点からの話が出てきてもやっていけなくはありませんが、なぜ粒子仮説なのかを説こうとすると、まずは、「直接実在論」的な日常の観点から話を始めなければなりません。例えば、私たちは日常、物には色がついていると思っています。けれど、その「色」というのは、生物の種によって感じ方が違っているようであり、同じ人間でも、周りの状況の違いや、その人の身体状況の違いによって、異なって感じられる場合があります。では、そうしたさまざまに異なって感じられる色の、どれがその物の本当の色だと考えたらいいでしょうか、みたいな。そんな直接実在論的な、経験的対象の話から私たちは話を始めて、それから粒子仮説的な発想へと移行していく。こんな語り方をどこかでしないと、何を言っているのかわかってもらえませんよね。ですから、ロックも、『人間知性論』の中で、ある場合には「直接実在論」的に語り、またある場合には「表象的実在論」的に語るのです。

†「物そのもの」の先行

さて、以上の話からおわかりいただけたのではないかと思うのですが、ロックの表象的実在論は、私たちが日常「物」だと思っているものと、それを知覚する私たちの「心」との間に、どこからか「観念」なるものを持ってきてそこに割り込ませ、「物」が知覚できないようにしたというものではまったくありません。

そもそも、ロックの表象的実在論では、「物」ないし「物そのもの」は、日常的に私たちが慣れ親しんでいる経験的対象ではありませんよね。なんらかの常識的理由と科学的理由から、新たな「物そのもの」を仮説的に想定することが行われています。

私たちが親しんでいる「色つきの物」とはなんらかの仕方で異なる新たな「物」を、仮説的に想定するものですから、これまで「物」とされてきた経験的対象は、これもまた外にある「物」として扱い続けることはできなくて、仮説的に想定された「物そのもの」からの触発によって私たちが感覚的に知覚する心の中の「観念」として、その地位が捉え直されることになります。

つまり、ここでは、なんらかの理由による新たな「物そのもの」の想定が先行しています。そして、その結果、どこからかではなく、私たちがこれまで慣れ親しんできた「色つきの物」を心の中に位置づけ直して「観念」と呼ぶということから、私たちの「心」と新たに想定された「物そのもの」との間に「観念」が入る形となり、この「観念」が心によって直接知覚されるという構図ができあがるのです。

繰り返しますが、ロックの表象的実在論では、観念はどこからか割り込んできてヴェールとなるといったものではまったくなくて、これまで私たちが「物」だと思ってきたもの（経験的対象）の位置づけを変更する必要が生じたため、それをデカルトに従って「観念」として扱うことになったわけで、その変更のプロセスには、なんらかの理由から新たな「物そのもの」を仮説的に想定するというプロセスが先行しているのです。ですから、「観念」が入り込んだから「物そのもの」がわからなくなったというのは、まったく仮説の論理を理解していない誤解であって、「物そのもの」がなんらかの理由で新たに想定されることになったために、私たちが慣れ親しんできた経験的対象としての「物」が、「触発」を核とする広い意味での因果系列の中で心の中に位置づけ直され、「観念」として扱われるようになったということなのです。

†観念の、データとしての役割

こうして、粒子仮説では、新たな粒子仮説的「物そのもの」、つまり、一次性質（とそれに基づく二次性質およびいわゆる能力）だけを持つ微小な粒子の一つ一つ、もしくはその集合体が、新たに導入されますが、その仮説形成にあたって重要な基礎となったのは、私たちが日常的に慣れ親しんでいる「色つきの物」（つまり経験的対象）の、さまざまな振舞いでした。繰り返しますけれども、色は状況の違いによってさまざまに異なって感じられるというのは、経験的対象に対する直接実在論的アプローチによって、私たちが知っていることですよね。左右の手を一方は冷水に、他方は熱めの湯に浸しておき、両手を同時にぬるま湯に浸すと、右手と左手とでは感じ方が異なり、一方は熱く、他方は冷たく感じるというのも、冷水や熱めの湯やぬるま湯や私たちの手といった経験的対象に関して私たちが観察することですよね。こうした経験的対象に関するさまざまな現象の観察をもとに、科学者は新たな「物」の仮説的想定に至ります。例えば、私たちが感じている熱さ・冷たさがそのまま水ないし湯そのものの性質だとすると、右のような場合、ぬるま湯は熱くて同時に冷たいという矛盾した性質を持つことになりますよね。こうしたことから、私たちの感じている熱さ・冷たさは、物そのものの性質ではなく、物のあるあり方が私たちの感覚機能との関係において私たちに感じさせる一つの結果であると考えるほうが合理的ではないかと考えられるようになります。原子論（粒子仮説）において、こうした色や熱さ・冷たさが原子（粒子）の性質から外されるのは、まさしく、経験的対象についての諸現象の観察を基に、考察を重ねた結果なのです。ですから、「物そのもの」の新たな想定において、経験的対象の直接実在論的観察は、仮説の構成上、不可欠のものとなっています。

私たちが直接知覚しているものが仮説的思考を支えていることは、「物そのもの」が新たに導入された結果、経験的対象が「観念」として扱われるようになっても、変わることはありません。「物そのもの」が新たに導入されたため、経験的対象は「観念」として扱われることになりますが、その「観念」としての経験的対象の振る舞いは、相変わらず、粒子仮説の立場での科学的研究を進める上で、不可欠のデータを私たちに与えることになります。一旦、「物そのもの」、「観念」、そして観念を知覚する「心」という、三つの項からなる思考の枠組み（「物そのもの」、「観念」、「心」からなる三項関係的枠組み）ができあがってしまいますと、ベースになるデータは経験的対象のありようという言い方ではなくて、感覚的に知覚される「観念」のありようということになります。とすると、経験的対象がその地位を変えて「観念」として扱われるようになったものが、相変わらず粒子仮説的研究にとっての「基礎データ」を与える役割を担っていることは、理解していただけると思います。

このように考えますと、「観念」が間に入ったので「物そのもの」はわからなくなったという理解がなぜ仮説の論理の無理解なのか、おわかりいただけると思います。「物そのもの」、「観念」、「心」からなる三項関係的枠組みは、「知覚のヴェール説」や「観念のヴェール懐疑論」などではまったくなくて、原子論を復活させた近代科学の仮説的・動的論理を整理した結果にすぎません。

†カントの「物自体」・「触発」・「表象」――なぜ「物自体」は知られないのか

さて、章を改める前に、少しだけカントの話をさせてください。

カント（Immanuel Kant, 1724-1804）は一七八一年に刊行した『純粋理性批判』（*Kritik der reinen Vernunft* クリティーク・デア・ライネン・フェアヌンフト）において、「物自体」（Ding an sich ディング・アン・ジッヒ）・「触発」（Affektion アフェクツィオーン）・「表象」（Vorstellung フォーアシュテルング）という構図を採用します。物自体というのがあって、それが私たちの感官（感覚機能）に刺激を与え（触発し〔標準ドイツ語では affizieren アフィツィーレンという動詞です〕）、その結果私たちの心の中に「表象」が現れるというのです。私たちは、日々、例えば視覚においてさまざまな色や形を感覚し、また触覚において熱さや冷たさ等々を感じたりしていますよね。そういった私たちが感じているものを、カントは「表象」と呼びます。カントの場合、私たちが意識している知覚対象がすべて「表象」なのですが、それですと、ロックがデカルトからその語法を受け継いだ「観念」と、まるで同じですよね。そうなんです。カントは、ロックが「観念」と呼んでいるものを、広く「表象」と呼んでいるのです。ですから、ロックの場合に、私たちが感覚しているものはすべからく「観念」と呼ばれましたが、それと同じように、カントは、私たちが感覚機能の働きによって感じているものを、すべて「表象」と呼ぶのです。それは、物自体が私たちの感覚機能（これをカントは「感性」［Sinnlichkeit ジンリッヒカイト］と呼びます）を触発した結果、私たちの中に生み出されると考えられているのです。

ところが、カントの場合、その当の「物自体」は認識不可能とされます。え、なんで？ カントが「物自体」・「触発」・「表象」という構図をロック的な「物そのもの」・「触発」・「観念」という構図から受け取ったのは間違いないのですが、ロックが時代の先端を行く「粒子仮説」という仮説的方法で「物そのもの」を研究しようとしたのに対して、カントは物自体をあっさり「認識不可能」としてしまいます。

そこには、あの、バークリ以来のロックの粒子仮説的ロジックの誤解があります。私たちの心の直接的対象が観念でしかないのなら、「物そのもの」のあり方がどうしてわかるのかという、あれです。結局その路線で、バークリは「物そのもの」を消去して元祖観念論者になるのですが、別の機会にも述べましたように（『カント哲学の奇妙な歪み』［岩波現代全書、二〇一七年］第2章）、あとに続くヒューム（David Hume, 1711-1776）は、「物そのもの」のことはわからないという路線をとりました。

ヒュームは一七三九年から一七四〇年にかけて『人間本性論』(David Hume, *A Treatise of Human Nature* [1739-1740]) を出版し、また一七四八年にはその第一巻の要点を改訂して簡潔に示す『人間知性についての研究』(*An Enquiry Concerning Human Understanding*) を出版しています (この本はもともと *Philosophical Essays Concerning Human Understanding* [London: A. Millar, 1748] という表題でしたが、一七五八年に *An Enquiry Concerning Human Understanding* と改められました)。

まず『人間本性論』ですが、そこには、次のような一節があります。

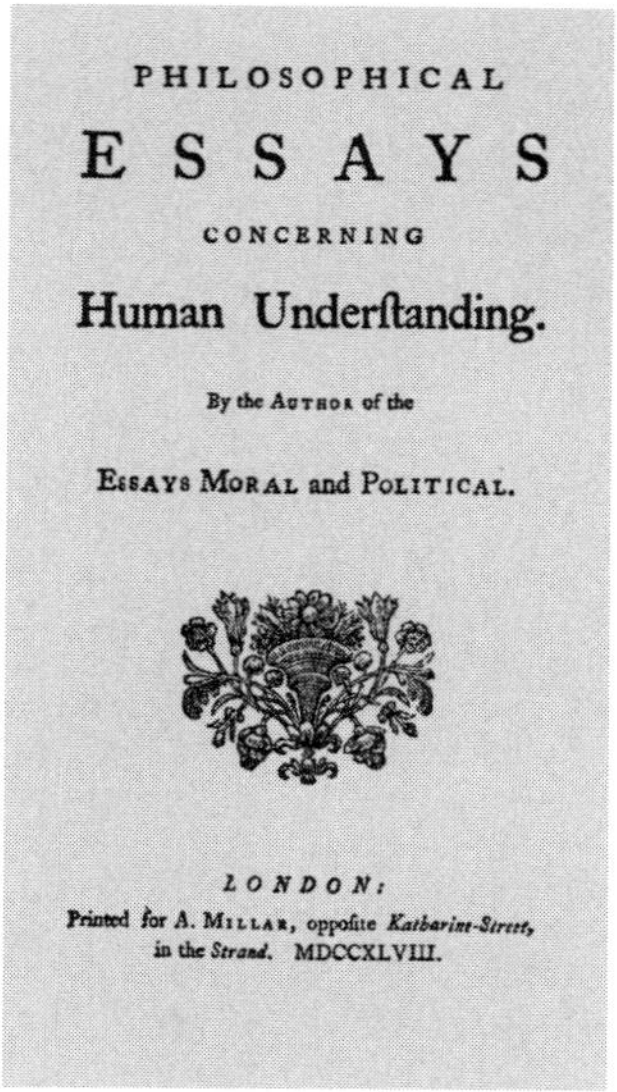

【図30】『人間知性についての研究』初版 (1748年) の扉。表題が *Philosophical Essays Concerning Human Understanding* (人間知性についての哲学的試論) となっています。

感官から生じる印象については、私の見るところ、それらの究極の原因は、人間理性によってはまったく解明することができない。そして、それらは対象から直接生じるのか、心の創造力によって生み出されるのか、われわれを存在せしめた者に由来するのかを、確実に決定することは常に不可能であろう。(David Hume, *A Treatise of Human Nature*, ed. David Fate Norton and Mary J. Norton, 2 vols. [Oxford: Oxford University Press, 2007], i. 1. 3. 5, p. 59.)

ヒュームの場合、「印象」という言葉は、ロックの言う「観念」のうち、感覚や感情など、鮮やかな現れ方をするものを表現するのに使われます。ヒュームはここで、「感官から生じる印象」——すなわち感覚としての観念——について、その原因はわからないと言っているのです。

今度は、『人間知性についての研究』です。ここでは、ヒュームは次のように述べています。

感官の知覚がそれに似た外的対象によって生み出されるかどうかは、事実についての問いである。この問いはどのようにして裁定されるだろうか。同じような種類の他のあらゆる問いがそうであるように、もちろん、経験によってである。しかし、この場合、経験はまったくなにも語らず、なにも語らないに違いない。心は知覚以外には心に現前するものをけっして持たず、知覚と対象との結合を経験できるはずがないのである。(David Hume, *Enquiries Concerning Human Understanding and Concerning the Principles of Morals*, ed. L. A. Selby-Bigge and P. H. Nidditch [3rd edn., Oxford: Oxford University Press, 1975], 'An Enquiry Concerning Human Understanding', Sect. XII, Part I, 119, p. 153.)

ここでも、知覚されるのは「感官の知覚」すなわち「感官から生じる印象」(感覚としての観念)だけであって、その原因である「外的対象」は確認できないとされています。ヒュームから大きな影響を受けたカントは、このヒュームの路線を受け継いだと考えられます。実際カントは、『純粋理性批判』第一版で、次のように述べています。

私は元来外的な物を知覚することはできず、私の内的知覚を、なんらかの外的なものを直近の原因とする結果と見ることによって、その内的知覚から外的な物が現実に存在することを推論することができるだけである。けれども、そもそも与えられた結果から特定の原因を推論することは、常に不確かである。というのも、結果は、複数の原因から生じることがありうるからである。そのため、知覚とその原因との関係においては、原因が内的なのか外的なのか、したがって、いわゆる外的知覚はすべてわれわれの内的感官の戯れにすぎないのか、それとも、その原因である外的な現実の対象に関係するかは、常に疑わしいままである。(Immanuel Kant, *Kritik der reinen Vernunft*, ed. Jens Timmermann [Philosophische Bibliothek, 505; Hamburg: Felix Meiner, 1998], A 368, p. 484.)

知覚の原因が何であるかは定かではないとカントは言います。こうして、カントは、もともとのロック的枠組みが持っていた「物そのもの」への仮説的アプローチの積極的意義を消去しながらも、その仮説的アプローチが形成した「物そのもの」・「触発」・「表象」の構図はこれを換骨奪胎して継承するという一貫しない路線を採り、そのことに対する批判的なまなざしを、自身持たないままでいるのです。

第3章　経験論——「白紙」からの出発

†経験・自然誌・「自然誌的な平明な方法」

『人間知性論』におけるロックの考察の基本枠が「物そのもの」、「観念」、「心」からなる三項関係的なものであること、そして、「物そのもの」と「心」との間に「観念」が入ることからそれを「ヴェール説」だとするのは仮説的思考の論理の無理解から来る誤解であることが、前章の話でご理解いただけたと思います。そこで、次には、ロックがどのような意味で「経験論」者なのかを、見ておきたいと思います。

ロックの立場がなぜ「経験論」(empiricism エンピリシズム)と呼ばれるかと言うと、それは、一つには、観察や実験、総じて「経験」(experience)を重視する視点から物事を捉えようとする姿勢が顕著であるということがあります。単に思考をめぐらせてあれこれ考えるだけでなく、実地の経験からさまざまなことを学ぶという姿勢が、ロックの見解を「経験論」と見なす大きな理由の一つです。けれども、しばしば誤解されていることなのですが、ロックはすべての知識が経験から得られると主張したわけではありません。本書の最後のところ(第9章最終節)で見ていただきますように、彼は、数学が観察や実験を基盤としない特殊な知識からなると考えていましたし、道徳についても数学と同じような論証が可能であると考えていました。ですから、ロックの「経験論」は、そういう意味での(すべての知識が経験から得られるという意味での)経験論ではありません。

ロックが知識獲得において経験を重視したことは、彼が科学の方法として仮説的方法とともに「自然誌」を重視した点を指摘することによって、これを説明することができます。「自然誌」は、英語では natural history と言います。history と言いますけれども、「歴史」というわけでは必ずしもありません。もともとこの言葉は、調査して事実を知ること、あるいはそうして得た知識を書き記すこと（記述すること）を意味していました。例えば「金」という金属がどういうものであるかは、その色を観察したり、重さを他の金属と比べてみたり、ハンマーで叩いて展性を調べてみたり、さまざまな酸（例えば硫酸や塩酸や硝酸や王水）に浸して溶けるかどうかを観察してみたり、熱してみたりしないとわかりませんよね。こういうことを、調べ、記述するのが、「自然誌」と言われる方法です。ロックは、仮説的方法を使用する場合にも、仮説形成の基になるデータを十分に集めなければならないと主張します。つまり、「自然誌」の重視です。

ところで、ロックを解説する場合によく取り上げられる彼の言葉に、Historical, plain Method というのがあります。『人間知性論』の「序文」の中に、次のような仕方で出てきます。

私の当面の目的にとっては、人間の識別機能が扱うもろもろの対象に対して、その機能がどのように使用されるかを考察するだけで、十分であろう。そして、もしこの自然誌的な平明な方法(Historical, plain Method)によって、われわれの知性が自分たちが持っている物の思念をどのようにして獲得するようになるかを明らかにし、われわれの知識の確実性のなんらかの尺度〔基準〕や、人々の間に見出すことのできるさまざまな〔……〕確信の根拠を定めることができれば、私はここで自分が考えることがまったくの見当違いではなかったと思うであろう。(John Locke, *An Essay Concerning Human Understanding*, ed. Peter H. Nidditch [Oxford: Oxford University Press, 1975], I. i. 2, pp. 43–44.)

ここでは natural history の方法との関係を明確に示すため、Historical をあえて「自然誌的な」と訳しておきますが、その言葉は、勝手な思弁を弄するのではなく、私たちの知性(特に「識別機能」)がどのように働くかを実地に調べるという彼のやり方を、言おうとするものなのです。

†フッサールへの影響

ついでながら、ロックの『人間知性論』のこのような姿勢は、のちに「現象学」を創始したフッサール(Edmund Husserl, 1859–1938)に大きな影響を与えます。フッサールは、数学から哲学に転じたとき、ウィーン大学の師フランツ・ブレンターノ(Franz Brentano, 1838–1917)からイギリス経験論の研究を勧められます。フッサールの「記述」(Deskription, Beschreibung）重視の立場は、研究者の間では、しばしば「事象そのものへ」（Zu den Sachen selbst ツー・デン・ザッヘン・ゼルプスト）という標語によって表現されていますが、この標語によって表されているフッサールの姿勢は、ロックの自然誌的事象記述の方法の精神を受け継いだものです。

「事象そのものへ」にあたる言葉は、具体的には、例えば次のような形をとっています。まず、彼の『論理学研究』ですが、その第二巻（一九〇一年刊）第一部「序論」でフッサールは、「われわれは「事象そのもの」へ立ち戻りたいと思う。」（Wir wollen auf die 'Sachen selbst' zurückgehen.）（Edmund Husserl, *Logische Untersuchungen*, 2. Band, 1. Teil, ed. Ursula Panzer [Husserliana, XIX/1; The Hague, Boston, and Lancaster: Martinus Nijhoff, 1984], p. 10）と述べています。また、「厳密な学としての哲学」（一九一一年刊）には、「われわれは事象そのものに問わなければならない。経験に帰れ。直観に帰れ。それだけが、われわれの言葉に意味と理性的権利を与えることができる。」（Die Sachen selbst müssen wir befragen. Zurück zur Erfahrung, zur Anschauung, die un-

【図31】エトムント・フッサール

seren Worten allein Sinn und vernünftiges Recht geben kann.)（Edmund Husserl, 'Philosophie als strenge Wissenschaft,' *Logos*, Band I, Heft 3［1911］, p. 305）という表現が見られます。同じく「厳密な学としての哲学」には、「探究への推進力は、〔歴史上の〕もろもろの哲学からではなく、事象および問題から発するのでなければならない。」（Nicht von den Philosophien sondern von den Sachen und Problemen muß der Antrieb zur Forschung ausgehen.)（Ibid., p. 340）という言葉も見ることができます。

†知識と観念

ロックの自然誌的アプローチの重視と並んで、彼の「経験論」がどういうものであるかを知る上で欠かすことのできないものに、「観念」の獲得に関するロックの考え方があります。

ロックの場合、観念を得ることと知識を得ることは区別されています。ロックは観念を得ることと知識を得ることを同一視したと言う人がときにいますが、ロックをそのように理解する人は、かつてエアロンが言ったように、『人間知性論』の前半だけを読んで、「知識」を論じた第四巻をおそらくは読んでいないのだと思います。

この「知識」について、ロックは『人間知性論』第四巻第一章で、次のように述べています。

> 心はその思考と推論のすべてにおいて、〔……〕それ自身が持つ観念以外の直接的対象を持っていないので、われわれの知識が観念にのみ関わるのは明らかである。
> 　そこで、知識は、われわれの持つもろもろの観念のいずれかの、結合や一致、不一致や矛盾の知覚にほかならないと、私は思う。（Locke, *An Essay Concerning Human Understanding*, IV. i. 1-2, p. 525.）

ということはつまり、知識とは、観念どうしが一致すること、あるいは、一方が他方を排除する関係にあることを、知覚することだということになります。

　ここからわかるように、ロックの場合、観念を得ること（あるいは観念を知覚すること）そのものが知識を得ることではなくて、観念間のある関係を知覚することが知識を得ることなのです。ですから、ロックによれば、知識が得られるためには、まずもって、その要素となる観念が得られていなければなりません。そこで、知識の構成要素となる観念がどのようにして得られるかをしっかりと見ておくことが、ロックの「経験論」を理解する上で不可欠となります。

†生得原理と生得観念

ところで、『人間知性論』は、四つの巻からなっています。標題だけ挙げると、次のとおりです。

第一巻　生得思念について（*Of Innate Notions*）
第二巻　観念について（*Of Ideas*）
第三巻　言葉について（*Of Words*）
第四巻　知識と意見について（*Of Knowledge and Opinion*）

このうち、第一巻「生得思念について」は四つの章からなっていて、それぞれの章の標題は、章の内容を示す目次と、節の内容を示す目次と、本文中とでは、その表記が少しずつ異なっているのですが、今、節の内容を示す目次の表記に従いますと、次のようになっています。

第一章　序文
第二章　生得的な理論的原理（*innate speculative Principles*）は存在しない

第三章　生得的な実践的原理（*innate practical Principles*）は存在しない
第四章　理論的生得原理と実践的生得原理の双方に関するそのほかの考察

第一章は、『人間知性論』全体の「序文」ですので、これを除くと、あとの三章は、いずれも「生得的な理論的原理」と「生得的な実践的原理」の存在を否定する方向で話が進みそうだということが、おわかりいただけると思います。そうなんです。『人間知性論』第一巻は、「序文」は別として、私たちの心にはもともといかなる原理も備わっていないということを示そうとするものなのです。原理というのは、知識のうちでも基礎になるようなもののことですよね。そういうものが最初から心に備えつけられているという考え方を、ロックはこの第一巻で徹底して退けようとするのです。

ロックは、この第一巻の議論の中で、その議論の一部として、そもそも生まれつき備わっている「生得観念」がなければ生得原理はありえないとし、その上で、生得観念がないことを示そうとします。先ほど言いましたように、観念がないと、それからなる知識は得られないですよね。ですから、そもそも生得観念がないのなら生得原理もないはずだというふうに、話は進みます。

ロックが例として挙げているものを見ると、わかりやすいと思います。「あるものはある」（Ibid., I. ii. 4, p. 49）、「同じものがありかつないということはありえない」（Ibid.）、「敬虔と結びついた徳は、神を崇拝する最善のやり方である」(Ibid., I. iii. 17, p. 78)、「人は自らの罪を悔い改めなければならない」(Ibid., I. iii. 19, p. 78)。こういうものを、ロックは生得原理と言われているものの事例として挙げています。例えば、「敬虔と結びついた徳は、神を崇拝する最善のやり方である」の場合、これが生得原理であるためには、そもそも「敬虔」とか「徳」とか「神」とか「崇拝」とかいったものがどういうものなのかが、生得的にわかっていないといけませんよね。つまり、私たちはまず「敬虔」の観念や「徳」の観念や「神」の観念や「崇拝」の観念等々を持っていなければなりません。ですから、もし「敬虔と結びついた徳は、神を崇拝する最善のやり方である」という原理が生得原理であるとしますと、その原理を構成する「敬虔」とか「徳」とか「神」とか「崇拝」とかいった観念を、私たちは生得観念として持っていなければならないことになります。そこでロックは、生得原理を否定する議論の一部として、生得観念を否定する議論を組み込んでいるのです。

†生得原理の否定

生得原理や生得観念を否定するロックの論拠は、特に教育学の分野においてしばしば取り上げられていますから、どこかで聞かれた(読まれた)かもしれませんね。ロックは、なんらかの基本的知識としての原理が生まれつき私たちに備わっているのなら、どんな人でもその基本原理を知っていなければならない、けれども、そんな事実(「普遍的同意」〔Universal Consent; Universal Assent〕の事実)は確認できないということを、生得原理説を否定する重要な論拠とします。

ある特定の基本的知識を私たちが持っているのであれば、誰でもそれを知っているはず。万人がそれを認めるはず。けれども、そういう原理を知らない人はたくさんいる。だったら、どうしてそれを生まれつき持っている原理、生得原理だと主張するのかと言うのです。

ロックには、当時の社会状況との関係において、生得原理やそれが成り立つために必要な生得観念を認めたくない、ある理由がありました。私たちは生まれながらにしてある真理を心の中に持っていると言う人は、しばしば自分が信じていることを人に押しつけるために、それが生得原理であることを主張しようとします。これは、論のすり替えであり、人を思考停止に陥らせるための策略です。ロックは、人間の自由な思考を保全するため、「生得原理」説や「生得観念」説を、なんとしても退けたかったのです。

ところで、私たちは生まれながらにしてある原理を心の中に持ってはいるものの、それが私たちに理解できるようになるには本人の成長や教育が必要であるというのであればどうでしょう。それなら、生得原理を知らない人がいても不思議はないというわけです。でも、その場合には、成長の過程であとになって信じるに至った原理を、実はもとから心に備わっていたとするわけですよね。だったら、その論法を使えば、どんなものでももとから備わっていたと言えそうですよね。それはないだろうと、ロックは言います。むしろそういう原理は、私たちが自身の能力を用いて獲得したと考えるのが筋だろうと言うのです。ロックは、そもそも心の中に備わっているのに心がそれに気づかないということを、矛盾だと考えます。心の中にあるということは、心が知覚していること、心が理解していることを意味すると言うのです。この件についてロックは次のように述べています。

> 知性の中の生得思念〔innate Notion ここでは生得原理の意〕について語る人は、（もしその人がそれによってなんらかの独特な種類の真理を言おうとしているのであれば、）知性がけっして知覚したことがなくそれについてまだまったく無知であるような真理が知性の中にある、とするわけにはいかない。というのも、もし（「知性の中にある」［*to be in the Understanding*］という）この言葉がなんらかの妥当性を持つとすれば、それは理解されること（to be understood）を意味するからである。したがって、知性の中にありながら理解されないということ、心の中にありながらけっして知覚されないということは、なにかが心ないし知性の中にあるとともにないと言うのとまったく同じことである。（Ibid., I. ii. 5, pp. 50–51.）

ですから、心の中に備わっているが心がそれに気づかないというのは、心の中にあるとともにないという矛盾した発言でしかないというのです。

ロックのこの見解を理解するために、「知性」と訳している言葉（英語では understanding ラテン語では intellectus［インテッレークトゥス］）が、「理解する」を意味する動詞（英語では understand ラテン語では intellego［インテッレゴー］もしくは intelligo［インテッリゴー］）の名詞形であるということを考えるのがいいかもしれませんね。「知性」とは、理解する能力である、というわけです。とすると、「知性の中にある」ということは、当然ながら、「理解されている」ということを意味することになります。なので、「知性の中にある」と言いながら「理解されない」というのは、「知性の中にあるとともにないと言うのとまったく同じことである」ということになるのです。

†生得観念の否定

では、生得観念についてはどうでしょうか。先に述べましたように、これについてロックはまず、次の点を確認します。

もしそれらの真理を構成する諸観念が生得的でないとすれば、それらからなる命題が生得的であったり、それらについてのわれわれの知識がわれわれとともに生まれる〔つまり生得的である〕ということは、ありえない。(Ibid., I. iv. 1, p. 85.)

そして、さらに続けて次のように主張します。

新たに生まれた子どもたちを注意深く考察すれば、彼らが多くの観念を携えてこの世に生まれてくると考える理由をわれわれはほとんど持たないであろう。というのも、子どもたちが子宮の中で感じていたかもしれない飢えや渇き、温かさや多少の痛みのようないくつかのかすかな観念を除いては、彼らの中には確固たる観念の現れはまったくないからである。生得原理とみなされている普遍的命題を構成する名辞に対応する観念については、とりわけそうである。われわれは、子どもたちが生まれたあとどのようにして彼らの心の中に観念が少しずつやってくるか、そして、彼らが得るのは物事の経験や観察が〔……〕彼らに備えつけるもの以上のものではなく、またそれ以外のものでもないことに、気づくであろう。(Ibid., I. iv. 2, p. 85.)

趣旨はおわかりいただけると思います。このように、ロックは、生得観念の否定を生得原理否定論の論拠の一つとして提示し、私たちの心は生得観念も生得原理も持たないとするのです。

†観念は「経験から」

では、知識の要素となる観念を、私たちはどのようにして得るのでしょうか。これが、『人間知性論』第二巻で説かれます。その第一章第二節で、ロックは次のように言います。

こうして、心はいわば あらゆる文字を欠いた白紙(white Paper)であって、観念を持たないとしよう。〔そうすると、〕心はどのようにして観念を備えるようになるのか。心はどこから〔……〕その莫大な蓄えを得るのか。心はどこから推論と知識の材料のすべてを手に入れるのか。これに対して私は一言で答える、経験から(From *Experience*)と。

(Ibid., II. i. 2, p. 104.)

そうなんです。ロックは私たちの心を白紙に喩え、そこに蓄えられる観念は「経験から」得られると言っているのです。

先に言いましたように、ロックは自然科学の営みにおいて、観察や実験、つまり「経験」を重視します。そのことをもってして、ロックは経験論者であると言うことは確かに可能です。ですが、すべての知識が経験から得られると言っているわけではありません。むしろ、彼自身の直接的発言からしますと、とりわけ、観念の起源が経験にあるとするこ

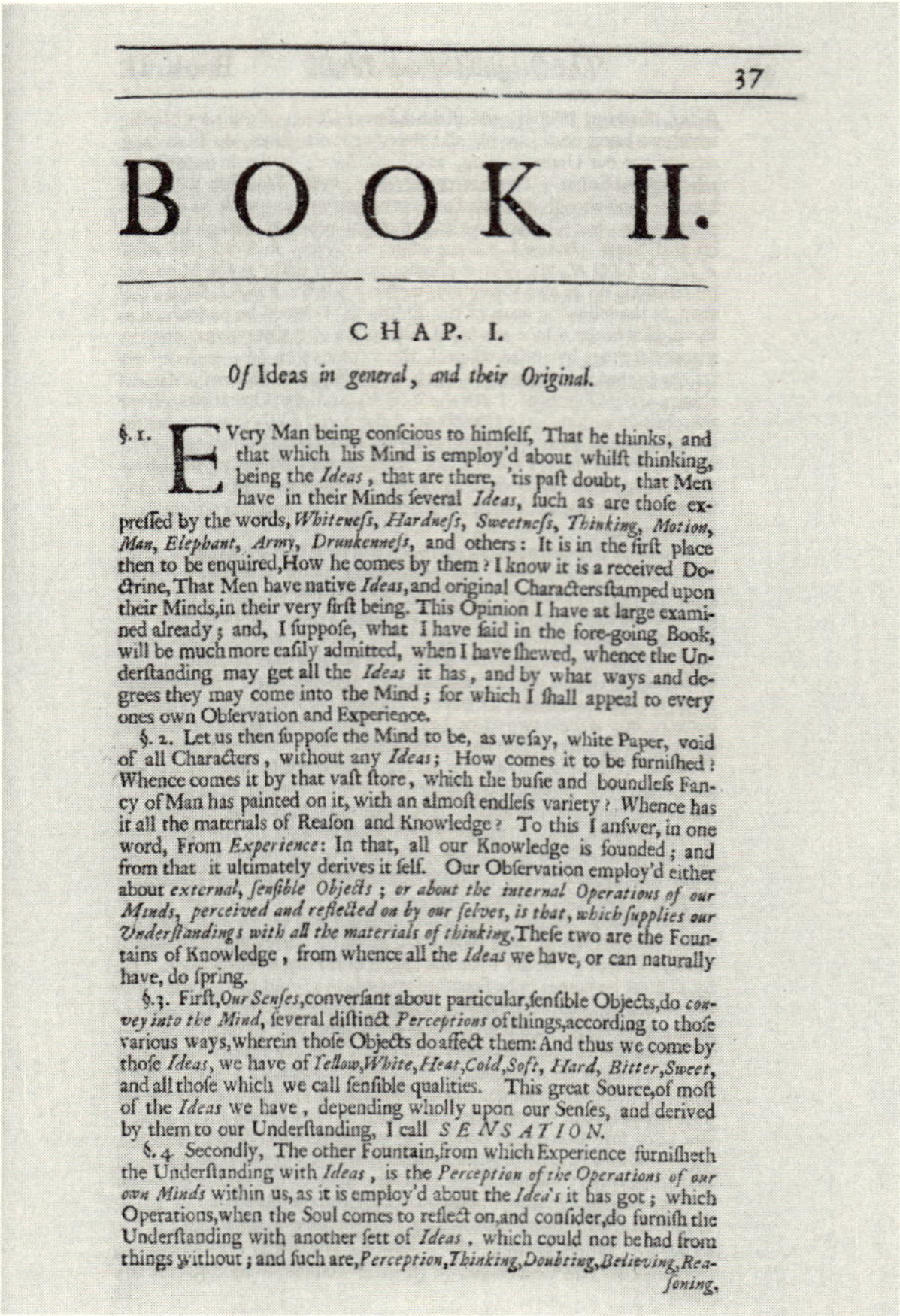

37

BOOK II.

CHAP. I.

Of Ideas *in general, and their Original.*

§. 1. EVery Man being conſcious to himſelf, That he thinks, and that which his Mind is employ'd about whilſt thinking, being the *Ideas*, that are there, 'tis paſt doubt, that Men have in their Minds ſeveral *Ideas*, ſuch as are thoſe expreſſed by the words, *Whiteneſs, Hardneſs, Sweetneſs, Thinking, Motion, Man, Elephant, Army, Drunkenneſs*, and others: It is in the firſt place then to be enquired, How he comes by them? I know it is a received Doctrine, That Men have native *Ideas*, and original Charactersſtamped upon their Minds, in their very firſt being. This Opinion I have at large examined already; and, I ſuppoſe, what I have ſaid in the fore-going Book, will be much more eaſily admitted, when I have ſhewed, whence the Underſtanding may get all the *Ideas* it has, and by what ways and degrees they may come into the Mind; for which I ſhall appeal to every ones own Obſervation and Experience.

§. 2. Let us then ſuppoſe the Mind to be, as we ſay, white Paper, void of all Characters, without any *Ideas*; How comes it to be furniſhed? Whence comes it by that vaſt ſtore, which the buſie and boundleſs Fancy of Man has painted on it, with an almoſt endleſs variety? Whence has it all the materials of Reaſon and Knowledge? To this I anſwer, in one word, From *Experience*: In that, all our Knowledge is founded; and from that it ultimately derives it ſelf. Our Obſervation employ'd either about *external, ſenſible Objects; or about the internal Operations of our Minds, perceived and reflected on by our ſelves, is that, which ſupplies our Underſtandings with all the materials of thinking*. Theſe two are the Fountains of Knowledge, from whence all the *Ideas* we have, or can naturally have, do ſpring.

§. 3. Firſt, *Our Senſes*, converſant about particular, ſenſible Objects, do *convey into the Mind*, ſeveral diſtinct *Perceptions* of things, according to thoſe various ways, wherein thoſe Objects do affect them: And thus we come by thoſe *Ideas*, we have of *Yellow, White, Heat, Cold, Soft, Hard, Bitter, Sweet*, and all thoſe which we call ſenſible qualities. This great Source, of moſt of the *Ideas* we have, depending wholly upon our Senſes, and derived by them to our Underſtanding, I call *SENSATION*.

§. 4. Secondly, The other Fountain, from which Experience furniſheth the Underſtanding with *Ideas*, is the *Perception of the Operations of our own Minds* within us, as it is employ'd about the *Idea's* it has got; which Operations, when the Soul comes to reflect on, and conſider, do furniſh the Underſtanding with another ſett of *Ideas*, which could not be had from things without; and ſuch are, *Perception, Thinking, Doubting, Believing, Reaſoning*,

【図 32】『人間知性論』初版（1689 年）第 2 巻第 1 章の冒頭部分。ちょうど真ん中あたりの §. 2. の 1 行目に 'white Paper'（白紙）という言葉を、また、その 5 行下に 'From *Experience*'（経験から）という言葉を見ることができます。

の点において、彼の見解は「経験論」なのです。ですから、このことを明確に示すために、研究者の間では、彼の経験論を「観念経験論」（idea-empiricism）と呼ぶ場合があります。

†タブラ・ラーサ

心には生得観念（や生得原理）はないというロックの見解を、「タブラ・ラサ」という言葉を用いて、ロックが公刊された著書の中で「タブラ・ラサ」と言ったかのように説明する人がいます。しかし、この説明はあまりお勧めできません。右に見たように、『人間知性論』でロックが実際に使用しているのは、そういった言葉ではなくて、「白紙」です。

先に進む前に、ここで、その「タブラ・ラサ」について説明しておきたいと思います。少し立ち入った話になりますが、できるだけ手短に終えるよう努めますので、おつきあいいただければ幸いです。

「タブラ・ラサ」はラテン語で tabula rasa と書きます。古典期の発音では「タブラ・ラーサ」です。以下では、古典期の発音に慣れていただくためもあって、「タブラ・ラーサ」にしておきます。tabula（タブラ）は「板」、rasa（ラーサ）は「こすられた」、「平らにならされた」。ですから、「タブラ・ラーサ」は「平らにならされてなにも書かれていない（蠟）板」を意味します。この言葉のルーツは、プラトンにまで遡ります。

プラトン（Πλάτων, 427-347 B. C.）は「心を蠟板に喩えた」とよく言われます。彼は『テ

【図33】アリストテレス

アイテトス』（Θεαίτητος ラテン語名 *Theaetetus*）という対話篇（191c以下）において、知覚の対象や思考内容が心の中にある蠟のかたまり（κήρινον ἐκμαγεῖον ケーリノン・エクマゲイオン）に刻印されるかどうかという観点から、記憶による知識の存否を説明しました。κήρινον（ケーリノン）は「蠟の」を意味する形容詞、ἐκμαγεῖον（エクマゲイオン）は「刻印を受けるもの」を意味する名詞です。

当時、木の板を浅くえぐって平らに蠟を流し込んだ蠟板に、尖筆で文字などを書き記すことが広く行われていました。プラトンの言う「蠟のかたまり」がこの蠟板のことなのか、それともそこになにかが刻印される蠟のかたまりのことなのかは、必ずしも定かではありませんが、いずれにしても、蠟を用いたこのプラトンの喩えを、アリストテレス（Ἀριστοτέλης, 384–322 B. C.）が継承します。彼は、『魂について』（Περὶ ψυχῆς ラテン語名 *De anima*）第三巻第四章（429b30–430a1）において「書板」（γραμματεῖον グランマテイオン）という言葉を用い、可能性のうちにある〔働くことができるが現実に働いてはいない〕知性は、現実性において〔まだ〕なにも書かれていない書板のようなものである。（δυνάμει δ᾽ οὕτως ὥσπερ ἐν γραμματείῳ ᾧ μηθὲν ὑπάρχει ἐντελεχείᾳ γεγραμμένον.）

と言います。知性を「なにも書かれていない書板」に喩えているのです。

このような捉え方は、さらにストア派に継承されます。ドイツの古典文献学者ハンス・フォン・アルニム（Hans von Arnim, 1859–1931）の『初期ストア派断片集』（*Stoicorum veterum fragmenta*〔1903–1905〕全三巻。一九二四年にマクシミリアン・アドラー〔Maximilian Adler, 1884–1944〕がこれに第四巻として索引を付けました）の第二巻八三（アエティオス『学説誌』第四巻一一 Aëtius, *Placita philosophorum*, IV, 11）には、次のような言葉が見られます。

ストア派の人々の言によれば、人間は生まれたときに、魂の指導的な部分を、いわば、書き込むためにうまく整えられた紙（χάρτης カルテース）として持っており、観念を一つ一つ自分でここに書き込む。（Οἱ Στωϊκοί φασιν· ὅταν γεννηθῇ ὁ ἄνθρωπος, ἔχει τὸ ἡγεμονικὸν μέρος τῆς ψυχῆς ὥσπερ χάρτην εὔεργον εἰς ἀπογραφήν· εἰς τοῦτο μίαν ἑκάστην τῶν ἐννοιῶν ἐναπογράφεται.）

ここに「紙」の喩えが出てきます（ロックの「白紙」を思い起こさせますよね）。χάρτης（カルテース）はまた χαρτίον（カルティオン）とも言われます。なお、アエティオス（Ἀέτιος）は、一世紀もしくは二世紀頃の学説誌家です。

また、ローマの市民権を持つギリシャ人著述家プルタルコス（Πλούταρχος, c. 46–c. 120）は、随筆集『モラリア』（ラテン語名 *Moralia* ギリシャ語原題は Ἠθικά）所収の「神託の衰微について」（Περὶ τῶν ἐκλελοιπότων χρηστηρίων ラテン語名 *De defectu oraculorum*）において、γραμματεῖον ἄγραφον（グランマテイオン・アグラポン）という言葉を用いました（432d）。ἄγραφον（アグラポン）は「書かれていない」を意味する形容詞で、これが γραμματεῖον（グランマテイオン）に付され、「書かれていない書板」となります。

さらにアリストテレスを注解したアプロディシアスのアレクサンドロス（Ἀλέξανδρος ὁ Ἀφροδισιεύς 二〇〇年頃の人。ローマの市民権を持つギリシャ人で、アテナイ［アテネ］でアリストテレスを継承するペリパトス派の学頭を務めました）も、アリストテレスの『魂について』の注解において、「書板」（γραμματεῖον）という名詞および「書かれていない」（ἄγραφον）という形容詞を用いました（*Alexandri Aphrodisiensis praeter commentaria scripta minora: De anima liber cum mantissa*, ed. Ivo Bruns [Berlin: G. Reimer, 1887], p. 84 参照）。

「書かれていない書板」というこの喩えは、のちにラテン語で tabula rasa（タブラ・ラーサ）と表現され、広く用いられるようになります。「タブラ・ラーサ」は、先に言いましたように、「平らにならされてなにも書かれていない（蠟）板」を意味する言葉です。

この言葉は、一三世紀の神学者アルベルトゥス・マグヌス（Albertus Magnus, c. 1200–1280）が、『魂について』（*De Anima*, Liber III, Tractatus 2, Capitulum 17）や『知性および理解しうるものについて』（*De intellectu et intelligibili*, Liber II, Tractatus 1, Capitulum 4）において用いています。

また、彼の弟子のトマス・アクィナス（Thomas Aquinas, c. 1225–1274）もこれを使用し、『神学大全』（*Summa theologica* もしくは *Summa theologiae*）の第一部第七九問第二項（Pars prima, Quaestio 79, Articulus 2）で次のように述べています。

> しかるに人間の知性は、〔……〕哲学者〔アリストテレス〕が『魂について』第三巻で言うように、理解しうるものに関して、可能性においてあり、はじめはなにも書かれていないタブラ・ラーサのようなものである。（Intellectus autem humanus ... est in potentia respectu intelligibilium, et in principio est *sicut tabula rasa in qua nihil est scriptum*, ut philosophus dicit in III de anima.）

同じくアルベルトゥス・マグヌスの弟子で一三世紀の代表的神学者の一人であったヘント（ガン）のヘンリクス（Henricus de Gandavo, c. 1217–1293）も、『通常問題』（*Quaestiones ordinariae* もしくは *Summa*, Articulus I, Quaestio 10）で、

> 哲学者〔アリストテレス〕『魂について』第三巻によれば、「われわれの知性は、学ぶ前には、なにも描かれていないタブラ・ラーサのようなものである」。(Secundum PHILOSOPHUM III° De anima «*intellectus* noster ante addiscere est *sicut tabula rasa in qua nihil depictum est*».)

と言っています。

ところで、ヘンリクスは、また tabula nuda（タブラ・ヌーダ、裸の板、なにも書かれていない書板）という表現も用いています。

> いかなる人間も、はじめはなにも知らない。というのも、『魂について』第三巻に言われているように、人間の知性は、形象を受け取る前は、「なにも描かれていないタブラ・ヌーダのようなもの」だからである。(Homo quilibet ad initio nihil novit, quia intellectus humanus, antequam recipiat species, est «*sicut tabula* nuda *in qua nihil depictum est*», ut dicitur in III° De anima.)（Ibid, Articulus I, Quaestio 1.)

「タブラ・ヌーダ」も「タブラ・ラーサ」とともに広く用いられました。この言葉は、先述のアルベルトゥス・マグヌスにも見出され、また、一三世紀中葉の匿名の著作『魂について』第二巻・第三巻についての見解』(*Sententia super II et III De anima*, Liber III, Lectio 2, II. 2. 1, Sententia) には、

すなわち、知性は現実的にはなにも描かれていないタブラ・ヌーダのようなものであり〔……〕(... est enim intellectus quasi tabula nuda in qua nichil est actu depictum ...)

という表現が見られます。

また、イギリスの神学者ロジャー・ベーコン (Roger Bacon, c. 1214–c. 1292) も、『アリストテレスの第一哲学書についての問い』(*Quaestiones supra libros Prime Philosophie Aristotelis*) で、次のように言っています。

われわれの知識は獲得されるものだということを、私は認める。というのも、魂はタブラ・ヌーダのようなものとして造られるからである。(HOC CONCEDO quod scientia nostra est acquisita, quia anima creata est sicut tabula nuda.) (*Opera hactenus inedita Rogeri Baconi Fasc.* X, ed. Robert Steele [Oxford: Oxford University Press, 1930], p. 5.)

同じく中世の代表的神学者の一人であるヨハネス・ドゥンス・スコトゥス（Johannes Duns Scotus, c. 1266–1308）も、『アリストテレスの『形而上学』についてのいとも精妙な問い』（*Quaestiones subtilissimae super libros Metaphysicorum Aristotelis*, Prologus）において、

> しかるに、人間の魂は、それ自身では、知的可能性については不完全である。というのも、哲学者〔アリストテレス〕の『魂について』第三巻によれば、人間の魂は、なにも描かれていないタブラ・ヌーダのようなものだからである〔……〕。（Anima autem hominis de se imperfecta est secundum intellectiuam potentiam, cum sit velut tabula nuda, in qua nihil depictum est secundum Philosophum 3. de Anima, ...）

と「タブラ・ヌーダ」を用いています。但し、同書本論（Liber II, Quaestio I）では、同様にアリストテレスの『魂について』に言及しながら、

> 魂は、それ自身では、何も描かれていないタブラ・ラーサないしタブラ・ヌーダのようなものである〔……〕。（*Anima de se est sicut quadam tabula rasa, vel nuda, in qua nihil depingitur ...*）

と述べ、「ラーサ」と「ヌーダ」を併記しています。「ラーサ」と「ヌーダ」の併記は、マイスター・エックハルト（Meister Eckhart, c. 1260–c. 1328）にも見られます。彼は『創世記の寓意』（*Liber parabolarum Genesis*, n. 138）で、次のように言っています。

しかるに、哲学者〔アリストテレス〕によれば、われわれの内なる知性はタブラ・ヌーダかつラーサのようなものとしてある〔……〕。（Intellectus autem in nobis se habet sicut tabula nuda et rasa secundum philosophum ...）

事例はもうこれで十分だと思いますが、最後に「タブラ・ラーサ」の用例をもう一つ挙げておきましょう。中世から近代への移行期に仕事をし、デカルトをはじめ近代の知識人に大きな影響を与えたスペインの神学者フランシスコ・スアレス（Francisco Suárez, 1548–1617）です。彼は、『形而上学討論集』（*Disputationes Metaphysicae*）において、次のように述べています。

〔天使は〕、そもそもなにも描かれていないタブラ・ラーサのような人間の知性を、その完全性において凌駕する。（... in qua perfectione superant intellectum humanum, qui a principio est tanquam tabula rasa, in qua nihil est depictum.）（Disputatio XLIV, Sectio XIII, 8.）

このように、「タブラ・ラーサ」は、「タブラ・ヌーダ」とともに、アリストテレスの見解との関係において、多くの人々の使用するところとなり、近代に入ってもさまざまな人々がこれを用いました。

†ロックにおける「白紙」と「タブラ・ラーサ」

実は、ロックもまた、『人間知性論』の草稿では、「ラーサ・タブラ」（rasa tabula）という言葉を使っていました（John Locke, *Drafts for the* Essay Concerning Human Understanding *and Other Philosophical Writings*, ed. Peter H. Nidditch and G. A. J. Rogers, vol. 1 [Oxford: Oxford University Press, 1990], Draft A, p. 8; Draft B, p. 128）。「ラーサ・タブラ」は、ラテン語の通常の語順である名詞＋形容詞を形容詞＋名詞に逆転させているだけで、「タブラ・ラーサ」と同じです。ところが、公刊された『人間知性論』では、彼は tabula rasa も rasa tabula も使わず、先に見ましたように、人間の心をどんな文字も書かれていない「白紙」（white Paper）に喩えます。では、どうしてロックは「タブラ・ラサ」と言ったというふうに言われるのでしょうか。

それは、英語を読まない人がロックの『人間知性論』を読むのにフランス語訳もしくはラテン語訳を用いたこと、あるいはロックを理解するのに一六八八年にオランダで出版されたその書の「要約」を頼りとしたことに起因すると考えられます。

†『人間知性論』のフランス語版とラテン語版

『人間知性論』のフランス語版は、ロックの生前に、ピエール・コスト（Pierre Coste, 1668-1747）によって出版されました（*Essai Philosophique Concernant L'entendement Humain* [Amsterdam: Henri Schelte, 1700]）。コストが翻訳に着手したのは一六九六年、出版は一七〇〇年のことでした。

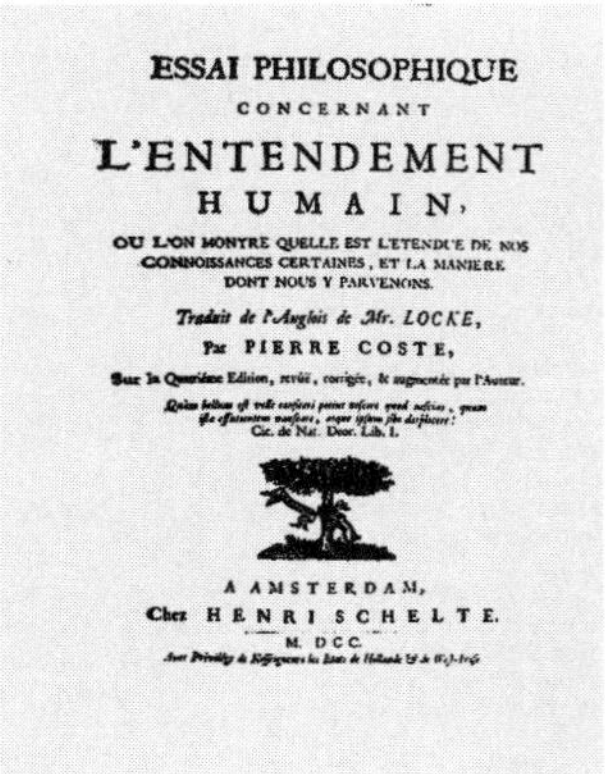
ESSAI PHILOSOPHIQUE
CONCERNANT
L'ENTENDEMENT
HUMAIN,
OU L'ON MONTRE QUELLE EST L'ETENDUE DE NOS CONNOISSANCES CERTAINES, ET LA MANIERE DONT NOUS Y PARVENONS.
Traduit de l'Anglois de Mr. LOCKE,
Par PIERRE COSTE,
Sur la Quatrième Edition, revûë, corrigée, & augmentée par l'Auteur.
Cic. de Nat. Deor. Lib. I.
A AMSTERDAM,
Chez HENRI SCHELTE.
M. DCC.

【図 34】『人間知性論』フランス語版（ピエール・コスト訳）の扉

このコスト訳『人間知性論』の該当箇所（第二巻第一章第二節、九四ページ）で、コストは white Paper を *Tabra rasa* とラテン語訳し、また一七二九年の改訂第二版ではそれを *Table rase*（タブル・ラーズ）とフランス語訳した上で、そこに *Tabula rasa* と注を入れています。

他方、『人間知性論』のラテン語版（*De Intellectu Humano* [London: Awnsham

De l'Origine des Idées. Liv. II. 61

Chap. I.

idées qu'il a, par quels moyens & par quels dégrez elles peuvent venir dans l'Eſprit, ſur quoi j'en appellerai à ce que chacun peut obſerver & éprouver en ſoi-même.

Toutes les Idées viennent par Senſation ou par Réflexion.

* *Tabula raſa.*

§. 2. Suppoſons donc qu'au commencement l'Ame eſt ce qu'on appelle *une Table raſe* *, vuide de tous caractéres, ſans aucune idée, quelle qu'elle ſoit: Comment vient-elle à recevoir des Idées? Par quel moyen en acquiert-elle cette prodigieuſe quantité que l'Imagination de l'homme, toûjours agiſſante & ſans bornes, lui préſente avec une variété preſque infinie? D'où puiſe-t-elle tous ces materiaux qui ſont comme le fond de tous ſes raiſonnemens & de toutes ſes connoiſſances? A cela je répons en un mot, De l'*Experience:* c'eſt-là le fondement de toutes nos connoiſſances; & c'eſt de là qu'elles tirent leur prémiére origine. *Les obſervations que nous faiſons ſur* les Objets extérieurs & ſenſibles, *ou ſur* les opérations intérieures de notre Ame, *que nous appercevons & ſur leſquelles nous reflechiſſons nous-mêmes, fourniſſent à notre Eſprit les materiaux de toutes ſes penſées.* Ce ſont-là les deux ſources d'où découlent toutes les Idées que nous avons, ou que nous pouvons avoir naturellement.

Objets de la ſenſation, prémiére ſource de nos Idées.

§. 3. Et prémiérement nos Sens étant frappez par certains Objets extérieurs, font entrer dans notre Ame pluſieurs perceptions diſtinctes des choſes, ſelon les diverſes maniéres dont ces objets agiſſent ſur nos Sens. C'eſt ainſi que nous acquerons les idées que nous avons du *blanc*, du *jaune*, du *chaud*, du *froid*, du *dur*, du *mou*, du *doux*, de l'*amer*, & de tout ce que nous appellons *qualitez ſenſibles.* Nos Sens, dis-je, font entrer toutes ces idées dans notre Ame, par où j'entens qu'ils font paſſer des objets exterieurs dans l'Ame ce qui y produit ces ſortes de *perceptions.* Et comme cette grande ſource de la plûpart des Idées que nous avons, dépend entiérement de nos Sens, & ſe communique à l'Entendement par leur moyen, je l'appelle Sensation.

Les Opérations de notre Eſprit, autre ſource d'Idées.

§. 4. L'autre ſource d'où l'Entendement vient à recevoir des Idées, c'eſt la perception des Opérations de notre Ame ſur les Idées qu'elle a reçuës par les Sens: opérations qui devenant l'Objet des réflexions de l'Ame, produiſent dans l'Entendement une autre eſpéce d'idées, que les Objets extérieurs n'auroient pû lui fournir: telles que ſont les idées de ce qu'on appelle *appercevoir*, *penſer*, *douter*, *croire*, *raiſonner*, *connoître*, *vouloir*, & toutes les différentes actions de notre Ame, de l'exiſtence deſquelles étant pleinement convaincus parce que nous les trouvons en nous-mêmes, nous recevons par leur moyen des idées auſſi diſtinctes, que celles que les Corps produiſent en nous, lors qu'ils viennent à frapper nos Sens. C'eſt-là une ſource d'idées que chaque homme a toûjours en lui-même; & quoi que cette Faculté ne ſoit pas un Sens, parce qu'elle n'a rien à faire avec les Objets extérieurs, elle en approche beaucoup, & le nom de *Sens intérieur* ne lui conviendroit pas mal. Mais comme j'appelle l'autre ſource de nos Idées *Senſation*, je nommerai celle-ci Reflexion, parce que l'Ame ne reçoit par ſon moyen que les Idées qu'elle acquiert en reflechiſſant ſur ſes propres Opérations. C'eſt pourquoi je vous prie de remarquer, que dans la ſuite de ce Diſcours, j'entens par Reflexion la connoiſſance que l'Ame prend de

H 3 ſes

【図 35】『人間知性論』フランス語版（ピエール・コスト訳）改訂第2版61ページ。上から5行目に *'une Table rase'* という言葉が見えます。それにアステリスク（＊）が付いていて、右の欄外に *'Tabula rasa'* というラテン語が注記されています。

and John Churchill, 1701]）は、エゼキエル・バリッジ（Ezekiel Burridge, c. 1661–1707）によって、これもロックの存命中の一七〇一年に、公刊されています。バリッジ訳のこの版では、white Paper は tabula rasa（実際には属格の tabulæ rasæ［タブラエ・ラーサエ］）と訳されています（同書三〇ページ）。このラテン語版は、一七〇九年にライプツィヒで再刊され（*Johannis Lockii Armigeri Libri IV de Intellectu Humano* [Leipzig: Theophilus Georgius, 1709]）、一七四一年にはゴットヘルフ・ハインリッヒ・ティーレ（Gotthelff Heinrich Thiele 1701-?）による改訂版が、ライプツィヒの同じ出版社から刊行されています。

DE
INTELLECTU
HUMANO.
In Quatuor Libris.
Authore JOHANNE LOCKIO Armigero.
Editio Quarta Aucta & Emendata, & nunc primum Latine reddita.
ECCLES. XI. 5.
Quemadmodum ignoras quæ sit via venti, ut ignoras quæ via ossium in utero gravidæ: ita ignoras opus ipsius Dei, qui via faciat hæc omnia.
Cicero de Natur. Deor. lib. 1.
LONDINI:
Impensis Awnsham & Johan. Churchill, ad Insigne Nigri Cygni, in vico vulgo dicto Pater-Noster-Row. MDCCI.

【図 36】『人間知性論』ラテン語版（エゼキエル・バリッジ訳）の扉

†ドイツ語版と「要約」

因みに、この『人間知性論』は、のちにそのドイツ語版（*Herrn Johann Lockens Versuch vom menschlichen Verstande* [Altenburg: Richter, 1757]）が出版されています。これは、ハインリッヒ・エンゲルハルト・ポーライ（Heinrich Engelhard Poley, 1686–1762）が、

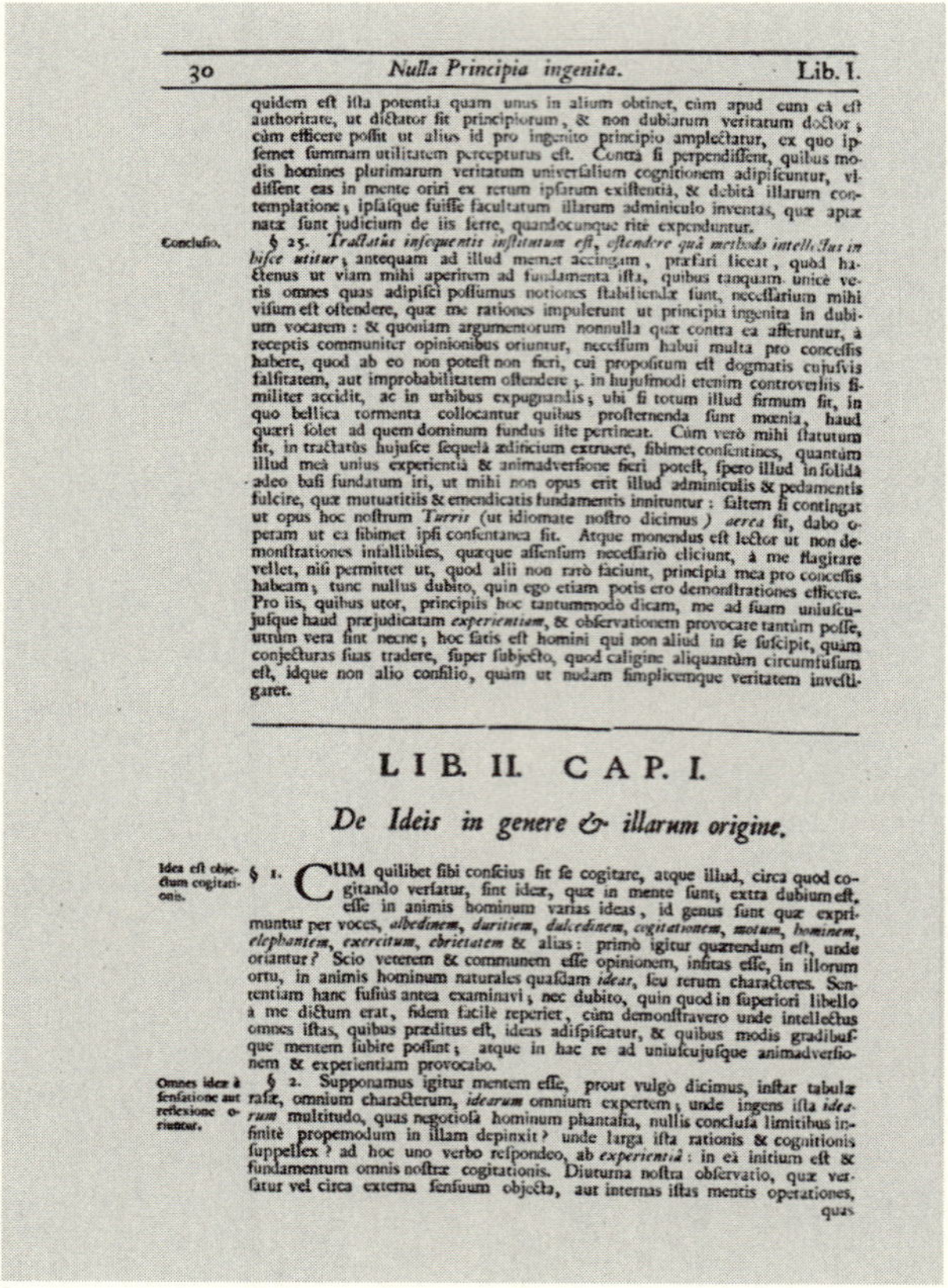

30 *Nulla Principia ingenita.* Lib. I.

quidem eſt iſta potentia quam unus in alium obtinet, cùm apud eum eâ eſt authoritate, ut dictator ſit principiorum, & non dubiarum veritatum doctor; cùm efficere poſſit ut alius id pro ingenito principio amplectatur, ex quo ipſemet ſummam utilitatem percepturus eſt. Contrà ſi perpendiſſent, quibus modis homines plurimarum veritatum univerſalium cognitionem adipiſcuntur, vidiſſent eas in mente oriri ex rerum ipſarum exiſtentiâ, & debitâ illarum contemplatione; ipſáſque fuiſſe facultatum illarum adminiculo inventas, quæ aptæ natæ ſunt judicium de iis ferre, quandocunque ritè expenduntur.

Concluſio. § 25. *Tractatûs inſequentis inſtitutum eſt, oſtendere quâ methodo intellectus in hiſce utitur*; antequam ad illud memet accingam, præfari liceat, quòd hactenus ut viam mihi aperirem ad fundamenta iſta, quibus tanquam unicè veris omnes quas adipiſci poſſumus notiones ſtabiliendæ ſunt, neceſſarium mihi viſum eſt oſtendere, quæ me rationes impulerunt ut principia ingenita in dubium vocarem: & quoniam argumentorum nonnulla quæ contra ea afferuntur, à receptis communiter opinionibus oriuntur, neceſſum habui multa pro conceſſis habere, quod ab eo non poteſt non fieri, cui propoſitum eſt dogmatis cujuſvis falſitatem, aut improbabilitatem oſtendere; in hujuſmodi etenim controverſiis ſimiliter accidit, ac in urbibus expugnandis; ubi ſi totum illud firmum ſit, in quo bellica tormenta collocantur quibus proſternenda ſunt mœnia, haud quæri ſolet ad quem dominum fundus iſte pertineat. Cùm verò mihi ſtatutum ſit, in tractatûs hujuſce ſequelâ ædificium extruere, ſibimet conſentines, quantùm illud meâ unius experientiâ & animadverſione fieri poteſt, ſpero illud in ſolidâ adeo baſi fundatum iri, ut mihi non opus erit illud adminiculis & pedamentis fulcire, quæ mutuatitiis & emendicatis fundamentis innituntur: ſaltem ſi contingat ut opus hoc noſtrum *Turris* (ut idiomate noſtro dicimus) *aerea* ſit, dabo operam ut ea ſibimet ipſi conſentanea ſit. Atque monendus eſt lector ut non demonſtrationes infallibiles, quæque aſſenſum neceſſariò eliciunt, à me flagitare vellet, niſi permittet ut, quod alii non rarò faciunt, principia mea pro conceſſis habeam; tunc nullus dubito, quin ego etiam potis ero demonſtrationes efficere. Pro iis, quibus utor, principiis hoc tantummodò dicam, me ad ſuam uniuſcujuſque haud præjudicatam *experientiam*, & obſervationem provocare tantùm poſſe, utrùm vera ſint necne; hoc ſatis eſt homini qui non aliud in ſe ſuſcipit, quàm conjecturas ſuas tradere, ſuper ſubjecto, quod caligine aliquantùm circumfuſum eſt, idque non alio conſilio, quàm ut nudam ſimplicemque veritatem inveſtigaret.

LIB. II. CAP. I.

De Ideis in genere & illarum origine.

Idea eſt objectum cogitationis. § 1. CUM quilibet ſibi conſcius ſit ſe cogitare, atque illud, circa quod cogitando verſatur, ſint ideæ, quæ in mente ſunt; extra dubium eſt, eſſe in animis hominum varias ideas, id genus ſunt quæ exprimuntur per voces, *albedinem*, *duritiem*, *dulcedinem*, *cogitationem*, *motum*, *hominem*, *elephantem*, *exercitum*, *ebrietatem* & alias: primò igitur quærendum eſt, unde oriantur? Scio veterem & communem eſſe opinionem, inſitas eſſe, in illorum ortu, in animis hominum naturales quaſdam *ideas*, ſeu rerum characteres. Sententiam hanc fuſiùs antea examinavi; nec dubito, quin quod in ſuperiori libello à me dictum erat, fidem facilè reperiet, cùm demonſtravero unde intellectus omnes iſtas, quibus præditus eſt, ideas adiſpiſcatur, & quibus modis gradibuſque mentem ſubire poſſint; atque in hac re ad uniuſcujuſque animadverſionem & experientiam provocabo.

Omnes ideæ à ſenſatione aut reflexione oriuntur. § 2. Supponamus igitur mentem eſſe, prout vulgò dicimus, inſtar tabulæ raſæ, omnium characterum, *idearum* omnium expertem; unde ingens iſta *idearum* multitudo, quas negotioſa hominum phantaſia, nullis concluſa limitibus infinitè propemodum in illam depinxit? unde larga iſta rationis & cognitionis ſuppellex? ad hoc uno verbo reſpondeo, ab *experientiâ*: in eâ initium eſt & fundamentum omnis noſtræ cogitationis. Diuturna noſtra obſervatio, quæ verſatur vel circa externa ſenſuum objecta, aut internas iſtas mentis operationes, quas

【図 37】『人間知性論』ラテン語版（エゼキエル・バリッジ訳）30 ページ。下から 7 行目から 6 行目にかけて、'tabulæ rasæ' という言葉が見られます。

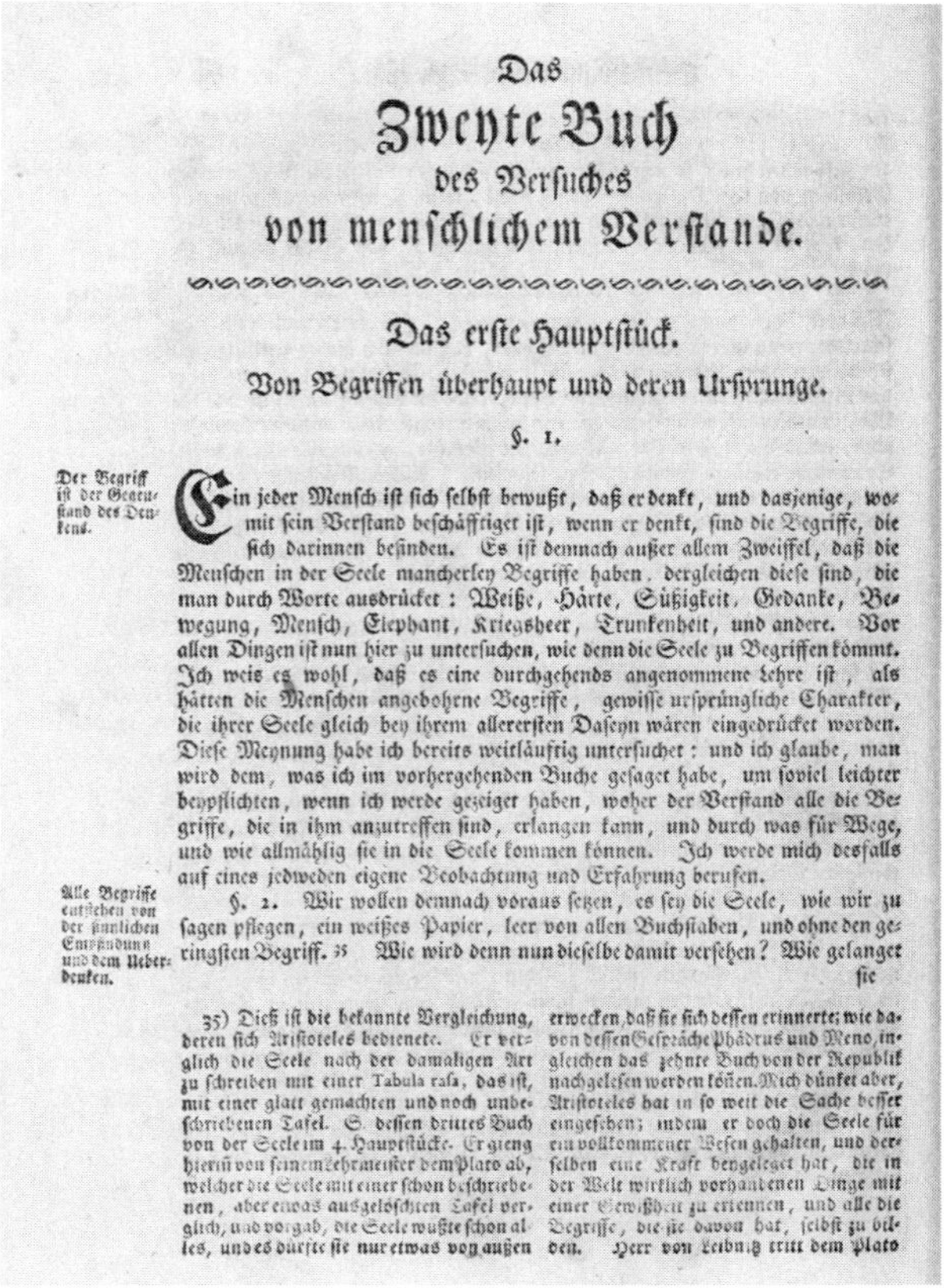

Das
Zweyte Buch
des Versuches
von menschlichem Verstande.

Das erste Hauptstück.
Von Begriffen überhaupt und deren Ursprunge.

§. 1.

Der Begriff ist der Gegenstand des Denkens.

Ein jeder Mensch ist sich selbst bewußt, daß er denkt, und dasjenige, womit sein Verstand beschäfftiget ist, wenn er denkt, sind die Begriffe, die sich darinnen befinden. Es ist demnach außer allem Zweiffel, daß die Menschen in der Seele mancherley Begriffe haben, dergleichen diese sind, die man durch Worte ausdrücket: Weiße, Härte, Süßigkeit, Gedanke, Bewegung, Mensch, Elephant, Kriegsheer, Trunkenheit, und andere. Vor allen Dingen ist nun hier zu untersuchen, wie denn die Seele zu Begriffen kömmt. Ich weis es wohl, daß es eine durchgehends angenommene Lehre ist, als hätten die Menschen angebohrne Begriffe, gewisse ursprüngliche Charakter, die ihrer Seele gleich bey ihrem allerersten Daseyn wären eingedrücket worden. Diese Meynung habe ich bereits weitläuftig untersuchet: und ich glaube, man wird dem, was ich im vorhergehenden Buche gesaget habe, um soviel leichter beypflichten, wenn ich werde gezeiget haben, woher der Verstand alle die Begriffe, die in ihm anzutreffen sind, erlangen kann, und durch was für Wege, und wie allmählig sie in die Seele kommen können. Ich werde mich desfalls auf eines jedweden eigene Beobachtung und Erfahrung berufen.

Alle Begriffe entstehen von der sinnlichen Empfindung und dem Ueberdenken.

§. 2. Wir wollen demnach voraus setzen, es sey die Seele, wie wir zu sagen pflegen, ein weißes Papier, leer von allen Buchstaben, und ohne den geringsten Begriff. 35 Wie wird denn nun dieselbe damit versehen? Wie gelanget sie

35) Dieß ist die bekannte Vergleichung, deren sich Aristoteles bedienete. Er verglich die Seele nach der damaligen Art zu schreiben mit einer Tabula rasa, das ist, mit einer glatt gemachten und noch unbeschriebenen Tafel. S. dessen drittes Buch von der Seele im 4. Hauptstücke. Er gieng hierin von seinem Lehrmeister dem Plato ab, welcher die Seele mit einer schon beschriebenen, aber etwas ausgelöschten Tafel verglich, und vorgab, die Seele wußte schon alles, und es dürfte sie nur etwas von außen erwecken, daß sie sich dessen erinnerte; wie davon dessen Gespräche Phädrus und Meno, ingleichen das zehnte Buch von der Republik nachgelesen werden köñen. Mich dünket aber, Aristoteles hat in so weit die Sache besser eingesehen; indem er doch die Seele für ein vollkommener Wesen gehalten, und derselben eine Kraft beygeleget hat, die in der Welt wirklich vorhandenen Dinge mit einer Gewißheit zu erkennen, und alle die Begriffe, die sie davon hat, selbst zu bilden. Herr von Leibnitz tritt dem Plato

【図 38】『人間知性論』ドイツ語版（ハインリッヒ・エンゲルハルト・ポーライ訳）76 ページ。§. 2. の 2 行目のところに ‘ein weißes Papier’（白紙）という言葉を読むことができます。

一七二七年にロンドンで出版されたロックの著作集第三版（*The Works of John Locke Esq.* [3rd edn., London: Betteswor th, Parker, Pemberton, and Symon, 1727]）の第1巻をもとに、ドイツ語に翻訳したものです。このドイツ語版では、white Paper は ein weißes Papier（アイン・ヴァイセス・パピーア、白紙）と訳されています（同書七六ページ）。

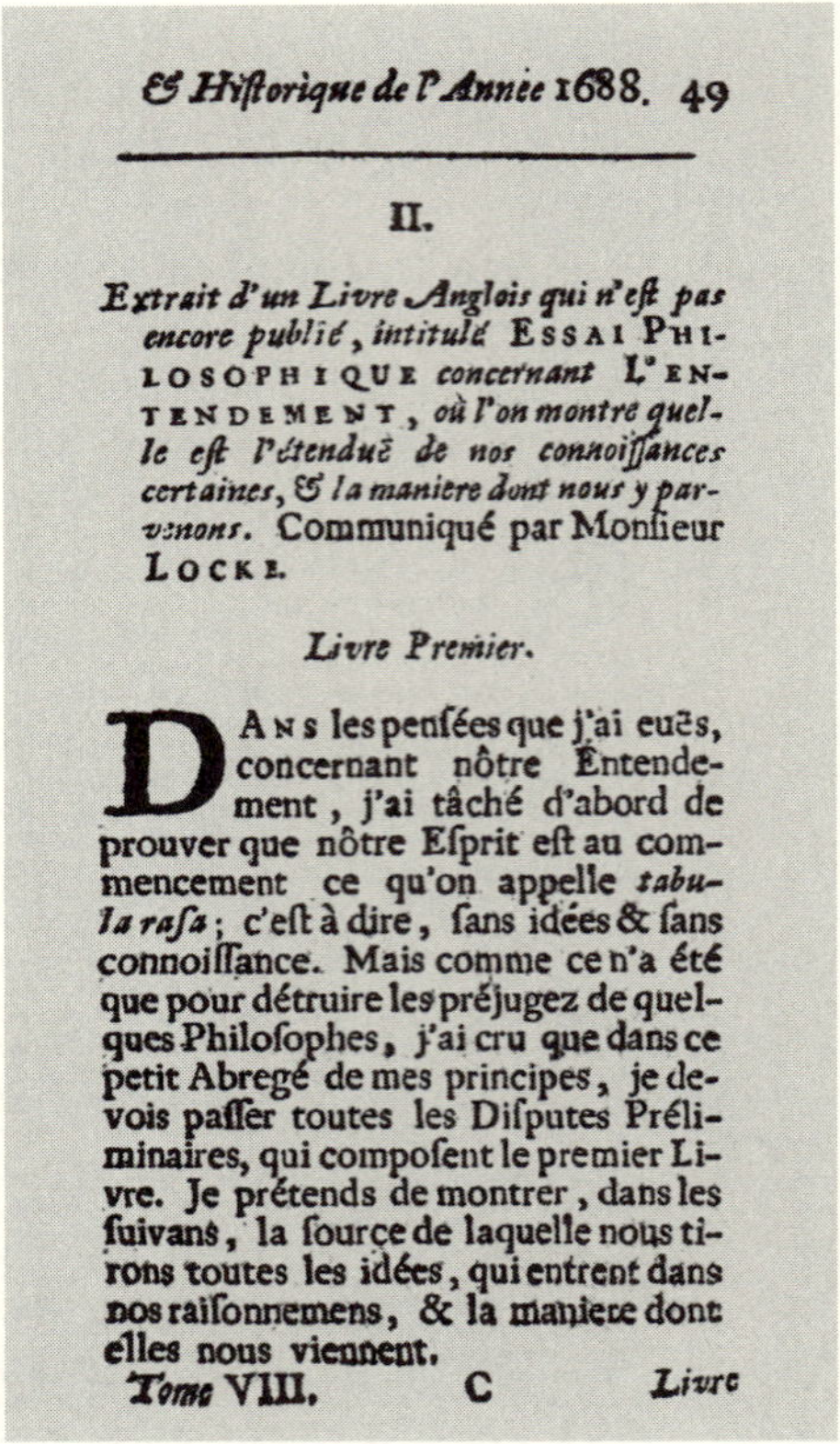

& Historique de l'Année 1688. 49

II.

Extrait d'un Livre Anglois qui n'est pas encore publié, intitulé ESSAI PHILOSOPHIQUE *concernant* L'ENTENDEMENT, *où l'on montre quelle est l'étenduë de nos connoissances certaines, & la maniere dont nous y parvenons.* Communiqué par Monsieur LOCKE.

Livre Premier.

DANS les pensées que j'ai euës, concernant nôtre Entendement, j'ai tâché d'abord de prouver que nôtre Esprit est au commencement ce qu'on appelle *tabula rasa*; c'est à dire, sans idées & sans connoissance. Mais comme ce n'a été que pour détruire les préjugez de quelques Philosophes, j'ai cru que dans ce petit Abregé de mes principes, je devois passer toutes les Disputes Préliminaires, qui composent le premier Livre. Je prétends de montrer, dans les suivans, la source de laquelle nous tirons toutes les idées, qui entrent dans nos raisonnemens, & la maniere dont elles nous viennent.

Tome VIII. C *Livre*

【図39】『ビブリオテック・ユニヴェルセル・エ・イストリック』第8巻（1688年）49ページ。上から3分の2あたりの所に、イタリック体の 'tabula rasa' が出てきます。

さて、話を戻しますと、フランス語訳でもラテン語訳でも、white Paper のところは tabula rasa のフランス語版（*Table rase*）もしくはラテン語の tabula rasa が使われていましたよね。このようなことから、一般に、ロック自身が「タブラ・ラーサ」を使ったかのような説が広まったと思われます。

また、第1章で、*Bibliotheque universelle et historique*（ビブリオテック・ユニヴェルセル・エ・イストリック）誌のことを取り上げましたが、そこでお話ししましたように、一六八八年の第八巻（*Bibliotheque universelle et historique*, tome huitième [Amsterdam, 1688], pp. 49-142）に、まだ公刊されていないロックの『人間知性論』のフランス語の要約が掲載されます。その四九ページ（「要約」の最初のページ）に、ラテン語の tabula rasa がイタリック体で出てきます。これも、「ロックと言えばタブラ・ラサ」の基になった可能性があります。

しかし、いずれにしても、ロックが『人間知性論』の第一巻で生得原理や生得観念を否定するとき、アリストテレス由来の「タブラ・ラーサ」が彼の念頭にあったことは事実です。実際、先にお話ししましたように、彼は『人間知性論』の草稿で、語順は違いますが、rasa tabula という言葉を使っていましたし、また、右の「要約」をル・クレールがフランス語に訳したとき、すでにその英文原稿の中で、ロック自身、tabula rasa を使っていたことが、知られています。

†「インターナショナル」の中にも

ところで、余談になりますが、久しく歌われてきた労働歌の一つに「インターナショナル」というのがあります。もともとフランス語の歌で、L'Internationale（ランテルナシオナル）と言います。そのフランス語の一番の歌詞は、次のとおりです。

立ち上がれ、この世の地獄に堕ちた人々よ
立ち上がれ、飢えに苦しむ者たちよ
理性のマグマが轟いている
最後の噴火のときなのだ
過去を一切拭い去れ
奴隷となった民衆よ、立ち上がれ、立ち上がれ
世界はその根本を変えようとしている
われわれは無だが、すべてになろう

Debout ! les damnés de la terre,
Debout ! les forçats de la faim.
La raison tonne en son cratère,
C'est l'éruption de la fin.
Du passé faisons table rase,
Foule esclave, debout ! debout !
Le monde va changer de base,
Nous ne sommes rien, soyons tout !

これは最後の戦いだ
団結せよ、そうすれば明日には

C'est la lutte finale ;
Groupons-nous et demain

L'Internationale　　この国際連帯組織が
Sera le genre humain.　人類となる

この歌詞の中に、table rase（タブル・ラーズ）という言葉が入っているの、おわかりでしょうか。五行目にありますよね。そう。あの tabula rasa（タブラ・ラーサ）のフランス語版です。'Du passé faisons table rase'（デュ・パセ・フェゾン・タブル・ラーズ）。「過去をタブラ・ラーサにせよ」。つまり、「過去を白紙に戻せ」、「過去を一掃せよ」と言っているのです。こんなふうに、tabula rasa 由来の table rase は、昨今では 'faire table rase de …'（フェール・タブル・ラーズ・ド・……）という形で「……を白紙に戻す」、「……を一掃する」という意味の熟語として普通に使われています。おもしろいですね。

ロックが『人間知性論』で用いた「白紙」と、それに連なる「タブラ・ラーサ」の古代にまで遡る伝統についての話は、以上です。

†「経験」とは

ともかく、こんなふうに、私たちはもともと知識やその材料となる観念を一切持たないままこの世に生まれてくると主張するところから、ロックは『人間知性論』の議論を開始しています。彼は第一巻でこれを論じたあと、第二巻「観念について」（*Of Ideas*）の主要部分で、私たちが持っている（あるいは持つであろう）観念がどのようにして獲得されるかを論じます。

先述のように、ロックは観念の起源を「経験から」（From *Experience*）としていました。彼はこの「経験」（Experience）を、二つの種類に分けています。一つは「感覚」（Sensation）で、もう一つは「反省」（Reflection）です。

まずは「感覚」ですが、ロックはこれを、次のように説明します。

> 第一に、われわれの感官（*Senses*）は、個々の可感的な対象〔感覚可能な対象〕（sensible Objects）に関わり、それらの対象が感官を触発するさまざまな仕方に応じて、物の多様な別個の知覚を心の中にもたらす。そして、このようにしてわれわれは、黄色や白や熱い、冷たい、軟らかい、硬い、苦い、甘いなど、われわれが可感的性質〔感覚可能な性質〕（sensible qualities）と呼ぶすべてのものの観念を手に入れる。こうした可感的性質を感官が心の中にもたらすと私が言うとき、私が言おうとしているのは、感官が外的対象から心の中へ、心の中にそれらの知覚を生み出すものをもたらすということである。われわれが持つ観念のうちのほとんど、すなわち、われわれの感官にまったく依存し、感官によって知性へと引き出されるほとんどの観念の、この大きな源を、私は「感覚」（*SENSATION*）と呼ぶ。（Locke, *An Essay Concerning Human Understanding*, II. i. 3,

p. 105.)

ロックは、「感覚」(Sensation) という言葉を、二通りに用います。一つは、感覚の働きで、他の一つは、その働きによって感覚されるなにか(例えば色や熱さなど)です。ここでロックが言う「感覚」は前者です。感覚の働きのことを言っています。

これに対して、ロックはもう一つの種類の「経験」を、「反省」(Reflection) と呼びます。ロックはこれを、次のように説明します。

第二に、経験が知性に観念を備えつけるにあたってのもう一つの源泉は、すでに獲得した観念に知性が関わる際の、われわれの中でのわれわれ自身の心の働きの知覚である。その働きは、魂がそれを反省し考察するようになると、外にある物からは得ることのできないもう一組の観念を、知性に備えつける。知覚、考えること、疑うこと、信じること、推論すること、知ること、意志することなど、われわれ自身の心のさまざまな作用のすべてがそれである。われわれは、自分自身の中に意識し観察するそれらの作用を、われわれが感官を触発する物体から受け取る観念がそうであるように、別個の観念として、われわれ自身から受け取り知性へともたらす。誰もみな、観念のこの源を、もっぱら自分自身の中に持っている。そして、それは、外的対象と関わるものではないので感官ではないものの、感官に非常によく似ているため、内的感官（internal Sense）と呼んでもいいかもしれない。しかし、私はもう一つの源を「感覚」（*Sensation*）と呼ぶのに合わせて、これを「反省」（*REFLECTION*）と呼ぶ。それが提供する観念は、心がそれ自身の中でそれ自身の働きを反省することによって得るものだけである。（Ibid., II. i. 4, p. 105. ところで、ここに「内的感官」［internal Sense］という言葉が出てきますよね。カントが『純粋理性批判』で「内的感官」［der innere Sinn］という言葉をよく使いますが、その基はここにあります。）

このように、ロックの言う「経験」は、「感覚」と「反省」の二つからなっています。感覚は、物そのものが感官を触発して得られるさまざまな観念の源で、反省は、すでに得た観念に対して行使されるさまざまな心の働きの観念をもたらします。但し、右の引用箇所の少しあとで、ロックは次のように言っています。

私はここで、「働き」（*Operations*）という言葉を、広い意味で用いる。すなわち、心が持つ観念に対して心が行使する活動（Actions）だけでなく、なんらかの考えから生じる満足や不安のような、観念からときおり生じるある種の感情（Passions）をも表すものとして、それを用いる。（Ibid., II. i. 4, pp. 105–106.）

つまり、心の働きの観念だけでなく、ある種の感情の観念もまた、反省から得られるとしているのです。

このように、私たちはもともと知識とかその材料となる観念とかをなにも持たずに生を受け、感覚と反省の働きによって知識の材料となるさまざまな観念を獲得するというのが、ロックの基本的な主張です。

†すべての観念が経験から得られるわけではない

というわけで、私たちの心（知性）がどのようにして観念を得るかについては、「経験から」ということをまず押さえておく必要があるのですが、でも、このロックの説明には、すぐに疑問が湧いてきそうです。

観念については、これからさらに、それがどのようなものと考えられているかを順次見ていきますが、それはともかくとして、先ほど例に挙がっていた「黄色」や「白」のような色、あるいは触って感じられる「熱さ」や「冷たさ」のようなものなら、確かに「経験から」（これらの場合には「感覚から」）と言えそうですけれども、私たちが持っている観念は、単に、「黄色」や「白」、あるいは（反省から得られる）「知覚」や「意志すること」といった、ロックが先に引用した箇所で挙げているようなものに限られるわけではありませ

【図40】ペガサス(Polly McBee Hutchison, *On Wings of Pegasus* [Bloomington: Trafford Publishing, 2011] の表紙より)

ん。例えば、私たちが「ペガサス」の観念を持っているとしましょう。ギリシャ神話に出てくる、鳥の翼を持ち、空を駆けめぐることのできる馬の観念です。もしあらゆる観念がすべて経験からというのであれば、私たちがペガサスの観念を持っているとした場合、私たちはどこかでペガサスに出会ったことがある、ということになります。でも、そんなことはありませんよね。

ペガサス、ギリシャ語では「ペーガソス」(Πήγασος)と言うのですが、このペーガソスの観念は、馬に鳥の翼を付けたようなものですから、出会ったことがなくても、馬の観念と鳥の翼の観念を持っていれば、それらを組み合わせて自分で作ることができそうです。

ロックはこのように、観念にはさまざまな観念を組み合わせて作られる合成されたものと、そうした合成された観念の要素となるものがあると考えていました。つまり、観念には複合的なものと単純なものとがあって、複合的な観念(複合観念 complex Idea)は、単純な観念（単純観念 simple Idea）から作られると言うのです。そして、ロックが経験から得られるとした観念は、この単純観念のことだったのです。

ペガサスの観念の場合、それが馬の観念と鳥の翼の観念から作られるとしても、馬の観念や鳥の翼の観念そのものが、すでに複合観念です。そうした複合観念の構成要素をずっとたどっていくと、最後にはもうそれ以上分解できない本当の単純観念に至れるはずだとロックは考えます。そして、そうした単純観念こそ、経験が提供してくれるものなのだというのです。

けれども、それには注釈が必要です。馬の観念を私たちはどのようにして得たかというと、たいていの場合、実際に馬を見たことがありますよね。つまり、馬の観念は、それ自体すでに「経験から」得られていると言えそうです。ロックはこのように、複合観念の中にはすでにそれ自体が経験によって獲得されているものがあることを認めます。このような複合観念の場合、ロックはその観念の「原型」を経験から得ているというふうに表現します。ですが、基本はやはり、私たちは単純観念からさまざまな複合観念を形成することができるという考えでした。

†複合観念の種類

では、その複合観念には、どのようなものがあるのでしょうか。

ロックはこれを次のように大きく三つに分類しました。

複合観念は、〔……〕すべて次の三つの項目に分類することができると私は思う。

1. 様態 (*Modes*)
2. 実体 (*Substances*)
3. 関係 (*Relations*) (Ibid., II. xii. 3, p. 164.)

「様態」というのは、平たく言えば、物のあり方です。ロックは、「三角形」や「殺人」を例に挙げています。これに対して、「実体」というのは、これも平たく言えば、「物」のことです。但し、心も実体で、それをロックは「物」と言う場合がありますから、そうした広い意味での「物」のことだと理解しておいてください。最後の「関係」は、物と物、物とその性質、性質と性質との間の、さまざまな関係のことです。こうした三つの種類の複合観念が単純観念から形成されるというのが、ロックの当初の考え方でした。

†第四版で加筆された別の分類

ロックは右に挙げた複合観念の分類を、『人間知性論』第六版まで維持しています。ところが、おもしろいことに、彼は、第四版で、単純観念に対して心が行使する作用について、次のような加筆を行っています。

心はその単純観念のすべてを受け取るにあたってはまったく受動的であるが、それ自身のさまざまな作用を行使することによって、他の観念が、その材料であり基礎である単純観念から形成される。心が単純観念に対してその能力を行使するところの心の作用は、主として次の三つである。一、いくつかの単純観念を組み合わせて、一つの合成観念にすること。これによって、すべての複合観念が作られる。二、二つ目は、単純観念であれ複合観念であれ、二つの観念を取りそろえ、それらを並置し、それらを合一させることなく同時に眺めること。これによって、心は関係の観念のすべてを得る。三、三つ目は、それらを、それらが実在する際に伴っている他のすべての観念から分離すること。これは「抽象」と呼ばれ、これによってすべての一般観念が作られる。これは、人間の能力とその働き方が、物質世界でも知的世界でもほとんど同じであることを示す。というのも、どちらの世界においても、材料は、人間が作ったり壊したりする能力を持たないようなものであり、人間にできるのは、それらを合一したり、それらを並置したり、それらをまったく分離したりすることだけだからである。私はここで、これらのうちの第一のものから始めて複合観念を考察する。そして、他の二つについては、いずれしかるべきところで扱うこととする。(Ibid., II. xii. 1, pp. 163-164.)

一つ目は、「いくつかの単純観念を組み合わせて、一つの合成観念にすること」ですから、これは単樹観念を組み合わせて複合観念を作る働きのことです。これに対して、二つ目は、「関係の観念のすべてを得る」ための心の働きですよね。ということは、関係の観念は、ここでは、他の複合観念とは区別されて扱われていることになります。確かに、関係の観念というのは、複数の観念を寄せ集めて一つにするというのとは違いますよね。ですから、ロックがこの加筆箇所で示す観念の分類は、第一版から維持されている分類よりも、より事象の実際に沿うものとご理解いただけると思います。

このように、観念の分類に関しては、もっと立ち入って検討すべき部分はあるのですが、ともかく、ロックの「観念経験論」は、単純観念は経験から獲得され、他の観念は単純観念をもとにさまざまな仕方で作られるということを基本としていることが、おわかりいただけたと思います。

†問題

白紙から、単純観念の獲得、そして、複合観念の構成へと話は進みました。心はもともとなにも書かれていない白紙で、それに単純観念が書き込まれ、それを基に複合観念が作られる。ざっとそんな話ですよね。

でも、そんな話では、まだほとんどロックが扱った事象の本質に迫ってはいないのです。先に進む前に、一つご注意いただきたいことがあります。経験によってまず単純観念が得られるというのですが、これまでの話では、具体的なことはなにもわかりませんよね。まず単純なものが与えられ、それを基に心は複合的なものを作るというだけですから。例えば、目を開きますと、視野の中にさまざまな色が広がっていますよね。見えている色は、ロックの語法では「観念」です。でも、それらの多様な色の、いったいどれを「単純観念」としたらいいのでしょうか。そのことは、まだまったく説明されていませんし、そもそも視野に限ってみても、すでにたくさんの色がいちどきに見えていますよね。与えられるものはすでに複合体（つまり複合観念）になっているのではないかと疑問に思われても、それはもっともな話です。ただ、この問題は、観念には少なくとも「感覚」や「心像」のようなものだけでなく、「概念」と呼ばれていいようなものがある、ということを押さえた上でないと、しっかりとした説明ができません。そこで、章を改めて、ロックの言う観念には、そうしたいくつかの種類があることを、確認することにします。

第4章 感覚と概念的把握——ロックを心像論者とする誤解に抗して

†感覚・心像・概念

ロックが「観念」と呼んでいるものは、感覚に限りません。私たちは、自分が感覚したものを記憶にとどめ、それを像として心の中で再現することができます。また、同様に、想像力を用いて、さまざまな像を心の中に描くこともできますよね。このような、記憶や想像によって心の中に描かれる像を、狭い意味で「心像」（mental image）と言います。ロックの言う「観念」には、こうした心像も含まれています。

けれど、おもしろいことに、ロックの言う「観念」は、感覚や心像にとどまるものではありません。例えば私たちは、「色」とか「三角形」とかいった言葉の意味がわかりますよね。それはつまり、「色」とはどういうものか、「三角形」とはどういうものかを、なんらかの程度において知っているということです。別の言い方をすれば、「色」の概念、「三角形」の概念を持っているということです。なんらかの色や具体的な三角形を感覚によって知覚したり心の中でその心像を描いたりするのとは別に、「色」や「三角形」といった言葉の意味がわかる。このことが、「色や三角形の「概念」を持つ」と言い換えられるのです。そして、ロックの場合、こうした概念もまた、「観念」と呼ばれています。

†バークリとヒュームの誤解

感覚や心像だけでなく、概念もまた観念として扱われていたことは、「観念」の近代的用法を導入したデカルト（René Descartes, 1596–1650）の場合に顕著です。このデカルト的「観念」語法を継承したロックにおいても、「観念」という言葉は、感覚や心像だけでなく、概念的なものをも意味するものとして、使用されていました。ところが、のちのバークリ（George Berkeley, 1685–1753）は、「観念」を、「感覚」や「心像」、あるいはそれらに類するものに限定して用いました。観念を感覚や心像あるいはそれらに類するものに限定する立場を「心像論」（imagism）と言います。つまり、バークリは、デカルトやロックとは違い、「心像論」的観念理解を当然視したのです。

バークリのあとに出てくるヒューム（David Hume, 1711–1776）も、このバークリの心像論的観念理解を受け入れました。そして、バークリの「観念」にあたるものを「知覚」（perception）と呼び、知覚のうち、感覚とそれに類する鮮やかに現れるものを「印象」（impression）、心像的な、生気を欠いたものを「観念」（idea）と呼んで、「観念」という言葉の使い方を変更します。ヒュームは、『人間本性論』（David Hume, *A Treatise of Human Nature* [1739–1740]）第一巻の本論の冒頭で、次のように述べています。

人間の心のあらゆる知覚は、二つの別個の種類に分かれる。私はそれらを、「印象」および「観念」と呼ぶであろう。それらの違いは、それらが心を打ち、われわれの思考や意識の中に入ってくるときの、勢いと生気の度合いにある。(David Hume, *A Treatise of Human Nature*, ed. David Fate Norton and Mary J. Norton, 2 vols. [Oxford: Oxford University Press, 2007], i. 1. 1. 1, p. 7.)

このように、ヒュームの場合には、「観念」の使い方がさらに限定されています。しかし、いずれにしても、バークリやヒュームの心像論の影響は、のちのちまで「観念」という言葉の理解を規定するようになり、遡ってロックの「観念」語法まで心像論的なものと見られることになりました。その結果、ロックの観念説は、第2章で述べたこととは別の意味で、矛盾に満ちたものとされるに至ります。特に問題視されたのは、ロックの「一般抽象観念」説でした。

バークリがロックの「一般抽象観念」をありえないものとして否定して以来、バークリの否定的理解に合わせてロックの一般抽象観念説が誤解され続けてきたことについては、第5章で論じることにして、本章では、その誤解の前提となっている「心像論」的観念理解があまりにシンプルな誤解であって、ロックにはあたらないことを、明確にしておきたいと思います。しかし、ロックが感覚や心像を観念として扱わなかったと主張したいわけではありません。ロックは確かに感覚や心像を観念として扱う場合が多々あるのですが、それ以上に「概念」にあたるものを「観念」として扱い、多くの議論が「概念」に主導権を持たせるものになっていました。

そのようなわけで、本章では、ロックの中の「概念」的なものの優位の実態を明らかにするよう努めます。まずは、ロックが言う「基礎的観念」を確認するところから始めます。

†基礎的観念

ここに言う「基礎的観念」(original Idea) とは、ロックがさまざまな観念の基本をなす重要観念とみなしたものです。本章では、右の目的を達するため、「固性」、「延長」、「単一性」、「能力」といったいくつかの重要観念を取り上げます。その選択の基準がどういうところにあるか。これを、ロックがリストアップした「基礎的観念」との関係において、以下に説明しておきたいと思います。

ロックは、『人間知性論』の最大の章である第二巻第二一章「能力について」の最終節で、次のように述べています。

> こうして私は、他のすべて〔の観念〕がそれから引き出され、それから作られるところのわれわれの基礎的観念を、手短に概説してきた。もし私が哲学者としてそれら〔他のすべての観念〕を考察し、いかなる原因にそれらは依存しているか、いかなるものからそれらは作られているかを検討するとすれば、それらはすべて、次のようなごく少数の

一次的・基礎的観念に還元できると私は思う。すなわち、

延長

固性

可動性（*Mobility*）、ないし、動かされる能力

われわれは、自分たちの感官によって、物体からこれらを受け取る。

知覚性（*Perceptivity*）、ないし、知覚もしくは思考の能力

発動性（*Motivity*）、ないし、動かす能力

われわれは、反省によって、自分たちの心からこれらを受け取る。〔……〕それらに

存在

持続

数

という、前者と後者のいずれにも属するものを加えるなら、われわれはおそらく、他の一切がそれに依存する基礎的観念をすべて持つことになる。なぜなら、われわれの中に色や音や味や匂いなどの多様な感覚を生み出すのは、これらの微小な物体の多様に変様した延長や運動であるが、これを知覚するのに十分な鋭敏さを持つ機能がもしわれわれにありさえすれば、われわれが持っている色、音、味、匂いなどのすべての観念の本性は、これらの基礎的観念によって説明されると思われるからである。（John Locke, *An*

Essay Concerning Human Understanding, ed. Peter H. Nidditch [Oxford: Oxford University Press, 1975], II. xxi. 73, pp. 286–287.)

ここに提出された「基礎的観念」のリストは、基本的に、粒子仮説を基盤として心の内／外を問わずさまざまな現象を捉えようとする際に用いなければならない基礎概念のリストであると考えられます。延長、固性、可動性、存在、持続、数は、物そのもの（粒子）の概念を構成する基本要素であり、他方、私たちの心の働きは、知覚性（知覚）と発動性（意志）を基本とし、心のさまざまな現象についても存在、持続、数という基礎概念が適用できるとロックは考えているのです。

以下では、これらの「基礎的観念」のうち、「物そのもの」の観念の形成に基本的に関与するもののみを取り上げて、それらが単なる感覚や心像ではないことを示したいと思います。第2章で説明しましたように、ロックが「物そのもの」が持つとしているのは、一次性質と、それに基づく能力でした。そして、一次性質の主要なものは、固性、形、大きさ、数、それに運動でした。

さて、当時の自然科学の専門用語に、「延長」というのがありました。これは、三次元的な、縦横高さの広がりのことです。空間も、その中にある物体も、この三次元的な広がりを持っていますよね。これを「延長」と呼んだのです。ラテン語では extensio（エクステーンシオー)、これが英語に入って extension となります。右に挙げた一次性質のうち、形と大きさは、この「延長」がどのようになっているかということです。ですから、本章では、一次性質の一つである「固性」に加えて、形と大きさの基本となる「延長」の観念を取り上げます。

また、数は、「単一性」(Unity)という基本単位から形成されるとロックは見ます。「単一性」というのは、「一つであること」、つまり、自然数の基本単位である「一」のことです。そこで、この「単一性」の観念を、もう一つの考察対象とします。

次に、運動ですが、これは、先の「基礎的観念」のリストでは、「可動性」として出てきます。ロックは「能力」ということで、なにかをする能力(能動的能力)と、なにかを受ける能力(受動的能力)の二つを認めます。「可動性」は「動かされる能力」と言われていますよね。つまり、物の運動はなにかに動かされるということで、それは「能力」の一種とみなされているわけです。しかも、第2章で説明しましたように、ロックが一次性質以外に物そのものが持つとしているのは、すべて広い意味での「能力」でした。そこで、本章では、「固性」、「延長」、「単一性」に「能力」を加え、「物そのもの」の観念形成にとってとりわけ重要なこれら四つの観念を、考察の対象とします。そして、それらの観念の獲得過程とそれらの観念の適用についてロックが実際にどのような議論を行っているかを確認し、それによって、それらが単なる感覚もしくは心像として片付けられるようなものではないことを明らかにします（なお、単一性の観念を考察する際、比較のため、「存在」の観念をも、あわせて考察の対象とします）。

ところで、ある意味で当然のことなのですが、ロックのように粒子仮説を採用する人々が、日常私たちが慣れ親しんでいる色つきの物とは別に、生まれたときからすでに粒子仮説で言うような「物そのもの」に親しんでいるかというと、そんなことは絶対にありませんよね。粒子仮説で言う「物そのもの」は、ある理由から、日常私たちが慣れ親しんでいる「物」が持つさまざまな性質のうちからあるものを選んで、それだけを持つ新たな「物」を想定するという仕方で構成されたものです。ですから、その構成要素だけでなく、そもそも「物そのもの」それ自体が感覚や心像として現れるものであるかどうかを見ておくことが、当面の問題を検討する上で有用です。そのようなわけで、「物そのもの」を構成する基本観念を取り上げるに先立って、ロックの言う「物そのもの」が、感覚や心像として現れるものではなく、概念的思考対象であることを、確認しておきたいと思います。キーワードは、「想定する」（suppose）というロックの言葉遣いです。

†「物そのもの」の観念

ロックの言う「物そのもの」は、日常私たちが親しんでいる「物」（第2章で導入した語法に従って、これを「経験的対象」と呼ぶことにします）が持っているさまざまな性質のうちから、いくつかのものを、「物そのもの」が持つべき性質として選び出し、それらの性質の観念を材料に、ある限定された性質のみを持つ新たな物体の観念を構成することによって、案出されたものです。

え、ということは、「物そのもの」は「観念」なんですか？

右のように解説しますと、こんな質問がすぐに出てくるかもしれません。

そうなんです。ロック研究者の中にも、私がこのように解説すると、そんなふうに疑問に思う人がいます。

でも、考えてみてください。私たちが日常慣れ親しんでいる、（「経験的対象」としての）「物」。これは、外に新たな「物そのもの」が想定されるため、私たちの心の中の「観念」として位置づけ直されるのですが、心の外には、これと対照をなすものとして、新たな「物そのもの」が想定されているわけですよね。つまり、新たな「物そのもの」が、粒子仮説的視点から、「想定され」、「考えられ」ているわけです。とすると、その場合、そうした想定を行っている人は何をしているかというと？　そうなんです。「物そのもの」の新たな「観念」を形成し、それを考察しているということになります。

経験的対象としての物が、「心の中」の「観念」として扱われているのですが、それと対比をなすはずの「心の外」の「物そのもの」もまた、私たちによって「考えられ」ているものなのですから、私たちはその場合、ある種の観念を扱っていることになるわけです。

そこで、ある人々は、経験的対象だけでなく、「物そのもの」も観念だと私は言っているように、誤解するのです。私が言っているのは、「物そのもの」が観念だということではなく、私たちは「物そのもの」の観念を形成し、それを考察しているということです。「……の観念」と言うとき、その観念自体は私たちの心の中にあるとしても、だからといって、「……」で表現されたものまで「心の中」にあるとするわけではありません。「物そのものの観念」が心の中にあるとしても、だからといって、「物そのもの」を心の中にあるものとして考えているというわけではないのです。心の外にある「物そのもの」も、心の中にある「観念」も、それを私たちが考えている限り、私たちは「物そのものの観念」や「観念という観念」を扱っているのですが、だからと言って私たちは「物そのもの」が心の中にあると考えるわけではないのです。私たちは、ロックに従って、物そのものはあくまで心の外にあると考えますが、その考え自体が心の中にあるというわけです。「物そのもの」もまた私たちが考えていることであり、したがって私たちは、「物そのもの」の観念を形成しそれを扱っている。この事態が、混乱を招きかねないことを、ロックも承知していました。彼は、『人間知性論』第二巻第八章で、次のように述べています。

われわれの観念の本性をよりよく発見し、われわれの観念についてわかるように論じるためには、それらをわれわれの心の中の観念ないし知覚としてのそれと、そうした知覚をわれわれの中に生み出す物体における物質のあり方としてのそれに、区別するのがよいであろう。(Ibid., II. viii. 7, p. 134.)

ここでロックは、観念を二つに区別していますよね。「心の中の観念ないし知覚」と「そうした知覚をわれわれの中に生み出す物体における物質のあり方」の二つです。後者は言い換えると「「物そのもの」のあり方」です。ロックはこれをも「観念」と言っているのです。ある意味当然で、「物そのもの」も私たちが考えているものだからです。だからと言って、ロックは「物そのもの」を心の中にあるとすることはありません。あくまでそれは、心の外にあるものとして「想定され」、「考えられ」ているのです。

この若干困りもののロジックは、私たちの思考回路が基本的に持っているロジックのようで、アリストテレスですと「ノエーマ」(νόημα)、中世の哲学者ですと「志向」(intentio インテンティオー)、デカルトですと、「形相的実在性」(realitas formalis レアーリタース・フォールマーリス)と「表現的実在性」(realitas objectiva レアーリタース・オブイエクティーワ)の区別、フッサールのような現象学者ですと「志向性」(Intentionalität インテンツィオナリテート)といった言葉を用いて説明しようとしたものです。デカルトについては、別の機会に論じたことがあります(冨田『アメリカ言語哲学入門』[ちくま学芸文庫、二〇〇七年]第七章、二〇二ページ以下)。ロックについては、英文論文ですが、これも別の機会に

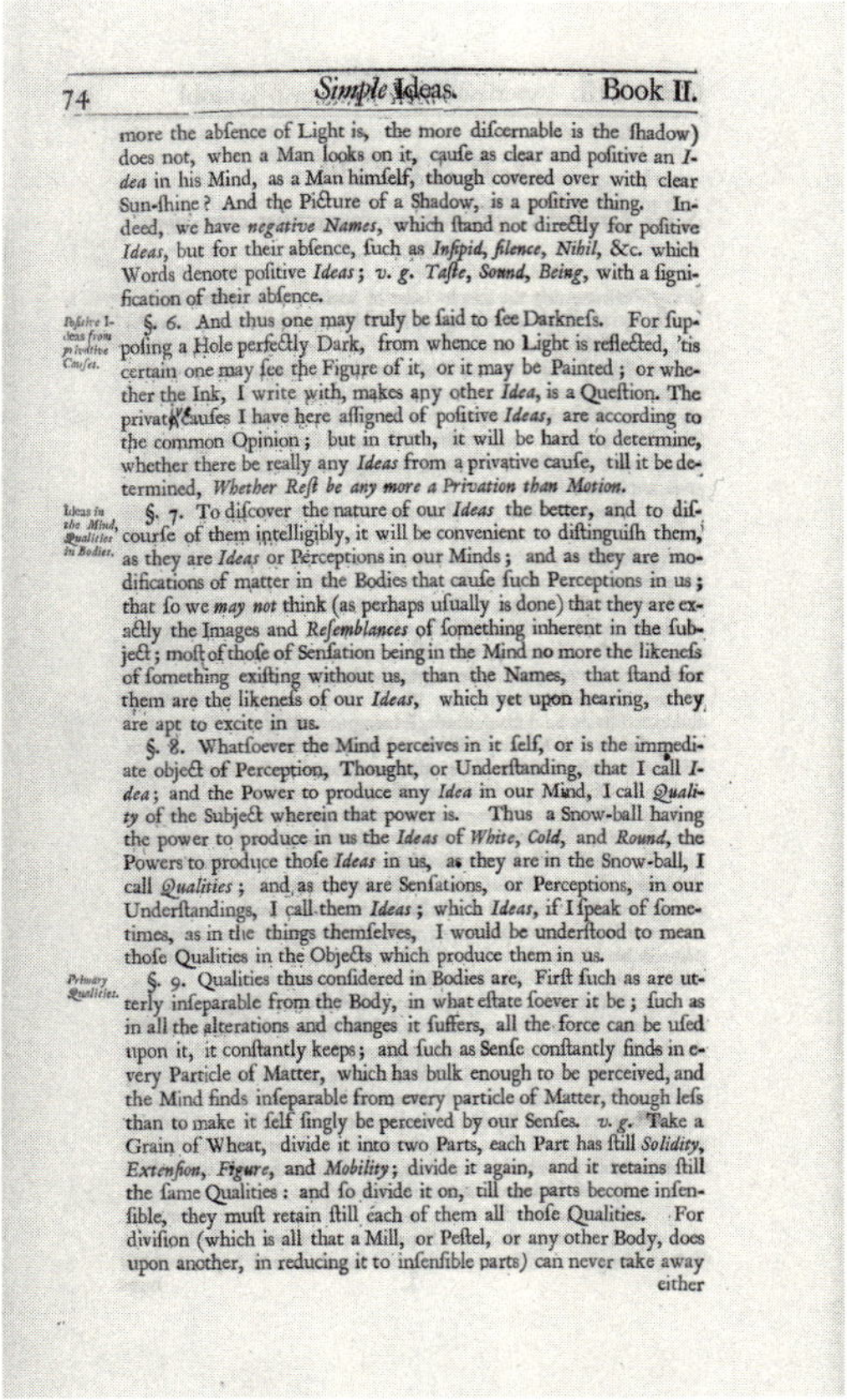

more the abſence of Light is, the more diſcernable is the ſhadow) does not, when a Man looks on it, cauſe as clear and poſitive an *Idea* in his Mind, as a Man himſelf, though covered over with clear Sun-ſhine? And the Picture of a Shadow, is a poſitive thing. Indeed, we have *negative Names*, which ſtand not directly for poſitive *Ideas*, but for their abſence, ſuch as *Inſipid, ſilence, Nihil*, &c. which Words denote poſitive *Ideas*; *v. g. Taſte, Sound, Being*, with a ſignification of their abſence.

Poſitive Ideas from privative Cauſes.

§. 6. And thus one may truly be ſaid to ſee Darkneſs. For ſuppoſing a Hole perfectly Dark, from whence no Light is reflected, 'tis certain one may ſee the Figure of it, or it may be Painted; or whether the Ink, I write with, makes any other *Idea*, is a Queſtion. The privative cauſes I have here aſſigned of poſitive *Ideas*, are according to the common Opinion; but in truth, it will be hard to determine, whether there be really any *Ideas* from a privative cauſe, till it be determined, *Whether Reſt be any more a Privation than Motion.*

Ideas in the Mind, Qualities in Bodies.

§. 7. To diſcover the nature of our *Ideas* the better, and to diſcourſe of them intelligibly, it will be convenient to diſtinguiſh them, as they are *Ideas* or Perceptions in our Minds; and as they are modifications of matter in the Bodies that cauſe ſuch Perceptions in us; that ſo we *may not* think (as perhaps uſually is done) that they are exactly the Images and *Reſemblances* of ſomething inherent in the ſubject; moſt of thoſe of Senſation being in the Mind no more the likeneſs of ſomething exiſting without us, than the Names, that ſtand for them are the likeneſs of our *Ideas*, which yet upon hearing, they are apt to excite in us.

§. 8. Whatſoever the Mind perceives in it ſelf, or is the immediate object of Perception, Thought, or Underſtanding, that I call *Idea*; and the Power to produce any *Idea* in our Mind, I call *Quality* of the Subject wherein that power is. Thus a Snow-ball having the power to produce in us the *Ideas* of *White, Cold*, and *Round*, the Powers to produce thoſe *Ideas* in us, as they are in the Snow-ball, I call *Qualities*; and as they are Senſations, or Perceptions, in our Underſtandings, I call them *Ideas*; which *Ideas*, if I ſpeak of ſometimes, as in the things themſelves, I would be underſtood to mean thoſe Qualities in the Objects which produce them in us.

Primary Qualities.

§. 9. Qualities thus conſidered in Bodies are, Firſt ſuch as are utterly inſeparable from the Body, in what eſtate ſoever it be; ſuch as in all the alterations and changes it ſuffers, all the force can be uſed upon it, it conſtantly keeps; and ſuch as Senſe conſtantly finds in every Particle of Matter, which has bulk enough to be perceived, and the Mind finds inſeparable from every particle of Matter, though leſs than to make it ſelf ſingly be perceived by our Senſes. *v. g.* Take a Grain of Wheat, divide it into two Parts, each Part has ſtill *Solidity, Extenſion, Figure*, and *Mobility*; divide it again, and it retains ſtill the ſame Qualities: and ſo divide it on, till the parts become inſenſible, they muſt retain ſtill each of them all thoſe Qualities. For diviſion (which is all that a Mill, or Peſtel, or any other Body, does upon another, in reducing it to inſenſible parts) can never take away either

【図41】『人間知性論』第5版（1706年）の74ページです。上から3段落目の部分が、第2巻第8章第7節で、ここでロックは観念を、「心の中の観念ないし知覚」と「そうした知覚をわれわれの中に生み出す物体における物質のあり方」の二つに区分しています。

論じたことがあります（Yasuhiko Tomida, 'Experiential Objects and Things Themselves: Locke's Naturalistic, Holistic Logic, Reconsidered', *Locke Studies*, 14 [2014], pp. 85-102）。また、この問題は、冨田『観念論の教室』（ちくま新書、二〇一五年）二〇九ページ以下でも、「ロックの観念論」として論じました。ご参考になれば幸いです。

†狭義の「実体」の観念

さて、話をもとに戻しますと、ロックのような粒子仮説を採用する人々は、経験的対象が持つさまざまな性質のうちからあるものを選び、それらだけを持つ微小な粒子の観念を形成します。ロック流に言えば、さまざまな性質を支え持つ狭義における「実体」（Substance）の観念を基に、それに選ばれた性質を付与して「物そのもの」の観念を作ることになります。

今、「さまざまな性質を支え待つ狭義における「実体」の観念」と言いましたが、物のさまざまな性質は、性質だけで存在しているのではなくて、それを支え持つ「実体」というものがあって、それがそれらの性質を持っているのだという考え方が、古くから、とりわけアリストテレス以来、西洋の思考の根幹をなすものの一つとなってきました。この「実体」の観念を、「狭義の「実体」の観念」と呼ぶことにします。なぜ「狭義の」かというと、第3章で見ましたように、ロックは複合観念を「様態」、「実体」、「関係」の三つに分けていますが、この場合の「実体」（つまり複合観念としての実体）は、「狭義の「実体」の観念」を核としてそれにさまざまな性質が付与されたもの（つまりいわゆる「物」）として、ロックはこれを考えているのです。その複合観念としての「実体」と区別するため、ここではその核となる「実体」のほうを、狭義の「実体」としておきます。この「狭義の「実体」の観念」について、ロックは『人間知性論』第二巻第一二章で、次のように述べています。

> 実体の観念〔複合観念としての実体の観念〕は、それ自身で存立している別個の個々の物を表象する〔表わす〕とみなされるような、単純観念の組み合わせである。そこにおいては、実体の、想定された（supposed）、ないしは混乱した観念〔狭義の「実体」の観念〕が、そうした〔混乱した〕観念ではありながら、常に、第一の、主たる観念である。例えば、もし実体〔すなわち狭義の実体〕に、ある鈍い白っぽい色の単純観念が、ある度合いの重さ、堅さ、延性、可融性とともに加わるなら、われわれは鉛の観念を持つことになる。（Locke, *An Essay Concerning Human Understanding*, II. xii. 6, p. 165.）

ここに挙げられている鉛の観念は、複合観念としての実体の観念の一種です。それは、狭義の実体の観念に、物の性質を表すさまざまな単純観念（ある鈍い白っぽい色、ある度合いの重さ、堅さ、延性、可融性の観念）が結合してできたものとして説明されています。

ここで、狭義の実体観念が、物のさまざまな性質がそれだけで存在することはできず、なんらかの支えを必要とすると考えられるところから「想定される」に至った観念であるとされていることに、注意していただきたいと思います。この「想定」について、ロックは『人間知性論』第二巻第二三章において、次のように述べています。

われわれは、これらの単純観念がいかにしてそれら自身で存立しうるかを想像しないので、ある基体（*Substratum*）を想定する（suppose）のを常とする。それら〔の単純観念〕は、その基体の中に存立し、それから結果する。それゆえ、われわれは、その基体を「実体」と呼ぶ。（Ibid., II. xxiii. 1, p. 295.）

ここに言う「基体」は、狭義の実体の別名です。そして、ここでも、「想定する」（suppose）という動詞が使われています。また、次の箇所では、その名詞形（Supposition）が使われています。

それゆえ、もし誰かが自分の純粋な実体一般の思念〔＝狭義の実体の観念〕に関して自分自身を調べるなら、その人は、われわれの中に単純観念を生み出すことができる諸性質の、その人が知らない支えの想定（Supposition）以外には、それについてのいかなる観念も持たないことを見出すであろう。（Ibid., II. xxiii. 2, p. 295.）

これらの引用箇所のすべてを含む『人間知性論』第二巻は、観念がいかにして得られるかを明らかにすることを第一の目的とした巻です。そして、この目的は、狭義の実体観念の場合にも、明瞭に認めることができます。実体の複合観念を構成する「第一の、主たる観念」である狭義の実体観念は、実体の複合観念を構成する他の単純観念が「いかにしてそれら自身で存立しうるか」を想像できないことから、それらを支えるものとして「想定される」という仕方で形成されると、ロックは説明しているのです。

ところで、右の最後に引用した箇所で、ロックが「われわれの中に単純観念を生み出すことができる諸性質の、その人が知らない支えの想定」という気になる言い方をしていることに、気づかれたかもしれませんね。その一つ前の引用箇所では、「実体」は単にさまざまな性質の単純観念を支え持つものとして想定されると説明されていたのに、右の引用箇所では、単純観念そのものの支えではなくて、「単純観念を生み出すことができる諸性質」の支えと言われています。単純観念をわれわれの心の中に生み出すのは、物そのものが持つ一次性質と二次性質でしたよね。ですから、右の最後の引用箇所では、ロックは単に単純観念の支えとしての実体ではなくて、粒子仮説を採用する者として、その単純観念を心の中に生み出す、粒子が持つとされる諸性質にまで話を進めた上で、その諸性質の支えとして、狭義の実体観念を想定しているのです。ですから、このことからおわかりのように、物そのものの観念は、「想定される」狭義の実体観念に、粒子が持つとされる諸性質を付与して形成されるものなのです。

この「想定される」という言葉に、注意する必要があります。支えとして想定される狭義の実体観念は、観念の起源としてロックが認める「経験」によって直接的に得られるなんらかの感覚や、それを再現した心像といったものではありえません。これについては、ロック自身、

> 実体の観念〔……〕は、われわれが感覚や反省によっては持つことのない、また持つことのできない（Ibid., I. iv. 18, p. 95）

ものであると、明言しています。したがって、それはむしろ、概念的に考えられたものとせざるをえないのです。

†実在的本質

これとの関連において、ロックが物の「実在的本質」（real Essence）について述べてい

ることを見ておきましょう。粒子仮説的な「物そのもの」のあり方――どのような一次性質を持つ粒子が、どのように組み合わさっているか――を、ロックは「実在的本質」と呼びます。彼は、それについて、次のように述べています。

なるほど、実体の実在的本質については、われわれはそれらが何であるかを正確に知ることなく、それらの存在を想定する（suppose）にすぎない。（Ibid., III. vi. 6, p. 442.）

ここでもまた、実在的本質は、「想定する」という動詞を用いて説明されています。この「想定」が、感覚したり、感覚したものを心像として思い浮かべたりすることではないことは、多言を要しないでしょう。実在的本質つまり物そのものの粒子仮説的なあり方は、経験によって与えられるものではなく、仮説的に想定されるものです。つまり、ここでも、狭義の実体の場合と同じように、概念的に想定されるものが考察の対象となっているのです。

さて、ロックが物そのものとして想定しているのは、固性や延長などの一次性質だけを持つ、微小な粒子の一つ一つ、もしくはその集合体でした。問題は、そうした物そのものの観念が、右に述べたように、感覚や心像ではなく、概念的に想定されるものだとしますと、その観念の構成要素となる「固性」をはじめとするいくつかの単純観念もまた、概念でなければならないはずですよね。ところが、ロックは、単純観念を「経験」から、つまり「感覚」もしくは「反省」から得られるとしていました。当面の話題からしますと、「感覚」という働きが問題なのですが、「感覚」という働きによって得られるのは、感じられるものとしての感覚（別の言い方をすれば「可感的観念」）ですよね。とすると、「物そのもの」の構成要素となる、感覚によって得られる観念に関して、単なる感覚としての観念（可感的観念）ではない概念的観念（可想的観念）がどのようにして得られるのか。これを確認することが、以下での私たちの課題となります。

†固性の観念

真空を認めるロックにとって、固性（Solidity）の観念は、物体の観念の本質的要素の一つでした。デカルトは真空を認めず、空間的な広がり（延長）のあるところはすべて物体で満たされているとしたのですが、ロックは真空を認め、延長を持つだけでなく固性を持つことが、物体の主要な特徴であるとしました。つまり、広がりがあるだけでなく、それ自体が移動しない限り他のものの侵入を許さない性質がそこにあるということが、物体（物そのもの）があるということであって、固性のない単なる広がりの部分は、なにもない空間にすぎないと考えるのです。

ロックは、固性の観念について、それは触覚から得られるもので、

> われわれが物体に見出す、その物体が占める場所へと他の物体が入ることに対する抵抗から、それは生じる（Ibid., II. iv. 1, pp. 122–123）

としています。確かに、この抵抗感は、私たちがそれを実地に経験するという仕方でしか、感じることができません。ロックがよく挙げる例で言えば、パイナップルの味の観念は、実際にパイナップルを食べてみなければ得られないというのと同じです。ロック自身、この件について、次のように述べています。

> もし、誰かが私に、この固性とは何かと尋ねるなら、私はその人に〔それを〕教えるため、その人を自分の感官に向かわせる。つまり、その人の両手の間に火打ち石もしくはフットボールを置かせ、それから、両手を合わせるよう努めさせれば、その人は〔それを〕知るであろう。もしその人が、これは、固性とは何であるか、それは何に存するかを十分に解き明かすものではないと考えるのであれば、思考とは何であるか、それは何に存するかをその人が言ってくれるのなら、固性とは何であるか、それは何に存するかをその人に言おう。〔……〕われわれが持っているもろもろの単純観念は、経験がそれらをわれわれに教える。しかし、もしわれわれがそれを超えて、言葉によってそれらを

心の中でより明晰にしようと努めるのであれば、われわれは、目の不自由な人の心の闇を語りによって一掃し、光と色の観念をその人の中へ語り入れようとするのと同様、それに成功することはないであろう。(Ibid., II. iv. 6, pp. 126–127.)

ロックのこうした発言からしますと、ロックは固性を、一見、私たちが直接感覚するしかないもの、あるいはそうして得られた「感覚」を「心像」として心の中で再現したものとしてのみ、捉えているように見えるかもしれませんね。ところが、固性はロックにとって、どこまでも感覚するしかないもの、あるいはその感覚を記憶によって想起した、心像にすぎないものではないのです。すでに、一つ前の引用箇所で、ロックは、固性の観念の起源となる触覚的感覚を、「われわれが物体に見出す、その物体が占める場所へと他の物体が入ることに対する抵抗」として、これを概念的に捉えています。また、同じ節で、ロックは

われわれが日々扱うもろもろの物体は、それらを圧するわれわれの両手の間にそれらが留まる間は、打ち勝ちがたい力によって両手の諸部分の接近を妨げることを、われわれに知覚させる(Ibid., II. iv. 1, p. 123)

と述べたあと、

　このように、二つの物体が互いのほうに向かって動くとき、それらの接近を妨げるものを、私は「固性」と呼ぶ（Ibid.)

と言っています。ここにおいて、ロックが、固性の観念を、ある種の感覚ないし心像として扱っているだけでなく、それに対して概念的把握を行っていることは明らかです。つまり、固性の観念は、ある触覚的感覚として与えられながら、われわれの心は、それに対して概念的把握を行い、例えば「二つの物体が互いのほうに向かって動くとき、それらの接近を妨げるもの」という概念規定として、その結果を保持するのです。ここには、固性の観念の二つの面が明確に現れています。一つは、感覚的な面で、その場合には、触覚によってある種の感覚を得ることなしには、私たちは固性の観念を得ることはできません。けれども、それだけではありません。その感覚としての観念に概念規定が与えられ、両者が密接な関係を保ちながら、記憶に留められるのです。

　固性の観念が、感覚としての面だけでなく、概念的性格をも有していることは、同じ「固性について」と題された章で行われている、「固性」と「堅さ」の違いについてのロックの議論においても、明確に認められます。ロックはこの件について、次のように述べています。

> 固性は、次の点において、堅さとも区別される。すなわち、固性は充満に、それゆえ、それが占める場所からの他の物体の徹底的排除に存するが、堅さは、感覚可能な嵩のかたまりを作る物質諸部分の、全体が容易にその形を変えないほどの、強固な凝集に存する。(Ibid., II. iv. 4, p. 125.)

この引用箇所でも、もともとある種の感覚として与えられたはずの「固性」と「堅さ」の観念が、概念的に把握され、「それが占める場所からの他の物体の徹底的排除」、および、「感覚可能な嵩のかたまりを作る物質諸部分の、全体が容易にその形を変えないほどの、強固な凝集」という概念規定が与えられています。そして、ロックは、「固性」と「堅さ」の違いを、この概念規定を持ち出すことによって、明らかにしようとしているのです。

†感覚と概念的把握

固性の観念に関するロックのこうした扱いからわかるように、ロックは単なる感覚を問題にしているのではなく、それに与えた概念規定のほうを、しばしば主たる考察の対象としています。このように、感覚が概念的把握を伴っており、感覚と概念規定の双方が記憶に留められ、しばしば概念規定のほうが主要な考察の対象となるということが、『人間知性論』の諸議論の通奏低音をなしているのです。

もとより、私たちはこの世に生まれてすぐに、当該感覚を得るに合わせてロックが言うような概念規定を形成し、それを記憶に留めるというわけではありません。粒子仮説それ自体がさまざまな考察の結果成立するように、私たち個人個人の概念規定も、諸種の要因が関わりながら、徐々に形成されてきたと考えるのが妥当でしょう。しかし、それはともかく、固性という観念一つをとってみても、概念規定が重要な役割を果たしているのは明らかです。ですから、心像論でことを済ませようとするバークリやヒュームがいかに問題のある立場を採っているかは、これだけでも十分にご理解いただけると思います。

†「延長」の場合

固性の観念がそうであったように、延長の観念も、感覚によって与えられるとされています。実際、ロックは、次のように述べています。

われわれは、物体の延長、形、運動、静止の諸観念を、視覚と触覚の両方によって受け取り、われわれの心の中にもたらすことができる。(Ibid., II. v, p. 127. なお、この第二巻第五章は一節のみからなる章ですので、節番号がありません。)

延長の観念は、すべての視覚的性質およびほとんどの触覚的性質と分かちがたく接合しているので、われわれは、延長の印象をも取り込むことなしには、外的対象をどれ一つとして見ることがなく、また、触知することもほとんどない。(Ibid., II. xiii. 24, p. 178.)

一つ目の引用箇所では、延長の観念は視覚と触覚から受け取られるとされています。二つ目の引用箇所でも、同じく、それは視覚と触覚を起源とすることが言われています。また、ロックは、どの延長をとってみても、それは部分からなるので、そうした延長を構成する最小単位として「われわれが明晰判明な観念を持つ最小部分」を考えることを提案し、それを「可感的点」(sensible Point 感覚可能な点)と呼んで、次のように説明しています。

〔可感的点とは〕われわれが識別することのできる物質ないし空間の最小部分のことで、通常は、目を中心にした円の約一分であり、最も鋭い目でも三〇秒を下ることはめったにない。(Ibid., II. xv. 9, p. 203.)

これは、実際に私たちに識別できる空間の最小部分がどのようなものであるかを説明したもので、あくまでどう見えるかという視覚そのものを問題にしています。ですから、ここ

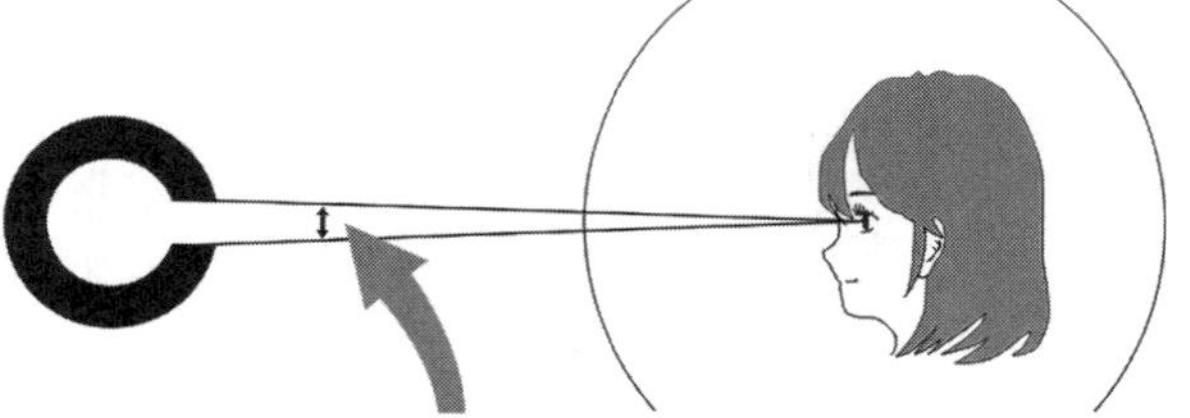
ロックが言っている「約1分」や「30秒を下ることはめったにない」というのは、この角度のことです。
1分は1度の60分の1、30秒はさらにその半分で、1分の場合には視力1.0、30秒の場合には視力2.0と計算されます。

【図42】視力

ではロックは、延長の観念を、ある種の感覚もしくはそれが記憶や想像力によって再現された心像と見ていると考えられます。

ところが、延長についてのロックの議論は、感覚や心像としての——つまり「可感的」(sensible) 観念としての——延長の観念の考察に限定されているわけではけっしてありません。彼が、ある重要な議論の中で、概念的なものとしての——「可想的」(intelligible) 観念としての——延長の観念を考察していることに、私たちは注意しなければなりません。その一例を、次に見てみましょう。

一七世紀前半に活躍した科学者デカルトは、真空(空虚な空間)を認めず、その意味で原子論と一線を画していたことは、すでに何度か触れたとおりです。デカルトは、縦横高さの三次元的な広がりのあるところ、つまり延長のあるところには、すべからく物体があると考えました。これに対して、空虚な空間を認める粒子仮説を採るロックは、同じく延長のあるところでも、物体があるところとないところがあり、そこには明確な差異があるとして、その差異を、先ほどの「固性」に求めます。つまり、物体は、その場所を他に移すことがなければ、他の物体がその場に入ることを許さないという性質があり、そのためそれは、単なる空間の広がりとは違うというのです。これを、ロックは次のように説明しています。

> それゆえ、もし彼ら〔デカルト派の人々〕が、物体と延長によって、他の人々が意味するのと同じことを意味するとしたら、つまり、物体によって、固性を持ち、延長し、その諸部分が分離可能であるとともに、さまざまな仕方で運動可能であるようななにかを意味し、延長によって、それらの固性を持つ凝集した諸部分の外縁の間にある、それらによって占められる空間のみを意味するとしたら、彼らは非常に異なる観念を混同している。というのも、空間の観念は、それが緋色の観念とは違うように、固性の観念とは違うのではないか。この点を、私はすべての人に自分自身で考えてほしいと思う。
> (Ibid., II. xiii. 11, pp. 171–172.)

この箇所で、ロックは、「固性を持ち、延長し、その諸部分が分離可能であるとともに、さまざまな仕方で運動可能であるようななにか」という概念規定と、「それらの固性を持つ凝集した諸部分の外縁の間にある、それらによって占められる空間」という概念規定を提示しています。そして、それらを提示することによって、「物体」と「延長」の概念規定の明確な差異を、読者に確認させようとしているのです。ロックがある種の感覚を読者に想起させようとしているというよりも、ここでは明確に、「物体」と「延長」が意味すること——つまりそれらの概念規定——を想起させ、その違いを納得させようとしているのです。

「延長」の概念規定は、また、次の箇所にも見られます。

この固性の観念によって、物体の延長が空間の延長と区別される。物体の延長は、固性を持つ、分離可能な、運動可能な諸部分の凝集ないし連続にほかならず、空間の延長は、固性を持たない、分離不可能な、運動不可能な諸部分の連続にほかならない。(Ibid., II. iv. 5, p. 126.)

ここでは、「延長」に対して、二つの異なる概念規定が与えられています。一つは物体が持つ延長の場合で、「固性を持つ、分離可能な、運動可能な諸部分の凝集ないし連続」として表現されています。そして、他の一つは、空間が持つ延長で、こちらのほうは、「固性を持たない、分離不可能な、運動不可能な諸部分の連続」とされています。先の場合と同様、ロックはこれらの概念規定を提示し、その差異によって、物体と空間が異なるものであることを明らかにしようとしているのです。

このように見ていきますと、固性にせよ延長にせよ、ロックは確かにそれらの観念の起源を感覚に求めてはいるのですが、そこで得られる感覚とそれに与えられた概念規定とが密接に関わり合いながら彼の考察の中で機能し、物体の本質をめぐる科学哲学上の重要な議論においては、むしろ概念規定が決定的な役割を果たしていることが、ご理解いただけると思います。

†存在と単一性

ロックが単純観念の起源を「経験から」としながら、「経験」の一種である「感覚」の場合に、単に「感覚」もしくは「心像」をもって当該観念として済ませていたわけではないことは、以上に論じた当時の自然科学上の重要な事例のいくつかから、すでにご理解いただけたのではないかと思います。今度は「存在」と「単一性」を取り上げて、それらが同じく感覚的なものと概念的なものの重要な関わりを示すものであるとともに、それらの間に、ある特徴的なつながりが認められることを、確認したいと思います。

存在の観念というのは、英語では Existence の観念です。また、「単一性」というのは、先に述べましたように、一、二、三、四、……という自然数の基本単位である「一」のことで、英語では Unity と言います。ロックはこの「存在」の観念と「単一性」の観念を、いずれも

感覚と反省のあらゆる方途によって心に示唆される（Ibid., II. iii. 1, p. 121）

あるいは

感覚と反省のあらゆる方途によって心にもたらされる（Ibid., II. vii. 1, p. 128）

単純観念であるとしています。けれども、その場合、これらの単純観念は、色を見たり匂いを嗅いだりするのと同じような仕方で感覚されるものとは思えませんよね。ロックは例えば

一の観念を伴わないような感覚ないし反省の対象は存在しない（Ibid., II. xiii. 25, p. 179）

と言います。「感覚」の場合であれ、心の中を振り返る「反省」の場合であれ、そこに現

れる対象はすべて「一の観念」つまり「単一性」の観念を伴うというのです。けれども、例えば感覚の対象の場合、それにはすべて、なんらかの「一」と呼ぶべき同じ感覚が伴われているとは考えられません。ですから、ここでロックが言っている「一の観念」つまり単一性の観念は、概念、言い換えれば、可想的観念と考えるしかなさそうです。

概念と考えられる単純観念について、ロックは目立って「示唆される」（suggested）という言い方をしています。例えば、彼は、次のように言っています。

> 存在と単一性は、外にある対象、内にある観念のいずれのものからも知性に示唆される、別の二つの観念である。（Ibid., II. vii. 7, p. 131.）

> われわれが持つすべての観念のうち、単一性ないし一の観念よりも多くの仕方によって心に示唆される観念はなく、それよりも単純であるような観念はない。（Ibid., II. xvi. 1, p. 205.）

この「示唆される」の用法は、概念的観念（可想的観念）の与えられ方が感覚そのものの場合とは異なることを示すものと考えられます。そして、さらに興味深いことに、ロックはその与えられ方に対応する心の作用を表す言葉として、「……と（して）考える」（consider ... to be ...; consider ... as ...）という動詞句を使用しています。「感覚する」や「感覚的に知覚する」とは異なり、この言葉は、今日では「として見る」（see ... as ...）と表現されるいわゆる「観察の理論負荷性」、あるいは、ハイデッガーの言う「として構造」（Als-Struktur）にあたる現象を捉えたものと見られます（「観察の理論負荷性」については、本書第7章で、少し立ち入った話をします）。つまり、今、感覚によって与えられる観念に話を限定しますと、ロックは単なる感覚を論じているのではなく、ある感覚が与えられるとともに心がそれをなにものかとして考える（もしくはなにものかとして捉える）ということを言おうとしているのです。実際、ロックは、右の一つ目の引用箇所に続けて、次のように言っています。

われわれは、物が現実にわれわれの外にあると考える（consider things to be actually without us）だけでなく、観念がわれわれの心の中にあるとき、それらが現実にそこにあると考える（consider them as being actually there）。それは、それら〔物や観念〕が存在する、あるいは存在を有するということである。そして、われわれが一つのものと考える（consider as one thing）ことができるものは、それが実在するものであろうと観念であろうと、すべて知性に単一性の観念を示唆する（suggest）。（Ibid., II. vii. 7, p. 131.）

ここには、ある興味深い事象が記述されています。私たちの心は、物や観念について、それを「存在する」と考えたり「一つである」と考えたりします。心がこのように物や観念を「存在する」、あるいは「一つである」と考えますと、それに応じて、「存在」の観念や、「単一性」の観念（「一つ」という観念）が心に「示唆される」というのです。つまり、ロックは明らかに、私たちの心が与えられたものをなにものかとして概念的に捉えるという現象を認知し、それに基づいて、「存在」の観念や「単一性」の観念のような、概念的観念（可想的観念）が獲得されることを論じているのです。

†エアーズの心像論的解釈に抗して

ここで、永らくオックスフォードの教員をされていたマイケル・エアーズ（Michael Ayers, 1935-）先生の、私のとは異なるロックの心像論的解釈を取り上げておきたいと思います。彼はケンブリッジの出身で、ジョン・ウィズダム（John Wisdom, 1904-1993）の教えを受けた人でした。彼がロックの観念説を徹底して心像論的に解釈すべきであるとしたのに対して、私は久しく反対の立場を表明してきました。そんな学問上の見解の対立があったにもかかわらず、いや、それだけにと言うべきでしょうか、彼は私にとって、先ほど言及したR・I・エアロン先生や、久しくお世話になったジョン・W・ヨルトン先生同様、とても存在感のあるロック学者でした。

二〇〇四年の四月にオックスフォード大学のセント・アンズ・コレッジ（St Anne's College）で、ジョン・ロック没後三百年記念学会（John Locke Tercentenary Conference）が開かれ、私も講演を依頼されて出席しましたが、そのとき基調講演をされたのがエアーズ先生でした。わたくしごとで恐縮ですが、二日目のディナーで、主宰者のG・A・J・ロジャーズ先生が席を指定されて、私はなんとエアーズ先生の真向かいに着席、「今日は論争はやめておこうね」となって、先生の先生であったジョン・ウィズダムの話を、とてもおもしろく伺うことになりました。ウィズダムは、いわゆる分析哲学の歴史を語るには欠かせない哲学者で、私も彼の論著は若い頃よく読みましたから、エアーズ先生のお話は大変興味深いものでした。

さて、そのエアーズ先生（以下では「エアーズ」でお許しいただきたいと思います）は、ロックの観念には概念的な（あるいは可想的な）ものがあるという解釈に対して、これを「論点先取」として厳しく批判しました。彼の批判は多岐にわたりますが、例えば彼は、存在の観念と単一性の観念について、ご自身の著作『ロック』（Michael Ayers, *Locke*, 2 vols. [London: Routledge, 1991]）の中で、次のように述べています。

そうすると、ロックの見解によれば、存在（being）の一般観念をわれわれの心の前に持つということは、どういうことなのか。それに対する答えは、彼の抽象観念説をわれわれわれがどう理解するかにかかっているに違いない。のちに論じるように、ロックにとって、抽象観念は、彼の言い方では、「部分的に考察され」、思考におけるある機能を与えられた、特殊な知覚ないし心像である。したがって、われわれは、われわれの心の中の観念を「現実にそこにあると」考え（consider）、あるいは、外の物を「現実にわれわれの外にあると」考えるとき、われわれの前に存在（existence）の抽象観念を持つ。「それは、それらが存在する、あるいは存在を有するということである。」言い換えれば、存在の抽象観念は、なんであれ、単に存在するとだけ考えられた、なんらかのものの観念である。単一性の場合には、「われわれが一つのものと考えることができるものは、それが実在するものであろうと観念であろうと、すべて知性に単一性の観念を示唆する」。単位は、神秘的な抽象的存在者ではなく、「人や天使や活動や思考」といった、なんであれ、単位として考えられるもののことである。したがって、心の中に、なんらかの特殊な、しかし単に二つのものとしてだけ考えられた二つのものの観念を持つことなしには、心の中に二の抽象観念を持つことは不可能である。(Ibid., i. p. 49.)

エアーズのこの解釈は、存在の観念や単一性の観念を、個々の物や観念とは別個のなにかとするのではなくて、物や観念が「存在する」あるいは「一つ」であると考えられることに尽きるとするものです。例えば存在の観念の場合、「存在の抽象観念は、なんであれ、単に存在するとだけ考えられた、なんらかのものの観念である」とされます。ということは、存在の観念（ここでは「存在の抽象観念」と言われていますが同じものです）は、「存在するとだけ考えられた」なんらかのものの観念と、数的に同一であることになります（「数的に同一」というのは、同じ一つの対象ということです）。例えば花に出会って（言い換えれば感覚としての「花の観念」を目前にして）それを「存在する」と考える場合、ロックが「存在の観念」と言っているものは、「単に存在するとだけ考えられた」、その花の観念のことだと言うのです。単一性についても、エアーズは同じ見解を持っているように見えます。つまり、単一性の観念とは、なんであれ、「一つのもの」と考えられるものの観念がそれなのです。例えば花に出会って（感覚としての「花の観念」を目前にして）それを「一つのもの」と考えますと、その限りにおいてその花の観念は単一性の観念なのだと言うのです。実際エアーズは、右の引用箇所で、「単位は、神秘的な抽象的存在者ではなく、「人や天使や活動や思考」といった、なんであれ単位として考えられるもののことである」と言っています。ということは、人であれ天使であれ活動であれ思考であれ、それが「単位」として考えられれば、それがそれ自身「単一性の観念」だと言うのです。

けれども、先の引用箇所において、ロック自身は、そのようには言っていません。ロックが言っているのは、「存在と単一性は、外にある対象、内にある観念のいずれのものからも知性に示唆される〔……〕観念である」ということです。ここでは、存在の観念や単一性の観念を示唆する「外にある対象」、「内にある観念」と、それらによって示唆される「存在の観念」や「単一性の観念」は、「示唆する」という動詞で表現される二項関係の異なる項であり、それらは数的に同一のものとして扱われているわけではありません。また、ロックによれば、「一つのものと考えることができるものは、それが実在するものであろうと観念であろうと、すべて知性に単一性の観念を示唆する」のであって、ここでもまた、「知性に単一性の観念を示唆する」ところの「一つのものと考えることができるもの」と、それによって示唆される「単一性の観念」は、数的に同一のものとはみなされていません。

存在の観念と単一性の観念を、「存在する」あるいは「一つである」と考えられた限りでの物や観念とするエアーズの解釈について、その問題点をより明確にするため、先の引用箇所でエアーズが引用している「人や天使や活動や思考」という言葉を含む『人間知性論』の中の一つの段落を、全文引用してみましょう。

われわれが持つすべての観念のうち、単一性ないし一の観念よりも多くの仕方によって心に示唆される観念はなく、それよりも単純であるような観念はない。そこには、多様性や合成の一点の影もない。われわれの感官が携わるあらゆる対象、われわれの知性の中のあらゆる観念、われわれの心のあらゆる思考が、それらとともに、この観念をもたらす。それゆえ、それはわれわれの思考と最も親しく、またそれは、他のあらゆるものと一致するという点で、われわれが持つ最も普遍的な観念でもある。なぜなら、数は、人や天使や活動や思考といった、現実に存在する、ないしは想像しうるすべてのものに、それ自身を適用するからである。(Locke, *An Essay Concerning Human Understanding*, II. xvi. 1, p. 205.)

ここでもまた、「われわれの感官が携わるあらゆる対象、われわれの知性の中のあらゆる観念、われわれの心のあらゆる思考が、それらとともに、この〔単一性の〕観念をもたらす」とロックは言っています。ある種の対象や観念や思考が「それらとともに、この観念をもたらす」のであって、それら自身が、ある条件のもとに、単一性の観念となると言っているわけではありません。しかもエアーズは、ロックの言葉の一部(「人や天使や活動や思考」)を引用しながら、「単位は、神秘的な抽象的存在者ではなく、「人や天使や活動や思考」といった、なんであれ、単位として考えられるもののことである」と主張することによって、その主張が、その引用部分を含むロックの言葉(「なぜなら、数は、人や天使や活動や思考といった、現実に存在する、ないしは想像しうるすべてのものに、それ自身を適用するからである」)に対する彼自身の解釈であることを示唆しています。エアーズの解釈では、人や天使や活動や思考そのものが、数の単位――つまり単一性の観念――です。しかし、ロックによれば、「数は、〔……〕すべてのものに、それ自身を適用する」のであり、「人や天使や活動や思考」は、数そのものではなく、数の適用対象なのです。

エアーズの解釈については、もう一つ述べておきたいことがあります。それは、ロックが用いている「適用する」(apply)という言葉の解釈です。右の引用箇所の最後にも、今見ましたように、「適用する」が出てきます。エアーズは、ロックが用いるこの言葉の意味を、捉え損なっているように見えるのです。

ロックは『人間知性論』において、「適用する」という動詞を、主として三つの仕方で用いています。一つは、ある物を別の物に「適用する」という用法です。二つ目は、言葉を観念に「適用する」という用法で、「適用する(あてがう)」という用法です。三つ目は、右の問題の箇所での用法で、『人間知性論』ではこの用法が圧倒的に多く認められます。三つ目は、右の問題の箇所での用法で、観念を物に対して「適用する」という用法です。右とは別の事例を取り上げますと、

> 人は〔……〕持続の思念ないし観念を獲得すると、自分が思考しない間に存在する物に〔も〕、その思念を適用することができる(Ibid., II. xiv. 5, p. 183)

という文における「適用する」の用法が、それにあたります。

「数は、〔……〕すべてのものに、それ自身を適用する」というロックの言葉においては、「数」は、文脈からして、数の観念のことであり、それが「人や天使や活動や思考といっ

た、現実に存在する、ないしは想像しうるすべてのものに」適用されるとロックは言っています。この発言は、それに先立つ、単一性の観念は「他のあらゆるものと一致するという点で、われわれが持つ最も普遍的な観念でもある」という発言の理由を与えるもので、ここでは、「最も普遍的な観念」であることの理由が、その適用範囲の広さ、つまり、「現実に存在する、ないしは想像しうるすべてのもの」が適用対象となることに、求められているのです。明らかに、人や天使や活動や思考は、数の単位である単一性の観念そのものではありません。単一性の観念を単位とするさまざまな数の観念が、人や天使や活動や思考など、ありとあらゆるものに適用されると、ロックは言っているのです（ロックの数の考え方に関しては、S.-J. Savonius-Wroth, Paul Schuurman, and Jonathan Walmsley [eds.], *The Bloomsbury Companion to Locke* [London, Oxford, New York, New Delhi, and Sydney: Bloomsbury, 2014], pp. 191-193 で、'Number and Infinity' という項目名［この項目の担当者は私です］のもとに解説したことがあります。あわせて参照していただければ幸いです）。

†能力の観念の場合

すでにこれまでの話で、単純観念が「経験から」得られると言っても、単になんらかの感覚を得るだけといったシンプルな話ではないことは、ご理解いただけたと思います。本章では最後に「能力」の観念を取り上げて、それがどのような仕方で「経験から」獲得されるかを確認することにします。

存在や単一性の観念の場合には、「考える」（consider）という心の働きが、それらの観念の獲得において重要な役割を演じていました。けれども、その心の働きが重要な役割を演じるのは、存在の観念や単一性の観念が得られる場合だけではありません。存在や単一性と並んで「感覚と反省のあらゆる方途によって心に示唆される」単純観念の事例とされている「能力」の場合にも、ロックは心がそれを「考える」ことによってその観念が得られると説いています。そして、「能力」の観念も、色や匂いなどと同じような仕方で知覚されるとは考えられないものの一つです。この「能力」の観念について、ロックは次のように述べています。

心は、感官により、外にある物の中に観察する単純観念が変化することを日々知らされ、ある単純観念がどのように終わって存在するのをやめ、以前にはなかった別の単純観念がどのように存在し始めるようになるかに気づく。また、心はそれ自身の中に生じるものを反省し、自身が有する観念が、ある場合には外的対象が感官に対してなす刻印により、またある場合には心自身の選択により、恒常的に変化するのを観察する。そして、これまでそうであったと恒常的に観察してきたことから、将来〔も〕同じものの中で同様の変化が同様の作用者によって同様の仕方で引き起こされるであろうと結論し、あるものの中にその単純観念のどれかが変化させられる可能性を考え（consider）、また別のものの中にその変化を生ぜしめる可能性を考える（consider）。こうして、心は、われわれが「能力」と呼ぶ観念を得るのである。（Locke, *An Essay Concerning Human Understanding*, II. xxi. 1, p. 233.）

ロックのこの議論は、三つのものから構成されています。一つは、変化したりなくなったり現れたりする単純観念です。これは、「外にある物の中に観察する単純観念」の場合ですと、なんらかの感覚です。なんらかの感覚が、変化したりなくなったり現れたりするというのです。もう一つは、「あるものの中にその単純観念のどれかが変化させられる可能性を考え、また別のものの中にその変化を生ぜしめる可能性を考える」という心の働きです。そして、三つ目は、そのように「考える」ことによって得られる「われわれが「能力」と呼ぶ観念」です。明らかに、能力の観念は、変化したりなくなったり現れたりする単純観念――つまりなんらかのそうした感覚――とは別のなにかで、ロックはその能力の観念を、「あるものの〔……〕単純観念のどれかが変化させられる可能性」、および、「別のものの〔……〕その変化を生ぜしめる可能性」として、概念的に捉えています。しかもロックは、そうした能力の観念の形成に先立つある思考過程、すなわち、「これまでそうであったと恒常的に観察してきたことから、将来〔も〕同じものの中で同様の変化が同様の作用者によって同様の仕方で引き起こされるであろうと結論」するという思考過程に、言及しています。能力の観念は、「感覚と反省のあらゆる方途によって心に示唆される」と言われていますが、そこにはある重要な思考過程が介在していて、能力の観念は、その思考過程の結果として産出されるのです。ですから、この能力の観念は、存在の観念や単一性の観念と同じように、なんらかの与えられた感覚そのものではなく、それ自体概念的観念であると考えざるをえないものなのです。

†「物そのもの」の観念の形成

ロックによれば、私たちの心は、このようにして経験からさまざまな単純観念を獲得します。ところが、右に見ましたように、それは単に、「感覚」（や心像）を得ることではなくて、さまざまな概念的なものを得る過程でもあります。そして、粒子仮説においては、このようにして獲得されたさまざまな概念的観念のうちからあるものが選ばれ、それらを材料として、単一の粒子もしくは粒子の複合体としての「物そのもの」の観念が形成されます。

一旦概念規定が成立しますと、それはしばしば、感覚や心像を伴わずに機能し、さまざまな仕方で用いられることになります。観念どうしの差異を明確化するために概念規定を用いるというのも、その一つの用い方ですが、「物そのもの」の観念の形成のためにそれを用いるというのも、その用い方の一つです。実際、「固性」（と「形」）の観念について、それがどのように「物そのもの」の観念形成に用いられるかを、ロックは次のように論じています。

われわれの感官は、われわれの中に感覚を引き起こすのに十分な嵩の物質のかたまりにおいてしか〔固性に〕気づかないものの、心は、そうした粗大な感覚しうる物体からこの観念をひとたび得てしまうと、さらにたどって、それを形とともに、物質の存在しうる最小の粒子の中に考え（consider）、どこでどのように変様されようとも物質の中に分離しがたく内属するものとして、それを見出す。（Ibid., II. iv. 1, p. 123.）

つまり、固性の観念を心が「粗大な感覚しうる物体」（すなわち経験的対象）から獲得すると、心はその観念を「粒子」に適用し、粒子もまた、形同様、固性を持つと考える、と言うのです。

経験的対象について得た観念を、粒子仮説的な「物そのもの」の観念形成に使用するというこの手順への言及は、『人間知性論』第二巻にしばしば認められるもので、先に論じた狭義の実体観念の場合もそうでした。狭義の実体観念も、まずは経験的対象について認められ、それがさらには粒子仮説的「物そのもの」にも適用されるという仕方で、論じられていました。

　また、ロックが、経験から得た「能力」の観念を、新たに措定される「物そのもの」に適用するときにも、その適用は、知覚不可能な粒子のレベルで行われています。ですから、その意味でも、適用されている基礎的観念を心像的なものと見るのはきわめて不自然であり（なにしろ粒子は知覚不可能な、感覚不可能なものとして想定されているのですから）、それらを適用して形成される「物そのもの」の観念もまた、本来これを感覚や心像ではなく、概念的なものと見るほかはなさそうです。

　こうして、ロックの言う観念のうちのかなりのものが、実は概念的なものであり、そうした概念的観念がしばしば彼の考察の対象となっていたことが、確認されるのです。

第5章　抽象観念説はナンセンス？——もう一つの流言

†ナンセンスな抽象観念説？

以上で、ロックが単なる心像論者ではなく、「概念」の振る舞いにしばしば目を向けており、「概念」についての考察が『人間知性論』の中で重要な役割を果たしていたことを、ご理解いただけたのではないかと思います。そこで、こうした確認事項を念頭に置き、本章では、ロックの「抽象観念」説を取り上げることにします。

すでに述べましたように、ロックの観念説は久しく心像論的に解釈され、そのため、ロックの議論の問題点が厳しく指摘されることがありました。とりわけ問題視されたのは、彼の「抽象観念説」です。抽象観念というのは、例えば「人間」一般の観念です。

私たちは個々の人間の観念を持っています。ソクラテスや、プラトンや、西田幾多郎や咲村紫苑の観念です。こうした、個々の人間の観念のほかに、私たちは、「人間」一般の観念を持っていると考えられます。ロックは、こうした観念は、個々の人間の観念からそれらの共通部分だけを取り出し（抽象し）て作った観念であるとして、これを説明します。彼は、この件について、『人間知性論』第三巻「言葉について」の中で、次のように述べています。

子どもたちが交わる人物の観念〔……〕は、人物それ自身と同じように、特殊なもの

〔他と異なる特定のもの〕でしかない。〔例えば、〕乳母や母親の観念は、子どもたちの心の中にうまく形成され、心の中の乳母や母親の像（Pictures）のように、それらの個人だけを表す。子どもたちがこれらの観念に最初に与えた名前は、〔その適用が〕そうした個人に限られ、子どもが使う「乳母」とか「ママ」とかいった名前は、〔その適用が〕そうした人物に限定される。〔しかし、〕やがて時がたち、広くものを知るようになって、世の中には姿やその他いろいろな性質に、共通のある一致があり、父母や慣れ親しんだ人物と類似する非常に多くのものがほかにもあることを観察するようになると、子どもたちは、それらの多くの特殊なものが分かち持っているのを見出すところの一つの観念を形成し、これに他の人たちがするように、例えば「人間」という名前を与える。そして、このようにして子どもたちは、一般名と一般観念とを持つようになる。この場合、彼らは新しいものを作るのではなく、ただ、自分たちが持っていたピーターやジェイムズ、メアリーやジェインの複合観念から、それぞれに特有なものを取り除き、それらすべてに共通なものだけを把持するにすぎないのである。（John Locke, *An Essay Concerning Human Understanding*, ed. Peter H. Nidditch [Oxford: Oxford University Press, 1975], III. iii. 7, p. 411.）

ここでは「抽象観念」（abstract Idea）という言葉ではなくて、「一般観念」（general

Idea）という言葉が使われています。一般観念というのは、「一般名」（general Name）が表す観念で、一般名というのは、特定のものにのみ適用される固有名（もしくは固有名詞）とは違って、ある種のものに一般に適用できる名前です。この一般名が表す観念ですから、特定のものの観念ではなく、個々の特定のものからそれらに共通するものだけを取り出して（抽象して）作られます。そのため、ロックはこの一般観念を、「一般観念」（general Idea）と呼んだり、「抽象観念」（abstract Idea）と呼んだり、「一般抽象観念」（general abstract Idea）と呼んだり、「抽象一般観念」（abstract general Idea）と呼んだりします。

「人間」の一般観念の場合には、「彼らは新しいものを作るのではなく、ただ、自分たちが持っていたピーター〔ヽヽヽヽ〕やジェイムズ〔ヽヽヽヽヽ〕、メアリー〔ヽヽヽヽ〕やジェイン〔ヽヽヽヽ〕の複合観念から、それぞれに特有なものを取り除き、それらすべてに共通なものだけを把持するにすぎない」とロックは言います。もしピーターやジェイムズ、メアリーやジェインの複合観念が、感覚や心像だとしますと、誰にも共通する性質のみを取り出してそれらから作られた観念というのも心像ということになるでしょうが、そんな心像はありえませんよね。例えば、体の形にしても、誰にも共通な体の形などありませんし、皮膚の色にしても、誰にも共通な皮膚の色などありません。ですから、ロックの言う抽象観念はナンセンスだと、ある人々は考えたわけです。

もとより、このようなロック批判は、ロックの言う観念が心像論的なものであること、つまり、感覚や心像でしかないことを当然視する立場に立ってのものです。ロックの言う「観念」を全面的に心像論的に解しますと、抽象観念の考え方があまりにおかしなものであることは、論をまちません。

†バークリと、三角形の抽象観念

こうした心像論的立場からロックの抽象観念説を徹底的に批判しようとしたのが、一八世紀前半に活躍したアイルランドのジョージ・バークリ（George Berkeley, 1685–1753）です。彼は、一七一〇年、二〇代の半ばに出版した『人間の知識の諸原理についての論考』(George Berkeley, *A Treatise Concerning the Principles of Human Knowledge* [Dublin: Jeremy Pepyat, 1710]. 以下では『原理』と表記します）の序論で、三角形の抽象観念に関するロックの議論を取り上げ、これを厳しく批判しました。

先に、三角形の抽象観念に関するロックの議論を見ておきましょう。ロックは、『人間知性論』第四巻第七章において、次のように述べています。

抽象観念は、子どもや未訓練の心にとっては、特殊観念ほど明瞭でも容易でもない。もしそれらが大人には明瞭で容易なものに見えるとすれば、それはただ、絶えず使い慣れてそうなったからである。というのも、それらを綿密に反省すれば、一般観念が心の虚構であり案出物であって、困難を伴い、われわれが想像しがちなほど容易には出てこないことを、われわれは見出すだろうからである。例えば、三角形の一般観念（これはまだ最も抽象的、包括的な、最も困難なものではないが）を形成する場合、いくらかの苦労や技量が必要ではないだろうか。なぜなら、それは、斜角三角形と直角三角形のいずれであってもならず、また、正三角形、二等辺三角形、不等辺三角形のいずれであってもならず、それらのすべてであると同時にどれでもないものでなければならないからである。実際、それは、存在しえない不完全ななにかであり、いくつかの異なる両立しない観念

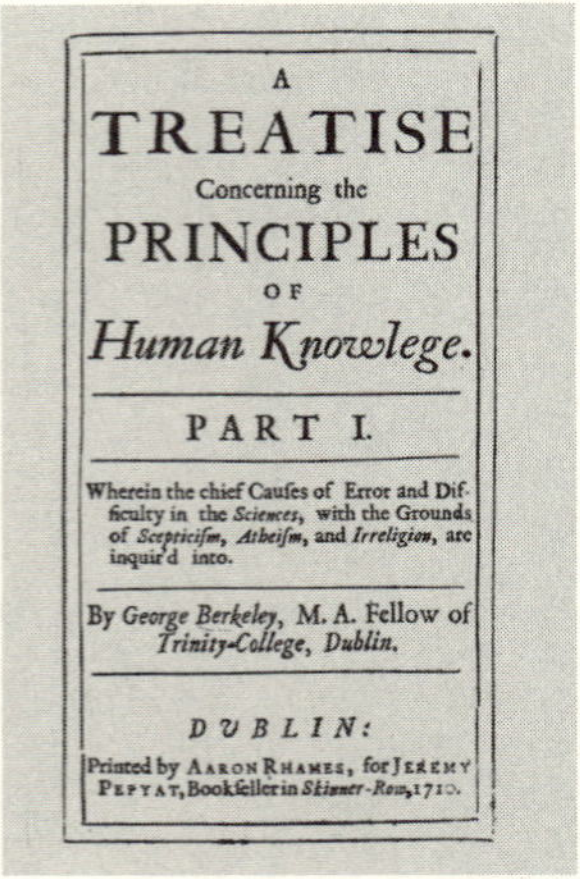
A
TREATISE
Concerning the
PRINCIPLES
OF
Human Knowlege.

PART I.

Wherein the chief Causes of Error and Difficulty in the *Sciences*, with the Grounds of *Scepticism*, *Atheism*, and *Irreligion*, are inquir'd into.

By *George Berkeley*, M. A. Fellow of *Trinity-College*, *Dublin*.

DUBLIN:
Printed by AARON RHAMES, for JEREMY PEPYAT, Bookseller in *Skinner-Row*, 1710.

【図 43】『人間の知識の諸原理についての論考』（1710 年）の扉

【図 44】ジョージ・バークリ

のある部分が一つになった観念である。なるほど、この不完全な状態にある心は、そのような観念を必要とし、できるだけそのような観念へと急ぐが、それは、知識の伝達と拡大のためであり、心はこれら二つに向かう傾向を自然に有している。しかし、そのような観念はわれわれの不完全さの印ではないかと疑うべき理由がある。少なくともこのことは、最も抽象的で一般的な観念は、心が最初に最も容易に親しむ観念ではなく、心の最も初期の知識が関与するようなものでもないということを、十分に示している。

(Ibid., IV. vii. 9, pp. 595–596.)

バークリは、『原理』序論第一三節で、ロックの右の文言を引用します。そのときに、バークリは、いくつかの箇所をイタリックにしました。ほとんど繰り返しになりますけれども、バークリがイタリックにした箇所に傍点を付して、今度はバークリから引用してみます。

抽象観念は、子どもや未訓練の心にとっては、特殊観念ほど明瞭でも容易でもない。もしそれらが大人には明瞭で容易なものに見えるとすれば、それはただ、絶えず使い慣れてそうなったからである。というのも、それらを綿密に反省すれば、一般観念が心の虚構であり案出物であって、困難を伴い、われわれが想像しがちなほど容易には出てこないことを、われわれは見出すだろうからである。例えば、三角形の一般観念（これはまだ最も抽象的、包括的な、最も困難なものではないが）を形成する場合、いくらかの苦労や技量が必要ではないだろうか。なぜなら、それは、斜角三角形と直角三角形のいずれであってもならず、また、正三角形、二等辺三角形、不等辺三角形のいずれであってもならず、それらのすべてであると同時にどれでもないものでなければならないからである。実際、それは、存在しえない不完全ななにかであり、いくつかの異なる両立しない観念のある部分が一つになった観念である。なるほど、この不完全な状態にある心は、そのような観念を必要とし、できるだけそのような観念へと急ぐが、それは、知識の伝達と拡大のためであり、心はこれら二つに向かう傾向を自然に有している。しかし、そのような観念はわれわれの不完全さの印ではないかと疑うべき理由がある。少なくともこのことは、最も抽象的で一般的な観念は、心が最初に最も容易に親しむ観念ではなく、心の最も初期の知識が関与するようなものでもないということを、十分に示している。（George Berkeley, *A Treatise Concerning the Principles of Human Knowledge*, in *The Works of George Berkeley, Bishop of Cloyne*, ed. A. A. Luce and T. E. Jessop, 9 vols. [London: Nelson, 1948–1957], ii. Introduction, § 13, pp. 32–33.）

バークリはこのような仕方で当該箇所を引用した上で、続けて次のように述べています。

> もしここに述べられているような三角形の観念を自分の心の中に形成する機能を持つという人がいるなら、その人を論駁してそれを捨てさせようとしても無駄であるし、私はそんなことをするつもりはない。私はただ読者に、ご自身がそのような観念を持つかどうかを、十分にかつ確実に調べてほしいと思うだけである。これは誰にとっても難しい仕事ではないはずだと私は思う。人が自分の思考を少し調べて、三角形の一般観念についてここで述べられていること、すなわち、斜角三角形と直角三角形のいずれであってもならず、また、正三角形、二等辺三角形、不等辺三角形のいずれであってもならず、それらのすべてであると同時にどれでもないということに対応するような観念を持っているかどうか、あるいは持てるようになるかどうか試してみることほど容易なことがあろうか。(Ibid., Introduction, § 13, p. 33.)

バークリがロックからの引用箇所に施したイタリック化は、ロックの言う抽象観念が、あたかも矛盾を含む観念であるかのような印象を与えようとするものでした。また、右に引用したそれに続く箇所でのバークリの発言は、観念が心像的なものである限り、ロックの言う三角形の抽象観念はありえない観念である、と思わせるものでした。なにしろ、「斜角三角形と直角三角形のいずれであってもならず、また、正三角形、二等辺三角形、不等辺三角形のいずれであってもならず、それらのすべてであると同時にどれでもない」ような三角形は、どんなに頑張っても現実に紙の上に描くことはもとより、心の中に像として描くことなどできませんからね。

このようなバークリ流の読みは、以後長く続きました。あの現象学の創始者であるフッサール（Edmund Husserl, 1859-1938）も、『論理学研究』の中で、この三角形の抽象観念に言及し、バークリの路線でそれを扱っています（Edmund Husserl, *Logische Untersuchungen*, 2. Band, 1. Teil, ed. Ursula Panzer [Husserliana, XIX/1; The Hague, Boston, and Lancaster: Martinus Nijhoff, 1984], pp. 138 ff.）。

ところが、二〇世紀に入ってしばらく時を経たのち、バークリ流の読みに異議を唱える人が現れます。先に名前を挙げた、R・I・エアロンです。彼はその著『ジョン・ロック』の中で、三角形の抽象観念を論じた箇所に対するバークリの読みがいかに問題のある読みであるかを指摘し、この件に関するロック解釈の方向性を変えることになりました。

実際、「いくつかの異なる両立しない観念のある部分が一つになった観念である」というロックの言葉は、抽象観念が両立しない観念を含む矛盾した観念であることを主張しているとは、普通は読まないはずです。この箇所でロックが言っているのは、いくつかの異なる両立しない観念の、ある部分のことで、このある部分というのが、異なる両立しない観念の共通部分であるとすれば、なんら問題はないはずです。例えば、正三角形と直角三角形は、両立しません。ロックやバークリが念頭に置いているユークリッド幾何学の場合、正三角形であるなら直角三角形ではありえませんし、直角三角形であるなら正三角形ではありえません。けれども、正三角形も直角三角形も、三角形である（つまり三つの辺からなる閉じた平面図形である）ということは共通しています。そうした共通部分を取り出して、それだけからなる観念を作ることが、当該箇所で論じられているのです。ということは、そこでもまた、ロックが、観念を心像的ではなく概念的なものとして扱っていることは、明らかです。というのも、単に三角形というだけで、特定の角や辺の大きさを持たないような三角形の感覚や心像は、ありえないからです。概念としては、「三角形」というのは、例えば右に述べましたように「三つの辺からなる閉じた平面図形」として理解可能です。けれども、辺や角の大きさが特定されない限り、それに対応する感覚や心像としての三角形を私たちは持つことができません。ですから、ロックは、そうした概念的抽象観念としての三角形の観念を、辺や角の大きさが特定されないものである以上、それに対応する感覚や心像は存在しえないという意味で、「存在しえない不完全ななにか」と、当該箇所で表現しているのです（この件については、Yasuhiko Tomida, 'Sensation and Conceptual Grasp in Locke', *Locke Studies*, 4 [2004], pp. 59–87 や、冨田『カント哲学の奇妙な歪み』［岩波現代全書、二〇一七年］第3章でも論じました。ご参照いただければ幸いです）。

このように、ロックが抽象観念として扱っているものが概念的な観念であるとすれば、久しく問題視されてきたことの多くは解消されることになるのです。

†心像としての抽象観念

こうして、ロックの抽象観念説を心像論的立場からナンセンスとすることのナンセンスさをご理解いただけたとしたら、次には、ロックが可感的、心像的な抽象観念を論じている場合があることに、目を向けておきたいと思います。ロックの中には、概念的抽象観念を論じる場合と、心像的抽象観念を論じる場合とがあるということに、注意しておかなければならないからです。ロックに批判的だったバークリとヒュームは、もっぱら後者にのみ目を向けたのだと思われます。

心像的抽象観念に関するロックの議論は、「抽象」の働きを論じた次の節に見られます。

言葉の役割は、われわれの内的観念の外的な印たることにあり、この観念は特殊な物から取られるのであるから、もしわれわれが取り入れる特殊な観念がどれも別個の名前を持つべきであるとすれば、名前は限りなく存在しなければならない。これを避けるため、心は特殊な対象から受け取った特殊観念を一般的なものにするが、これは、特殊観念を、他のすべての存在や、時間や場所や、その他随伴する諸観念のような実在する際の諸事情から分離した、心の中におけるそうした現れとして考えること（considering）によって、なされる。これが「抽象」(*ABSTRACTION*)と呼ばれるもので、これによって、特殊な存在者から取られた観念が同種のものすべての一般的代表となり、その名前は一般名となって、そうした抽象観念と合致して存在するいかなるものにも適用しうるようになる。心の中のそうした厳密にそれだけのありのままの現れ、すなわち、どのようにして、どこから、他のどのようなものと一緒に来たかを考えない(without considering)現れを、知性は、実在するものをこの範型に一致するに応じて種へと分類し、かつそれに従って命名するための基準として、(それらに通例付加される名前とともに)蓄える。例えば、昨日ミルクから受け取ったのと同じ色が今日チョークや雪に観察されると、心はその現れだけを考え、それをその種のすべてのものの代表とする。そして、それに「白さ」という名前を与えると、心は、自分が想像したり出会ったりする同じ性質を、すべてその音によって表示する。こうして、観念であれ名辞であれ、普遍が作られるのである。(Locke, *An Essay Concerning Human Understanding*, II. xi. 9, p. 159.)

(前にも「特殊な」[particular]という言葉が出てきましたが、「特殊な」というのは、それぞれ一つ一つ違っている個々の色とか個々の形とか個々の味とか個々の物とかを言うためのテクニカルタームです。特殊観念というのは、そうした個々のものの観念のことです。「普通とは違う」という意味で使われているわけではありませんので、ご注意ください。)この箇所では「現れ」

(Appearance)という言葉が繰り返し出てきます。これは、物そのものが感官を触発することによって私たちに現れる感覚のことで、これによって、ここで扱われている観念が、可感的・心像的なものであることが知られます。また、このことは、最後に出てくる「白さ」の例からも明らかです。

第4章で、可感的観念が概念規定を伴っていて、その概念規定が重要な役割を果たす事例を挙げましたが、ここでもロックはそれと重なることを述べています。ロックは、「心は特殊な対象から受け取った特殊観念を一般的なものにするが、これは、特殊観念を、他のすべての存在や、時間や場所や、その他随伴する諸観念のような実在する際の諸事情から分離した、心の中におけるそうした現れとして考えること(considering)によって、なされる」と言っています。ということは、現れは、それが現れるとき、それを特殊なものとする、他の随伴する感覚や、時間や場所等々についての概念規定を伴っているということが、すでに前提となっているようです。私たちの前に現れるものは、すべてそれぞれ他とは違う、その意味で「特殊」なものばかりです。現れに付随している、それを特殊化するものをすべて外したものとしてその現れを考えること、言い換えれば、「どのようにして、どこから、他のどのようなものと一緒に来たかを考えない(without considering)現れ」としてそれを扱うことが、「抽象」という心の働きとしてここでは論じられています。白さの場合、その白さの心像だけを思い浮かべるというだけでなく、それに付随するさまざまな概念規定をも考えないようにする（without considering）ことが、その白さの現れを白さの一般観念とする心の働きと見られているのです。

このように、ロックにおいては、現れという心像的観念が一般抽象観念として考えられる場合にも、すでに与えられているさまざまな概念規定をそれから外すという意味で、概念操作の働きが重要な役割を演じていることがわかります。

感覚や心像を扱っているときにも概念操作が重要な役割を演じていることがわかれば、それによって、ロックが行うさまざまな議論の意味を、より十全に理解することが可能となります。

†人間の一般観念再説

それでは、本章の最初の節で引用した人間の一般観念についての彼の発言を、もう一度見ることにしましょう。それは、次のようなものでした。

子どもたちが交わる人物の観念〔……〕は、人物それ自身と同じように、特殊なもの〔他と異なる特定のもの〕でしかない。〔例えば、〕乳母や母親の観念は、子どもたちの心の中にうまく形成され、心の中の乳母や母親の像（Pictures）のように、それらの個人だけを表す。子どもたちがこれらの観念に最初に与えた名前は、〔その適用が〕そうした個人に限られ、子どもが使う「乳母」とか「ママ」とかいった名前は、〔その適用が〕そうした人物に限定される。〔しかし、〕やがて時がたち、広くものを知るようになって、世の中には姿やその他いろいろな性質に、共通のある一致があり、父母や慣れ親しんだ人物と類似する非常に多くのものがほかにもあることを観察するようになると、子どもたちは、それらの多くの特殊なものが分かち持っているのを見出すところの一つの観念を形成し、これに他の人たちがするように、例えば「人間」という名前を与える。そして、このようにして子どもたちは、一般名と一般観念とを持つようになる。この場合、彼らは新しいものを作るのではなく、ただ、自分たちが持っていたピーターやジェイムズ、メアリーやジェインの複合観念から、それぞれに特有なものを取り除き、それらすべてに共通なものだけを把持するにすぎないのである。(Ibid., III. iii. 7. p. 411.)

ここでは、個々の人間の複合観念から、「それぞれに特有なものを取り除き、それらすべてに共通なものだけを把持する」と言われています。今、もし、もとになる個々の人間の複合観念が、可感的観念つまり感覚や心像であるとし、それらに「共通なもの」として例えば「四肢を持つこと」を挙げるとしますと、その場合、各人に共通な四肢の形や色を、私たちは取り出すことができません。したがって、ここでロックが考えている人間の一般観念を心像的なものと考えるのは、きわめて不自然です。むしろ、ロックの真意は、それぞれの人に認められるさまざまなあり方のうち、例えば「四肢を持つ」とか「直立二足歩行をする」とか「理性を持つ」とかいった共通の規定（これは概念的なものです）に着目し、それら共通なもののみを取り出して人間の一般観念を作るという点にあると考えられます。

先に論じた、「白さ」の観念のような可感的一般観念の場合にもそうでしたが、ここでもまた、心は一般観念を形成するに先立って、例えば個々の人間を、（それを他とは異なるものにするという意味で）「特殊化」するさまざまな概念規定のもとに捉えているということ（つまり、かくかくしかじかのものとして捉えているということ）が、前提されています。「白さ」のような可感的一般観念の場合と違うのは、その場合には、そうした特殊化する概念規定を考慮の外に置き、さまざまな現象に共通する「厳密にそれだけのありのままの現れ」だけを心は取り出そうとするのに対して、人間の一般観念の場合には、心は共通の概念規定だけを取り出そうとする点です。実際ロックは、同じような作業により、「人間」の観念よりもさらに一般的な観念が作られることを、次のように論じています。

彼ら〔子どもたち〕は、人間の観念とは異なり、したがって〔「人間」という〕その名前のもとには包摂されえないような多様な物が、それでもなお人間と共通するある性質を持つことを観察し、それらの性質だけを把持し、それらを一つの観念に合一して、もう一度、別のもっと一般的な観念を持つ。〔……〕その新たな観念は、なにかを新たに加えることによって作られるのではなく、前と同じように、ただ、「人間」という名前で表示される、形やその他の特性を捨て、「動物」という名前のもとに包摂される、身体、生命、感覚、それに自発運動だけを把持することによって作られる。(Ibid., III. iii. 8, pp. 411–412.)

ロックの意図は明らかでしょう。彼は、人間や他のさまざまな動物の心像から、どの種の動物にも共通するなんらかのわけのわからない心像を作ることを論じているわけではありません。そうではなくて、人間の観念を構成する概念規定のうち、他の動物にも共通するものとして、「身体」、「生命」、「感覚」、「自発運動」という概念規定のみを残し、それらから動物の一般観念を形成すると言っているのです。その点で、ロックの論点は、先に論じた三角形の抽象観念(一般観念)を形成する場合と同じだということがわかります。

†バークリの場合

ところで、観念を感覚や心像、あるいはそれに類するもののみに限ったバークリも、結局それではさまざまな事象を十分に捉えることができず、のちに「思念」(notion)という言葉を用いて、概念を重視する立場を明確に示すようになります。彼は『原理』で心像論的見解を中心に論じながらも、のちの(一七三四年の)加筆部分において、「能動的存在者」の観念や「活動」の観念や「関係」の観念については、それらは「観念」(idea)ではなく「思念」(notion)と呼ばれるべきであることを、次のように述べています。

われわれは、能動的存在者の思念や活動の思念を持っているとは言えても、それらの観念を持っているとは厳密には言えないと思う。私は、「私の心」や「観念に対する心の作用」という言葉が意味するところを知り、あるいはそれを理解している限り、私の心や観念に対するその作用について、なんらかの知識もしくは思念を持っている。私は、〔自分が感覚するものや、記憶や想像によって心の中に心像として描くものではなく、〕自分が知っているものについては、なんらかの思念を持っている。もし世間がそうしたいのなら、「観念」という名辞と「思念」という名辞を同義的に使用してはならないとまでは言わない。しかし、事柄を明晰かつ適切な仕方で論じようと思うなら、非常に異なるものは異なる名前で区別すべきである。また、すべての関係は心の作用を含んでいる。したがって、われわれは物の間の関係ないし関わりの観念を持っているという言い方はあまり適切とは言えないということにも、注意しなければならない。われわれは、むしろ、それらの思念を持っていると言うべきであろう。しかし、もし昨今の流儀で、「観念」という言葉の適用範囲を広げて精神や関係や作用にもそれを使うのであれば、これは結局言葉の問題でしかない。(Berkeley, *A Treatise Concerning the Principles of Human*

Knowledge, Part I, § 142, p. 106.)

このように、心像論者のバークリも、心像論的には扱えない観念（バークリの場合には「思念」）の存在を、公式に認めざるをえず、その心像論的立場を修正せざるをえなくなるのですが、それでも、抽象観念説批判については、終生これを撤回することはありませんでした。

では、私たちが個々の人間だけでなく人間一般について語ったり、個々の直線でなく直線一般について語ったりすることを、バークリ自身はどのように説明したのでしょうか。以下では、バークリの説明を見た上で、さらにヒュームとカントの場合について、その見解がどのようなものであったかを見ておくことにします。

バークリは、『原理』序論で、ロックの抽象観念説がまったく妥当性を持たないことを、すでに見たような仕方で強調するのと並行して、自説を次のように提示します。

> 私は一般観念が存在することを絶対に否定しない。抽象一般観念が存在することを否定するだけである。というのも、〔……〕一般観念は抽象によって形成されると常に想定されているからである。〔……〕もしわれわれが自分の言葉に意味を付与し、われわれが考えることのできるものだけを語ろうとするなら、〔言葉に意味として付与される〕観

念は、それ自体で考えれば特殊であるが、同じ種類の他の特殊な観念のすべてを代表し、それらの代わりとされることによって、一般的となる。このことを例を挙げて明らかにするため、幾何学者が線を二等分する方法を論証しようとしているとせよ。彼は、例えば、一インチの長さの黒い線を引く。この線は、それ自身では特殊な線であるが、それにもかかわらず、それが表していることからすれば一般的である。というのも、その場合のその線の使用法からすれば、それは、どんな線であれすべての特殊な線を代表しているからである。そのため、それについて論証されることは、すべての線について、言い換えれば線一般について、論証されるのである。(Ibid., Introduction, § 12, pp. 31-32.)

このように、バークリは、抽象一般観念を認めず、どの観念もすべて特殊であるとします。心像論的立場を採る限り、それはそのとおりですよね。観念を感覚や心像のようなものに限っている限り、私たちに現れる感覚や心像は、それぞれみな特定の性質を持ち、特定のあり方をしているわけで、例えば、どんな線を思い描こうとも、それは特定の大きさを持つ線でしかありません。ところが、バークリの考えでは、私たちに現れる感覚的、あるいは心像的な観念は、特殊なものでありながらも、他のものの「代表」とされることによって、一般観念となるのです。線(右の引用箇所では「直線」のことを言っているのですが)の場合、私たちは感覚や心像としては特定の線(特殊な線)を持つことしかできませんが、その特定の長さを持つ一つのものが、他の線の代表として扱われ、これについてなにかが証明されれば、それによって線一般についてなにかが証明されたことになるというわけです。

もう一つ、バークリから引用しましょう。バークリはさらに三角形の観念を取り上げ、次のように言います。

普遍性は、私の理解しうる限りでは、あるものの絶対的、積極的な本性ないし想念にあるのではなく、それによって表示され代表される特殊なものたちに対してそれが持つ関係にある。その関係によって、物や名前や思念は、それ自身の本性においては特殊でありながら、普遍的となる。例えば、私が三角形に関するなんらかの命題を論証するとき、私は三角形の普遍的観念を見ていると想定される。そのことは、あたかも私が正三角形でも不等辺三角形でも二等辺三角形でもない三角形の観念を形成できるかのように理解すべきではなく、ただ、私が考察している特殊な三角形は、その種類の如何にかかわらず、どのような直線三角形をもすべて等しく〔……〕代表し、その意味で普遍的であると理解すべきである。(Ibid., Introduction, §15, pp. 33-34.)

ここでも、三角形の観念はあくまで特殊な三角形(例えば特定の大きさの辺や角を持つ不等辺三角形）の観念でしかないが、その特定の三角形の観念が他のすべての三角形の観念の「代表」となることによって、普遍的（つまり一般的）なものとして働くことになるとしています。「正三角形でも不等辺三角形でも二等辺三角形でもない三角形の観念を形成できるかのように理解すべきではなく」と言っていますように、心像論者であるバークリは、「正三角形でも不等辺三角形でも二等辺三角形でもない三角形の観念」など持てるわけがないと考えています。これは、三角形の一般抽象観念を、「空間を含む三つの直線」(Locke, *An Essay Concerning Human Understanding*, II. xxxi. 6, p. 379; II. xxxii. 24, p. 393) ないし「三つの直線の間に空間を含む形」(Ibid., III. iii. 18, p. 418) という概念規定として考えているロックとは、ずいぶんと違う方向にある考え方です。

†バークリ説についての若干の考察

先に進む前に、ここでバークリ説について少し考えてみましょう。ロックの場合、私たちが出会う人々はみな一人一人違う、西洋の伝統的な言い方では「特殊な」人々ばかりです。けれども、そうした特殊な人々に、ある共通なあり方があることを見出し、その共通なあり方だけを取り出して一つの観念を作ると、それが個々の人間みんなにあてはまる「人間」の一般観念ということになります。この観念は、個々の人間がそれぞれに持っているその人固有のあり方を取り去り、共通なあり方だけを分離して、つまり抽象して、作るものですから、一般観念であると同時に抽象観念であるわけです。ですから、「一般抽象観念」、もしくは「抽象一般観念」と呼ばれるのです。

バークリは、心像論の立場から、こうした抽象はありえないとしました。すでに述べましたように、個々の人間の観念が、私たちが心の中で思い描く、自分の知っている一人一人の人間のイメージ（心像）であるとしますと、そういう一人一人の人間に共通する体の形とか肌の色とかを、私たちは思い描くことはできません。ですから、心像論的観念理解に基づけば、どの人間にも共通に認められる共通心像としての抽象観念は、バークリの言うとおり、ありえないと言わなければなりません。けれども、私たちは、人間とはこういうものであるとか、三角形とはこういうものであるとかのように、個々の人間とか個々の三角形とかとは違って人間一般、三角形一般について考えることがありますよね。ロックが言っている「人間」の一般観念とか「三角形」の一般観念とかいうのは、そうした私たちがさまざまなものについて一般に考えているその考えのことで、これは概念的なものとして扱われているのです。

バークリのように、概念的なものを公式的に認めないとすれば（先に触れましたように、ある時期からそれの多くを「思念」が肩代わりすることになるのですが）、バークリは今度は、個々のものがなぜ同じ「人間」、同じ「三角形」として扱われるかを、感覚や心像としての個々の人間の観念、個々の三角形の観念とは別に、説明しなければなりません。「代表」と言う前に、特定の特殊観念がどうして他のものの「代表」となれるか、つまり、それを含む特定の特殊観念群がどうして同じ「人間」、同じ「三角形」として扱われるかを、別途説明しなければなりません。

バークリがかりにこれを特殊観念どうしの「類似」という点に求めるとすれば、どの点で似ているかを言わなければなりませんよね。そうすると、まさしくそれは個々の特殊観念に共通するものを取り出してそれを提示するということであり、結局ロックがやったようなことをバークリもせざるをえなくなります。

バークリにせよ、ヒュームにせよ、心像論の見解がどうして長く多くの人々の批判を受けずに済んだのかということは、西洋精神史とそれを受け継いだ我が国の西洋精神史研究の大いなる問題なのですが、（一九世紀末のヴュルツブルク学派の、「無心像思考」の研究に基づく問題提起を待つまでもなく、）私たちが思考するとき心像的観念が現れなければならないという主張は、私たちの思考の事実に著しく反しています。確かに、私たちは心像を思い描くことがあり、ときにそれが重要な役割を演じることがあるのですが、日常多くの場合に、心像を思い描かずにものを考え人にそれを伝えることを、私たちは実際にやっているのです。

このことは、バークリやヒュームを論じる際に、本来しっかりと論じなければならないことなのです。研究者の間でそのことがしばしばおろそかになっているのは、重大な問題であると言わざるをえません。

†ヒュームの場合

では、次に、バークリの説に影響されたヒューム（David Hume, 1711-1776）が、この件についてどのように言うかを見てみましょう。

彼は『人間本性論』（David Hume, *A Treatise of Human Nature*〔1739-1740〕）の中で、次のように述べています。

ある偉大な哲学者がこの点に関して世に受け入れられている説を論破し、すべての一般観念はある言葉に付与された特殊観念にほかならず、その言葉はその特殊観念に、より広範な表示機能を与え、時に応じてそれによってそれに似た他の個別観念が想起されるようにする、と主張した。（David Hume, *A Treatise of Human Nature*, ed. David Fate Norton and Mary J. Norton, 2 vols.〔Oxford: Oxford University Press, 2007〕, i. 1. 1. 7, p. 17.）

ここに言う「ある偉大な哲学者」とは、バークリのことです。ヒュームはまた、次のように言っています。

「三角形」という言葉を取り上げ、それに対応するものとして特殊な正三角形の観念を形成したあとで、三角形の三つの角は互いに等しいと主張するとしよう。すると、はじめに見逃していた不等辺三角形や二等辺三角形といった他の個別観念がすぐにわれわれに押し寄せてきて、この命題が誤りであることを察知させることになる〔……〕。(Ibid., 1. 1. 7, p. 19.)

【図45】デイヴィッド・ヒューム

バークリの場合には、ある一つの特殊観念が他の特殊観念の「代わりとなる」とかそれらを「代表する」とか言われていました。右の一つ目の引用では、ヒュームはこのバークリ説に従うような言い方をしています。しかし、二つ目の引用でおわかりのように、ヒュームは、ある特殊観念が代表となってそこから一般的な知識が引き出されるというよりは、ある特殊観念がとりあえず考察の対象となるものの、他のさまざまな特殊観念を必要に応じて思い出すことにより、そこから引き出される一般的知識が適切であるかどうかがチェックされるというふうに考えています。つまり、さまざまな特殊観念を交互に思い起こすことが、重視されているのです。

このヒュームの見解は、『人間知性についての研究』(David Hume, *An Enquiry Concerning Human Understanding* [1748]) にも認めることができます。ヒュームはこの書の注で、次のように述べています。

> 厳密に言えば、抽象観念とか一般観念とかいったものは存在しない。すべての一般観念は、実際には、一般名辞に付与された特殊観念であり、一般名辞が時に応じて、その観念にある点で似ている他の特殊観念を、想起させるのである。(David Hume, *Enquiries Concerning Human Understanding and Concerning the Principles of Morals*, ed. L. A. Selby-Bigge and P. H. Nidditch [3rd edn., Oxford: Oxford University Press, 1975], 'An Enquiry Concerning Human Understanding', Sect. XII, Part II, 125 n., p. 158.)

このように、ヒュームの場合には、バークリ同様、ある特殊心像をもとに一般性を考える方向を採ってはいますが、その特殊観念がそのまま一般性を担うという方向ではなく、それに代わる他の類似の特殊観念が必要に応じて想起されるということに重点が置かれています。

しかし、ヒュームの場合にも、なぜ例えば交互に想起される特殊観念が同じ三角形の観念と見なされるのかを考えたとき、彼の説にはそもそもかくかくしかじかのものはみな三角形であるという考えが暗黙の前提になっているはずですよね。にもかかわらず、それがどういうことなのかについての立ち入った考察はまったく見られません。この意味で、個々の特殊なものがどのようにして一般名で呼ばれるのか等々の問題に立ち入ろうとしたロックと比べると、その論はずいぶんとその視野を狭めたものになっています。

†カントの場合

こうしたイギリス内部の動向を念頭に置くとき、おもしろいのは、カント（Immanuel Kant, 1724-1804）の見解です。

カントは、抽象観念や一般観念について、それを前面に出して論じることはありませんが、彼が純粋数学の成立について論じるときに、イギリスの一般観念説と重なる興味深い見解が現れます。カントの見解は、二重構造を持っていて、その一部が、ロックが三角形の抽象観念について示した見解と重なり、また、別の一部が、バークリのそれに近いものとなっています。

カントは『純粋理性批判』の中で、純粋数学のうち、幾何学の成立について、次のように述べています。

哲学的認識は、概念からの理性認識であり、数学的認識は、概念の構成からの理性認識である。しかるに、概念を構成するとは、その概念に対応する直観をアプリオリに描き出すことである。したがって、概念の構成には経験的でない直観が必要であり、そのため、その直観は、直観としては個別の客観〔対象〕であるが、それにもかかわらず、概念（普遍的表象）の構成としては、同じ概念に属するすべての可能な直観に対する普遍妥当性を、その表象において表現しなければならない。というわけで、私が三角形を構成するには、この概念に対応する対象を、ひたすら想像によって純粋直観において描き出すか、また想像に従って紙の上に経験的直観において描き出すかであり、いずれの場合にも、まったくアプリオリで、そのための見本をなんらかの経験から借りてくることはない。描かれた個別の図形は経験的であるが、にもかかわらず、概念が持つ普遍性を損なうことなくその概念を表現するのに役立つ。というのも、概念にとっては辺や角の大きさのような多くの規定はまったくどうでもいいことであるが、この経験的直観においては、常にただ概念の構成の働きだけに注意が向けられ、したがって、三角形の概念を変えるわけではないこれらの違いは捨象されるからである。（Immanuel Kant, *Kritik der reinen Vernunft*, ed. Jens Timmermann [Philosophische Bibliothek, 505; Hamburg: Felix Meiner, 1998], A 713–714/B 741–742, p. 764.）

純粋幾何学、つまり経験から得られたのではない幾何学がなぜ成立するかについてのカントの説明は、三角形の概念、円の概念、円錐の概念といった幾何学的概念から始まります。そういった概念を基にして、純粋幾何学という学問が成立するというのです。概念（Begriff）ですから、感覚や心像ではありません。例えば三角形（Triangel トゥリーアンゲル）の概念というのは、「三つの直線によって囲まれている図形」（Ibid., A 716/B 744, p. 766）といったような内容を持つ概念です。

ですが、概念をいくらひねくり回しても、そこから有用な知識は得られないとカントは考えます。確かに、例えば、三角形という概念が「三つの直線によって囲まれている図形」という内容を持つ概念であるとしますと、そこから「三角形は三つの直線によって囲まれている」とか、「三角形は図形である」とかのようないわゆる「分析判断」は引き出すことができ

【図46】『純粋理性批判』第1版（1781年）の扉

ても、これは、あたりまえすぎて、幾何学が本来求めているような知識ではありません。「分析判断」というのは、カントの場合、主語が表していることの一部（もしくは全部）を述語で表明するもので、主語の意味するところの一部（もしくは全部）を述語で改めて表明されても、知識が増えるということにはなりません。カントによれば、数学はこうした分析判断を提供することを主眼とするものではなくて、主語が意味することと述語が意味することに重なるところがないにもかかわらず、それらを結びつけざるをえないとしてなされる判断（こうした判断を、カントは「総合判断」と呼びます）を、経験によらずに（つまり「アプリオリに」）提供する（したがって、カントの言い方ですと、「アプリオリな総合判断」を提供する）学問なのです。

これを説明するのに、カントは「三角形の概念」のような、概念から話を始めます。そして、この概念を、（これまでの語法に合わせて言いますと、）心像にするのです。つまり、心の中で、想像力を用いて、その概念に対応する図を描くのです。

でも、三角形の概念というのは、ロック風に言えば、「三角形の一般観念」もしくは「三角形の抽象観念」のことです。ですから、辺や角の大きさが特定されていません。その意味で、それは一般的なものです。そこで、ロックが考えるように、そうした個々のあり方が特定されないような三角形は、そのままではそれに対応する感覚や心像が「存在しえない不完全ななにか」です。カントも、ロック同様、このことをよくわきまえています。

ここまでが、ロックとカントが重なる部分です。両者とも、概念を考え、概念の一般的・普遍的性格のために、それをそのまま写した心像はありえないと考えるのです。

したがって、三角形の概念を心像にしようとすると、その場合の心像は、「斜角三角形と直角三角形のいずれであってもならず、また、正三角形、二等辺三角形、不等辺三角形のいずれであってもならず、それらのすべてであると同時にどれでもない」ようなものではありえません。あえて三角形の心像を心の中で描こうとしますと、その場合には、特定の辺の大きさ、特定の角の大きさを持ったものしか描けませんよね。そこでカントは、概念をこのようにして「特殊な」心像として心の中に描くことを、出発点として選ぶのです。

この心の中に描かれた、概念を心像化したもの（カント風に言えば「直観」化したもの）を、例えば紙の上に写します。これはあくまで、なんらかの特殊な三角形でしかありません。ところがカントは、この特殊な三角形を、一般的なものとして扱おうとします。

先の引用箇所で、カントは次のように言っていました。

概念にとっては辺や角の大きさのような多くの規定はまったくどうでもいいことであるが、この経験的直観においては、常にただ概念の構成の働きだけに注意が向けられ、したがって、三角形の概念を変えるわけではないこれらの違いは捨象されるからである。

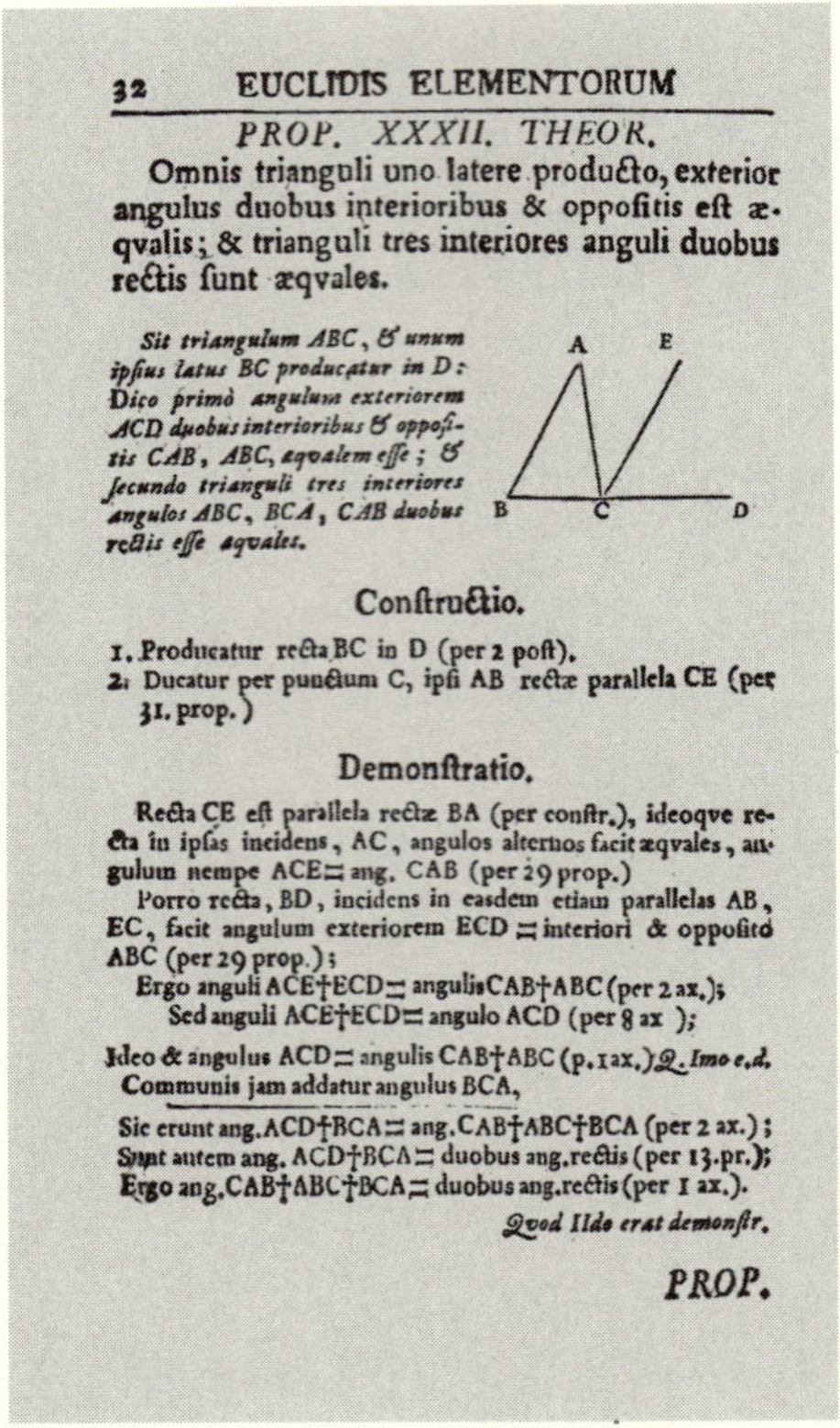

32 EUCLIDIS ELEMENTORUM

PROP. XXXII. THEOR.

Omnis trianguli uno latere producto, exterior angulus duobus interioribus & oppoſitis eſt æqvalis; & trianguli tres interiores anguli duobus rectis ſunt æqvales.

Sit triangulum ABC, & unum ipſius latus BC producatur in D: Dico primò angulum exteriorem ACD duobus interioribus & oppoſitis CAB, ABC, æqvalem eſſe; & ſecundo trianguli tres interiores angulos ABC, BCA, CAB duobus rectis eſſe æqvales.

Conſtructio.

1. Producatur recta BC in D (per 2 poſt).
2. Ducatur per punctum C, ipſi AB rectæ parallela CE (per 31. prop.)

Demonſtratio.

Recta CE eſt parallela rectæ BA (per conſtr.), ideoqve recta in ipſas incidens, AC, angulos alternos facit æqvales, angulum nempe ACE = ang. CAB (per 29 prop.)
Porro recta, BD, incidens in eaſdem etiam parallelas AB, EC, facit angulum exteriorem ECD = interiori & oppoſito ABC (per 29 prop.);
Ergo anguli ACE+ECD = angulis CAB+ABC (per 2 ax.);
Sed anguli ACE+ECD = angulo ACD (per 8 ax);
Ideo & angulus ACD = angulis CAB+ABC (p. 1 ax.) *Q. Imo e. d.*
Communis jam addatur angulus BCA,
Sic erunt ang. ACD+BCA = ang. CAB+ABC+BCA (per 2 ax.);
Sunt autem ang. ACD+BCA = duobus ang. rectis (per 13. pr.);
Ergo ang. CAB+ABC+BCA = duobus ang. rectis (per 1 ax.).

Quod IIdo erat demonſtr.

PROP.

【図47】「三角形の内角の和は二直角である。」ユークリッドの『原論』ラテン語版（*Euclidis Elementa Geometriae Planae* [Hafnia（Copenhagen）: J. G. Höpffnerus, 1756]）より。

つまり、三角形の概念を基に描かれた三角形の心像、もしくはそれが紙の上に描かれた感覚的図形は、特定の辺や角の大きさを持っていますが、「概念にとっては辺や角の大きさのような多くの規定はまったくどうでもいいこと」で、「三角形の概念を変えるわけではないこれらの違いは捨象される」というのです。つまり、三角形の心像や感覚を特殊なものとしている辺や角の特定の大きさは無視されることになります。特定の心像や感覚を基に、それを一般的な仕方で捉えようとする、カントの議論のこの面は、バークリ（やヒューム）の路線に近いものがあります。というわけで、カントの右の議論は、イギリスの一般観念説のそれぞれの特徴と重なるという興味深いあり方を示しているのです。

ところで、カントの場合、右のプロセスをもう少し具体的に言いますと、こういうことになります。

心の中で、三角形を描き、それを紙に写します。それは、辺や角の特定の大きさを持つ、特殊な三角形でしかありません。この特殊な三角形の一つの辺を延長し、そこにできた外角に、それに対する辺に平行な線を描き加えます。そうしますと、平行線の性質を利用して、「三角形の内角の和は二直角である」ことがわかります。

この場合、描かれた三角形の辺や角の大きさはまったく無視されています。その結果出てきた「三角形の内角の和は二直角である」という結論ですから、この結論は、描かれた特殊な三角形だけでなく、三角形一般にあてはまると、カントは考えるのです。

✝カントとロック

先に私たちは、ロックがある種の心像を抽象観念として扱っていることを見ました。そこでは、当該観念を特殊化する概念規定を「考えないようにする」と言われていましたよね。これ、カントが先ほどの引用箇所で言っていた「捨象する」（ドイツ語では abstrahieren［アブストラヒーレン］。「抽象する」と訳してもいい言葉ですが、ここでは「捨象する」にしておきます）に相当します。ということは、バークリやヒュームを引き合いに出さなくても、カントの見解の二重構造は、ロックが『人間知性論』で示していた二つの見解を組み合わせたものとも言えるのです。

『純粋理性批判』のカントの議論には、批判的に検討しなければならないものが多々あるのですが、カントがロックやヒュームに深く関わる分だけ、逆にイギリス哲学の視点からカントを見ることも、興味深い結論をもたらすものとして、今後一層期待されることになると思われます。

第6章　単純観念を求めて——可感的単純観念と可想的単純観念

†単純観念の「単純」とは？——同質ないし同種

ロックの言う「観念」は、感覚や心像に限られるものではなく、彼の場合にはむしろ、概念的なものがきわめて重要な役割を担っていました。このことを二章にわたって見ていただきましたので、ここで、第3章で宿題となっていたことに戻って、ロックは単純観念をどのようなものと考えていたかを、手短に見ておきたいと思います。

まず、ロックが自ら単純観念の「定義」と呼んでいる箇所を引用してみましょう。そこでは、

それ〔単純観念〕はいずれもそれ自身としては非複合的（uncompounded）であって、心の中の一つの一様な現れ（one uniform Appearance）ないし想念（Conception）だけを含み、異なる諸観念へと区別できない（John Locke, *An Essay Concerning Human Understanding*, ed. Peter H. Nidditch [Oxford: Oxford University Press, 1975], II. ii. 1, p. 119）

と言われています。この定義の中の「一様な現れ」という表現から、単純観念の単純性は、とりあえず、同質ないしは同種ということにあると考えられます。つまり、例えば視野の中のあるところにまったく同じ白い色が一様に広がっているのなら、その同じ白さの部分

をもって、「単純観念」と言うことができる、というわけです。「異なる諸観念へと区別できない」という言葉も、同じ趣旨のものと、とりあえず考えることができます。

†量的な単純観念の場合

けれども、同質ないし同種ということだけが、単純性の意味として考えられているわけではありません。ロックは、同じ観念の複合体であって、異種の観念を含まないものを、「単純様態」(simple Mode)という複合観念の一種としています。例えば(これは私の例ですが)一センチメートルの長さを次々と足して、一メートルの長さの観念を作ることを考えてみましょう。一メートルというのは、そのように考えますと、「一センチメートル」という同種の単位の複合体と見なされますよね。ですから、それは単純様態の事例となります。このような観点からしますと、「空間」や「持続」(時間の流れ)は、いずれも同種の観念の複合体と見られますから、それらは、「同質」ないし「同種」ではあっても、「単純観念」ではなくて「複合観念」であることになります。

ロックがこうした議論を行っているとき、単純性の意味は、明らかに先の場合とは異なっていて、「同質」とか「同種」とかではありません。ロックは、こういう場合には、単位とみなされるもの、すなわちある相対的最小物を、まずは単純観念と見ます。先ほどの一メートルに対する一センチメートルが、それにあたります(メートルの場合、本当は、歴史的には一メートルが先に定められて、その一〇〇分の一の長さが一センチメートルということなのですが、ここではその歴史的経緯は棚上げしておきます）。

ところで、そういうふうに考えた場合、その単位そのものが、別のさらにもっと小さい単位の複合体と見られかねませんよね。例えば一センチメートルは、それ自体が一ミリメートルを一〇個足し合わせたものと見られますから、一センチメートルを単位と見てこれを単純観念としますと、これは、それ自体が複合観念であるものを、単純観念とすることになってしまいます。

ロックはこのようなタイプの不徹底を取り除こうとして、空間および持続については、「われわれが明晰判明な観念を持つ最小部分」（Ibid., II. xv. 9, p. 202）をそれらの単純観念とするのが最も適切である、とします。空間の場合には、先ほど（第4章で）出てきました「可感的点」（sensible Point）を、「持続」の場合には「瞬間」（Moment）を、ロックはそれとしています。可感的点にせよ瞬間にせよ、こうした場合に単純観念とされるものについては、その単純性の意味するところは、「最小」ということになります。

†視点に応じての単純性

以上の考察では、感覚ないし心像、別の言い方では「可感的」観念が、その考察の対象となっています。

今視野の中にさまざまな色の広がりを見ているとします。その色の中に、「一様」ないし「同質」だと思われる部分があれば、その一つ一つが、一つ目の「単純性」の意味で、「単純観念」ということになります。また、見えているものを（量的な）広がりと捉えた場合、その中にそれ以上小さな部分を知覚することができないような点を考えますと、今度はそのような小さな点が、単純観念ということになります。

つまり、同じ色の広がりを見ていても、それを色として見るなら、同質一様の色が広がっている限りにおいては、その面積がどれくらいのものであろうとも、その全体が、単純観念ということになります。ところが、それを（空間的）広がりと見るなら、その感覚可能な最小部分が、今度はその単純観念ということになります。

このように、可感的観念の場合、何を単純観念とするかは、どのような観点からそれを捉えるかによって異なります。そして、この場合、心は感覚的（あるいは心像的）に与えられたものの（色とか広がりとかいった）ある相に注目し、その相の中で、諸部分が質的にもうそれ以上識別できない、あるいはそれ以上小さな部分を識別できないという、その機能の限界まで、識別機能（discerning Faculty）を働かせなければなりません。可感的観念の場合、単純観念というのは、そのような私たちの識別機能の限界に対応するものにほかなりません。

†可想的観念の場合

ところが、右の所見は、あくまで、感覚ないし心像としての観念について言えることでしかありません。先に見たように、ロックは、デカルトに従って「観念」を広義に用い、感覚や心像のようなものだけでなく、概念にあたるものも、「観念」と呼んでいます。後者の場合、言い換えれば「可想的観念」の場合、何が単純観念と見られるのでしょうか。

前章で、ロックが、「動物」という一般観念に含まれる観念として、「身体」、「生命」、「感覚」、「自発運動」を挙げているのを見ましたよね。このように、ある可想的観念を構成している要素を列挙したとき、その要素となっている一つ一つの観念を、ロックは可想的観念の場合の「単純観念」と見ています。実際ロックは、『人間知性論』第二巻で、単純観念の事例として「固性」や「能力」や「存在」や「単一性」をはじめとするさまざまな観念を取り上げ、説明を行っていますが、それらは、可感的観念として論じられている場合がなくはないものの、多くは、なんらかの複合的概念の構成要素となる可想的単純観念とみなされています。

こうした可想的観念の場合、何を単純観念と考えるかは、言わば「概念分析」をどのように行うかにかかっています。例を挙げますと、第4章で引用した箇所ですが、ロックは鉛の観念について、次のように言っていました。

例えば、もし実体〔すなわち狭義の実体〕に、ある鈍い白っぽい色の単純観念が、ある度合いの重さ、堅さ、延性、可融性とともに加わるなら、われわれは鉛の観念を持つことになる。(Ibid., II. xii. 6, p. 165.)

「鉛」とは何かと考えて、「それは、ある鈍い白っぽい色をした、ある度合いの重さ、堅さ、延性、可融性を持つなにかである」と結論するとしますと、ここに出てくる「ある鈍い白っぽい色」、「ある度合いの重さ」、「堅さ」等々の観念は、鉛の複合観念を形成する単純観念ということになります。

†残る問題

このように考えていただきますと、ロックが単純観念と複合観念とを区別するとき、その区別はそう単純なものではないことが、おわかりいただけるのではないでしょうか。ここでは立ち入りませんが、特に「関係の観念」をどう扱うかには、難しいところがあります。

先に述べましたように、ロックは最初、関係の観念を、複合観念の一種として扱っていました。ところが、第四版の加筆部分では、関係の観念は複合観念とは別の扱いを受けることになりましたよね。このあたりのことも考えますと、単純／複合という区別は、一見わかりやすい区別に見えるとしても、実際にはどれが単純かどれが複合的かを明確にしようとすれば、結構厄介な区別であることが、おわかりいただけると思います。

一七世紀には、複合的なものを単純なものに分解して考えるという思考法が、多くの知識人によって採用されます。ロックの区別も、その一つでした。ですが、観念が可感的であるか可想的であるかによって、その分解（分析）の仕方も異なりますし、可感的であっても、色と見るか広がりと見るかによって、何が単純観念であるかが違ってきましたよね。さらに、概念分析となると、どれを概念の最小単位と見るかは、もしそれを本気で考えるとしたら、きわめて難しい問題であることに、いずれにせよ気づかれるはずです。

というわけで、ここでは、単純／複合の区別にこのような問題があることを指摘するにとどめて、先へ進むことにします。

第7章

観察の理論負荷性への視点——モリニュー問題

†モリニュー

ロックの興味深い考察の一つに、「モリニュー問題」に関わるものがあります。モリニューというのは人の名前です。アイルランドを代表する知識人の一人で、ウィリアム・モリニュー（William Molyneux, 1656-1698）と言います。「モリニュー問題」そのものに入る前に、先にモリニュー自身のことについて、少しだけお話ししておきたいと思います。

ウィリアム・モリニューは、一六五六年にダブリンに生まれます。当時アイルランドは、イングランドの支配下にありました。モリニューは、ダブリンのトリニティー・コレッジ（Trinity College 一五九二年にエリザベス女王の勅許によって設立されました）で学士号を取得したあと、ロンドンの法学院（Inns of Court そのうちの一つが、ロックが一時所属したことのあるグレイ法学院です）の一つであるミドル・テンプル（The Honourable Society of the Middle Temple）で、法律を学びます。

一六九二年から一六九八年に亡くなるまで、モリニューは、アイルランド議会の議員を務めるとともに、『イングランドの議会制定法によって束縛されたアイルランドの実情』（*THE CASE OF IRELAND's Being BOUND by Acts of Parliament IN ENGLAND, Stated.* [Dublin: Joseph Ray; London: Robert Clavel, and Awnsham and John Churchill, 1698]）のような、政治に関する書き物を公にしています。右の書物は、アイルランドの自治を主張するもので、のちのアイルランド独立運動のさきがけとなりました。

モリニューは、また、科学者としても活躍しています。彼は、ロンドンに設けられた最古の自然科学者の学会である「王立協会」(Royal Society)に倣って、一六八三年に「ダブリン哲学協会」(Dublin Philosophical Society)を設立し、また、一六八五年には、自身「王立協会」の会員に選ばれています。

科学者としての彼の業績は、天文学や光学に関わるものでした。特によく知られているのは、一六九二年にロンドンで出版された『新屈折光学』(*Dioptrica Nova* [London: Benjamin Tooke, 1692])です。これは、英語で書かれた最初の光学に関する書物でした。

【図48】ウィリアム・モリニュー

また、モリニューは、デカルトの『省察』の英語版(*SIX METAPHYSICAL MEDITATIONS; Wherein it is Proved That there is a GOD. And that Mans MIND is really distinct from his BODY.* [London: Benjamin Tooke, 1680])を最初に手がけた人としても知られています。

ところで、モリニュー(Molyneux)という名前、その綴りからしても、あまり馴染みがないかもしれませんね。その昔、彼の母校のトリニティー・コレッジの物理学教室に問い合わせてみましたら、現地では「モリニュー」と発音するとのことでした。このいかにもフランス語っぽい彼の姓に関わる話を、少しだけさせていただければと思います。

モリニューの父方の曽祖父は、トマス・モリニュー（Thomas Molyneux, 1531-1597）という人です。彼は、フランスのカレー（Calais）のイングランド人コミュニティーの生まれです。

カレーは、今はもちろんフランスの一部です。けれども、その昔、「百年戦争」というイングランドとフランスの長い戦争があり、一三四六年、カレーは、時のイングランド王エドワード三世（Edward III, 1312-1377 在位 1327-1377 プランタジネット朝の王です）の軍に

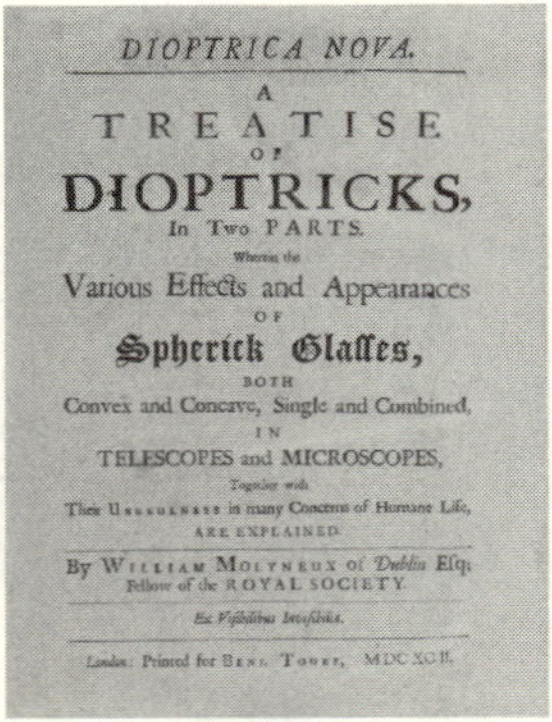
DIOPTRICA NOVA.
A
TREATISE
OF
DIOPTRICKS,
In Two PARTS.
Wherein the
Various Effects and Appearances
OF
Spherick Glasses,
BOTH
Convex and Concave, Single and Combined,
IN
TELESCOPES and MICROSCOPES,
Together with
Their Usefulness in many Concerns of Humane Life,
ARE EXPLAINED.
By William Molyneux of Dublin Esq;
Fellow of the ROYAL SOCIETY.
Ex Visibilibus Invisibilia.
London: Printed for Benj. Tooke, MDCXCII.

【図 49】『新屈折光学』の扉

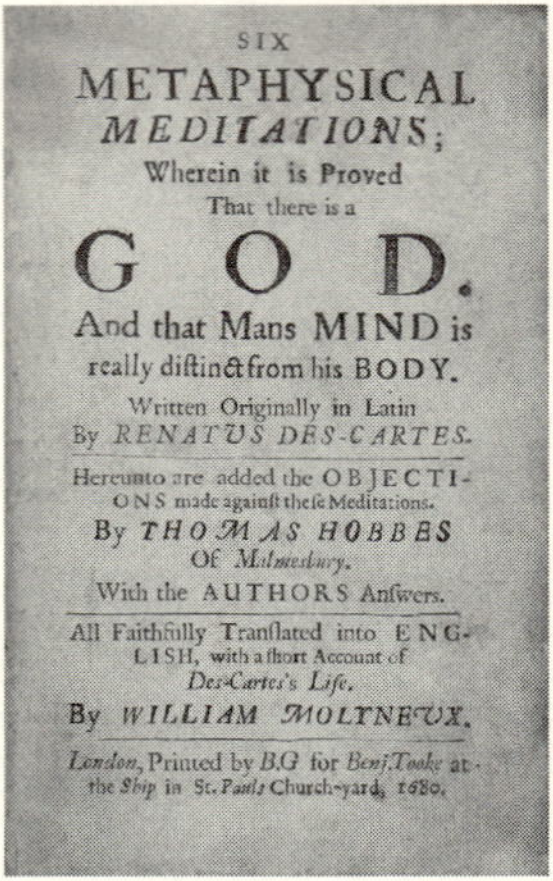
SIX
METAPHYSICAL
MEDITATIONS;
Wherein it is Proved
That there is a
GOD.
And that Mans MIND is
really distinct from his BODY.
Written Originally in Latin
By RENATUS DES-CARTES.
Hereunto are added the OBJECTIONS made against these Meditations.
By THOMAS HOBBES
Of Malmesbury.
With the AUTHORS Answers.
All Faithfully Translated into ENGLISH, with a short Account of
Des-Cartes's Life.
By WILLIAM MOLYNEUX.
London, Printed by B.G for Benj. Tooke at the Ship in St. Pauls Church-yard, 1680.

【図 50】モリニュー訳デカルト『省察』英語版の扉

包囲され、およそ一一箇月の包囲戦ののち、イングランドに占領されます（一三四七年のことでした）。そして、その後一五五八年に至るまで、カレーはイングランドの支配下にありました。

そのイングランド支配下のカレーに生まれたトマスは、一五五八年にカレーがフランスに奪還されたのち、ブルッへ（ブルージュ）に移ります。そして、諸般の事情から、一五六八年にはイングランドに移って女王エリザベスの愛顧を受け、さらに、一五七六年にはアイルランドに移り、ダブリンの大主教アダム・ロフタス（Archbishop Adam Loftus, c. 1533–1605）の庇護のもと、ダブリン近郊のスウォーズ（Swords）に居を構え、アイルランドの大蔵大臣を務めるなど、その地において重要な職責を担います（因みに、大主教アダム・ロフタスは、トリニティー・コレッジの初代学長を務めた人でもありました）。

そのトマス・モリニューの次男が、ダニエル・モリニュー（Daniel Molyneux, 1568–1632）で、ダニエルの子のサミュエル・モリニュー（Samuel Molyneux, 1616–1693）を父とし、アン・モリニュー（Anne Molyneux, 1616–1700 旧姓「ダウドール」［Dowdall］）を母として生まれたのが、ウィリアム・モリニューです。

†モリニュー問題

一六八八年の春、『ビブリオテック・ユニヴェルセル・エ・イストリック』誌に、まだ公刊されていないロックの『人間知性論』のフランス語の要約が掲載されたことは、第1章と第3章で述べたとおりです。モリニューは、この要約を読み、同年七月七日にロックに手紙を書き、ある問題を提起します。しかし、そのときには、どういうわけか、ロックからの返事はありませんでした。その後モリニューはロックと親しくなり、一六九三年三月二日付けのロックへの手紙で、その問題を再度提起します。

のちに「モリニュー問題」(Molyneux problem, Molyneux's problem)と呼ばれるようになったその問題を、ロックは『人間知性論』第二版(一六九四年)で、次のように紹介しています。

私はここで、あのきわめて天才的で学究的な真の知識の推進者、学識ある尊敬すべきモリニュー氏の問題を挿入しておきたい。彼は、数箇月前、それを私に手紙で送ってくれた。それは、次のようなものである。「ある人が生まれつき目が見えず、今大人になって、同じ金属でできた、ほとんど同じ大きさの立方体と球を区別することを触ることによって学び、立方体と球に触ってどちらが立方体でどちらが球であるかわかるとせよ。そこで、テーブルの上に立方体と球が置かれているとし、その目の見えない人が、目が見えるようになったとせよ。その人は、それらに触る前に、見ただけでどちらが球でどちらが立方体であるかを言えるかどうか、答えよ。」これに対して、鋭敏で賢明な問題提起者は、次のように答える。「それは言えない。というのも、その人は、球と立方体がその人の触覚をどのように触発する〔刺激する〕かについての経験は持っているが、自分の触覚をかくかくの仕方で触発する〔刺激する〕ものが自分の視覚をしかじかの仕方で触発する〔刺激する〕という経験、つまり自分の手を不均等に圧迫した立方体のと

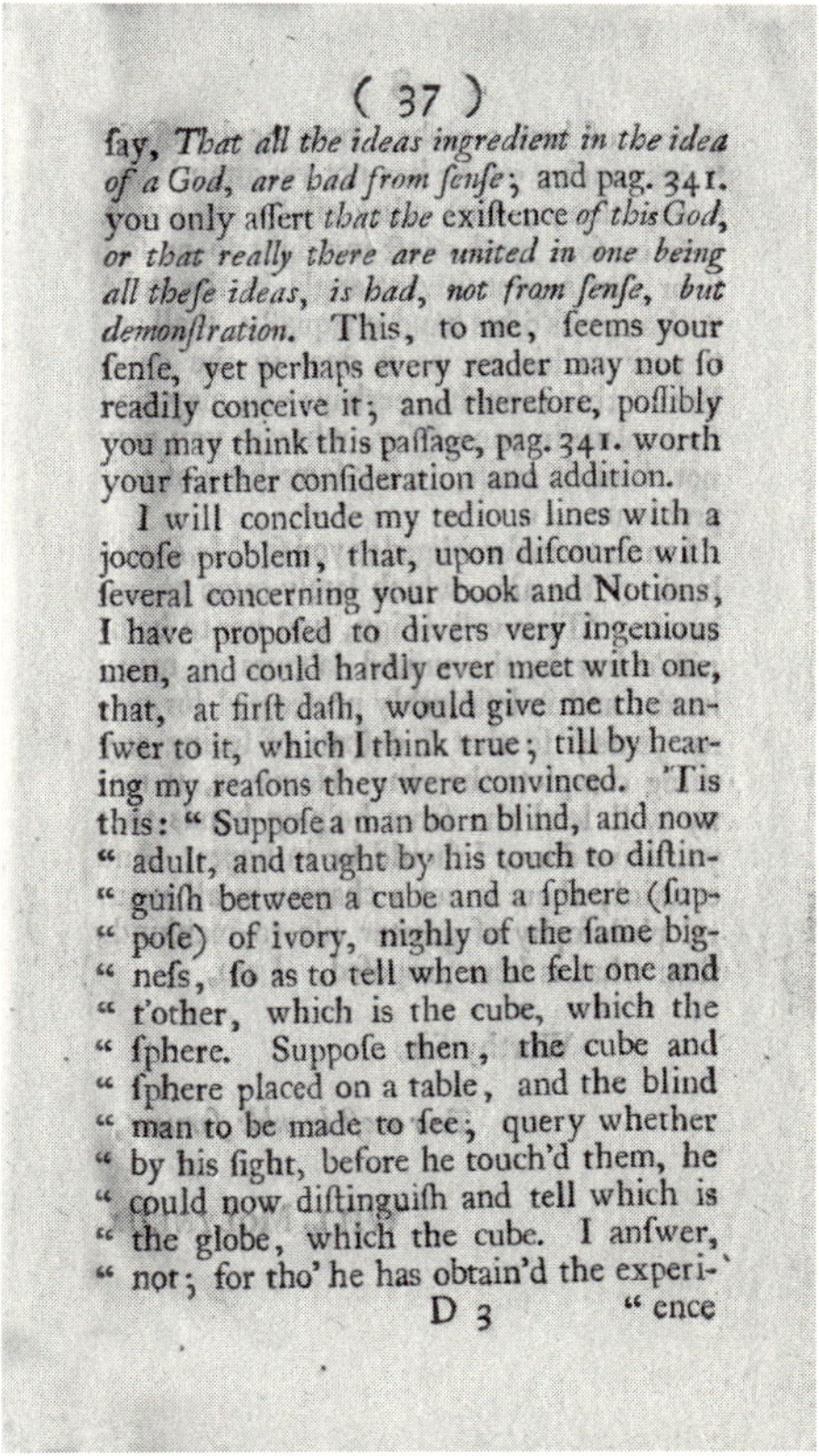
(37)

ſay, *That all the ideas ingredient in the idea of a God, are had from ſenſe*; and pag. 341. you only aſſert *that the* exiſtence *of this God, or that really there are united in one being all theſe ideas, is had, not from ſenſe, but demonſtration.* This, to me, ſeems your ſenſe, yet perhaps every reader may not ſo readily conceive it; and therefore, poſſibly you may think this paſſage, pag. 341. worth your farther conſideration and addition.

I will conclude my tedious lines with a jocoſe problem, that, upon diſcourſe with ſeveral concerning your book and Notions, I have propoſed to divers very ingenious men, and could hardly ever meet with one, that, at firſt daſh, would give me the anſwer to it, which I think true; till by hearing my reaſons they were convinced. 'Tis this: " Suppoſe a man born blind, and now " adult, and taught by his touch to diſtin" guiſh between a cube and a ſphere (ſup" poſe) of ivory, nighly of the ſame big" neſs, ſo as to tell when he felt one and " t'other, which is the cube, which the " ſphere. Suppoſe then, the cube and " ſphere placed on a table, and the blind " man to be made to ſee; query whether " by his ſight, before he touch'd them, he " could now diſtinguiſh and tell which is " the globe, which the cube. I anſwer, " not; for tho' he has obtain'd the experi-

D 3 " ence

【図51】1693年3月2日付けのモリニューからロックへの手紙の中の、「モリニュー問題」が提示された箇所（*Some Familiar Letters between Mr. Locke, and Several of his Friends* [London: Awnsham and John Churchill, 1708], p. 37）

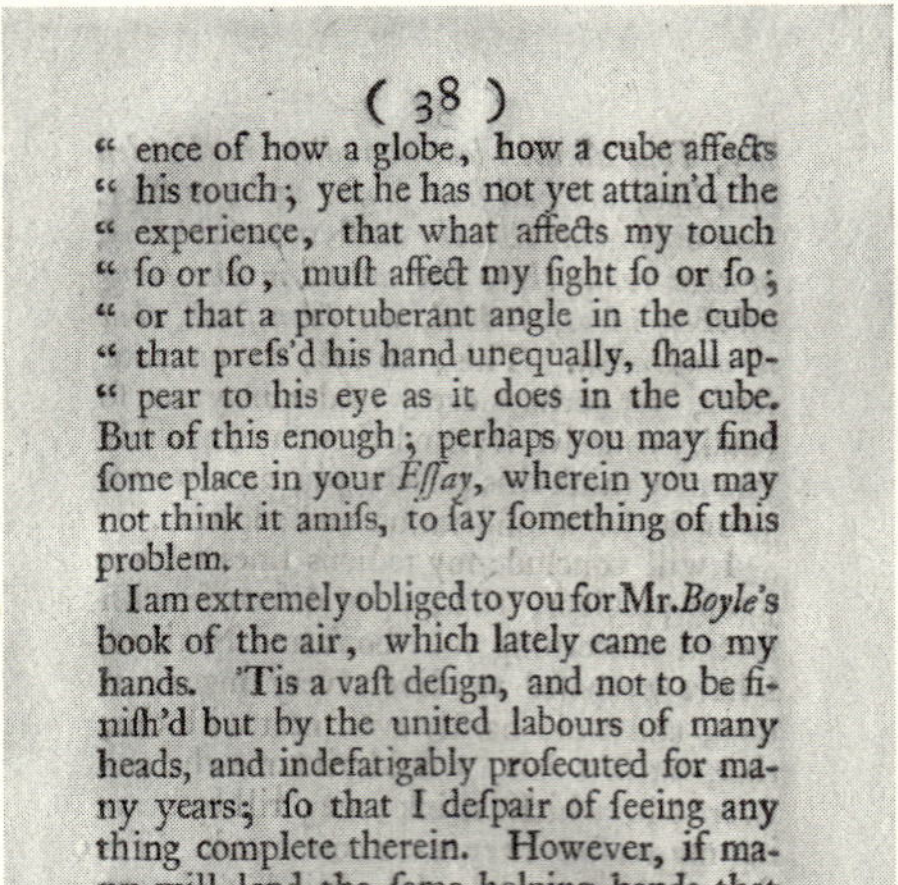

(38)

" ence of how a globe, how a cube affects
" his touch; yet he has not yet attain'd the
" experience, that what affects my touch
" ſo or ſo, muſt affect my ſight ſo or ſo;
" or that a protuberant angle in the cube
" that preſs'd his hand unequally, ſhall ap-
" pear to his eye as it does in the cube.
But of this enough; perhaps you may find ſome place in your *Eſſay*, wherein you may not think it amiſs, to ſay ſomething of this problem.

I am extremely obliged to you for Mr. *Boyle's* book of the air, which lately came to my hands. 'Tis a vaſt deſign, and not to be finiſh'd but by the united labours of many heads, and indefatigably proſecuted for many years; ſo that I deſpair of ſeeing any thing complete therein. However, if many will lend the ſame helping hands that you have done, I ſhould be in hopes: And certainly there is not a chapter in all natural philoſophy of greater uſe to mankind, than what is here propoſed. I am,

Worthy Sir,

Your moſt humble ſervant,

WILL. MOLYNEUX.

Mr.

【図 52】1693 年 3 月 2 日付けのモリニューからロックへの手紙の中の、「モリニュー問題」が提示された箇所の続き（*Some Familiar Letters between Mr. Locke, and Several of his Friends* [London: Awnsham and John Churchill, 1708], p. 38）

がった角《かど》が、自分の目にはこのように見えるという経験を、まだ持ってはいないからである。」友と呼べることを誇りに思うこの思慮深い紳士の、この問題に対する答え〔……〕に、私は賛同する。（John Locke, *An Essay Concerning Human Understanding*, ed. Peter H. Nidditch [Oxford: Oxford University Press, 1975], II. ix. 8, pp. 145–146.）

問題の意味は、十分におわかりいただけると思います。モリニューがロックに提起したいわゆる「モリニュー問題」は、以後さまざまな知識人の関心を引くことになります。

†ロックの文脈

ロックがモリニュー問題を紹介したのは、『人間知性論』の「知覚について」の章においてですが、ロックはもともとその章の中で、次のような興味深い見解を示していました。

感覚によって受け取る観念は、成人ではしばしば判断によって変更されるが、われわれはこれに気づかない。ある一様な色の、例えば金とか雪花石膏とか黒玉とかの丸い球をわれわれの目の前に置いたとき、それによってわれわれの心に刻印される観念が、われわれの目の前にやってくるさまざまな度合いの明るさと輝きで多様に陰影づけられた平らな円の観念であることは確かである。しかし、われわれは、凸面体がどのような種類の見かけをわれわれに示しがちであるか、物体の可感的な形が異なれば光の反射がどのように違ってくるかをつねづね知覚し慣れているので、判断はすぐ習慣によってその見かけをそれらの原因へと変更し、本当は多様な陰影や色であるものから形を推測してその多様な陰影や色を形の印として通用させ、凸面形と一様な色の知覚を形成する。ところが、それからわれわれが受け取る観念は、絵の場合に明らかなように、多様に彩られた平面にすぎないのである。(Ibid., II. ix. 8, p. 145.)

「感覚によって受け取る観念は、成人ではしばしば判断によって変更されるが、われわれはこれに気づかない」とロックは言っています。私たちが感覚しているものは、実はしばしば判断の影響を受けているというのです。例えば、一様な色の球を見るとき、私たちに実際に見えているのは「われわれの目の前にやってくるさまざまな度合いの明るさと輝きで多様に陰影づけられた平らな円」ですが、私たちは「凸面体がどのような種類の見かけをわれわれに示しがちであるか、物体の可感的な形が異なれば光の反射がどのように違ってくるかをつねづね知覚し慣れているので」、判断が見かけを変更して、「凸面形と一様な色の知覚を形成する」とされています。

ここでロックが「印」(mark)という言葉を使用していることにも、注意が必要です。実際に見えているのは、さまざまに陰影づけられた平らな円ですけれども、それが「印」、言い換えればある種の「記号」となって、私たちは本当の見かけとは異なる物の見方をするというのです。

ロックのこの見解は、要するに、視覚の場合、それは触覚的経験の影響を受けているとするものです。触ってこのような形をしているとわかるものが、見たときにはどのように見えるのか。この触覚情報と視覚情報のつながりを私たちは多様に経験しているものだから、見ただけで、視覚情報がいわば記号として働いて触覚情報を呼び起こし、実際に触っているわけではないのに触覚情報によって視覚情報に修正が加えられ、立体視と、立体の区別が可能になるとともに、色の知覚に修正が加えられる。――ロックの発言の趣旨は、このようになっています。

また、続く節で、ロックはさらに次のように述べています。

しかし、私の考えでは、これはわれわれの観念のどれにおいてもよくあることではなく、視覚によって受け取られる観念に限られている。なぜなら、視覚はわれわれのすべての感官のうち最も包括的で、その感官にのみ特有な光と色の観念をわれわれの心にもたらすが、また空間、形、運動という非常に異なる観念をもたらす。そして、空間、形、運動のさまざまなあり方は、その固有の対象である光と色の見かけを変化させるので、われわれは習性により、後者によって前者を判断するようになる。このことは、多くの場合、われわれが頻繁に経験するものにおいては、固定した習慣によって恒常的かつ迅速に行われるので、われわれは、自分たちの判断によって形成される観念を自分たちの感覚の知覚とみなし、一方すなわち感覚のそれはただ他方を喚起するのに役立つだけで、それ自身はほとんど気づかれないのである。(Ibid., II. ix. 9, p. 146.)

ロックのこの考えは、もとより、当時としても、多くの注目を集めることになりましたが、今日の観点からしても、きわめて現代風なものでした。そこで、まずロックの見解がどのような意味で現代風であるかを見ておきたいと思います。

†観察の理論負荷性

一九世紀の終わり頃から二〇世紀の前半にかけて、私たちの感覚に現れるものを純粋に捉えようとする動きがありました。この動き、実は古代からあるものなのですが、今言いました時期に、特に「感覚与件」（センス・データ sense data）という言い方で、多くの人々がこれを論じました。

「感覚与件」というのは、感覚に純粋に与えられたままのものを意味する言葉です。言葉としては、一八八〇年代から一八九〇年代にかけて、アレグザンダー・キャンベル・フレイザー（Alexander Campbell Fraser, 1819–1914）、ウィリアム・ジェイムズ（William James, 1842–1910）、ジョサイア・ロイス（Josiah Royce, 1855–1916）が使い始めたもので、その後、バートランド・ラッセル（Bertrand Russell, 1872–1970）やG・E・ムーア（George Edward Moore, 1873–1958）をはじめとする多くの人々が、これを論じました。

こうして、純粋に感覚に与えられたままのものを捉えようとする動きが久しく続いたあと、それとは異なる動向が、一九三〇年代から次第に顕著になっていきます。その一つが、ノーウッド・ラッセル・ハンソン（Norwood Russell Hanson, 1924–1967）の、「観察の理論負荷性」（theory-ladenness of observation）の提唱でした。

図53をご覧ください。これは、平面上に描かれていますから、平面図形のはずですが、立体的に見えてしまいますよね。平面図形として見るのはきわめて難しいです。なぜ立体的に見えるのかというと、私たちは小さい頃から、立方体を平面に投影する方法を身につけてしまっているのですね。ですから、そのメカニズムが働いて、平面図形ではなくて、立方体に見えてしまうのです。

ハンソンは、こうした身近な現象から始めて、私たちの視覚が、どれほど、すでに身につけているものの見方、つまり「理論」の影響を受けているかを論じます。観察がなんらかの「理論」を通してなされるというわけですから、彼はこの現象を、「観察の理論負荷性」と呼びました。

ハンソンは、ヴィトゲンシュタイン（Ludwig Wittgenstein, 1889–1951）の『哲学探究』（*Philosophische Untersuchungen*〔1953〕）に出てくる「ウサギ・アヒル図」を使ったりもしています。その図のもとの、さらにもとの図を挙げておきましょう（図54）。これ、見ると、ウサギにも見えるし、アヒルにも見えますよね。どうしてかというと、私たちはすでに、ウサギがどういうものか、アヒルがどういうものかを知っているからだと、ハンソン

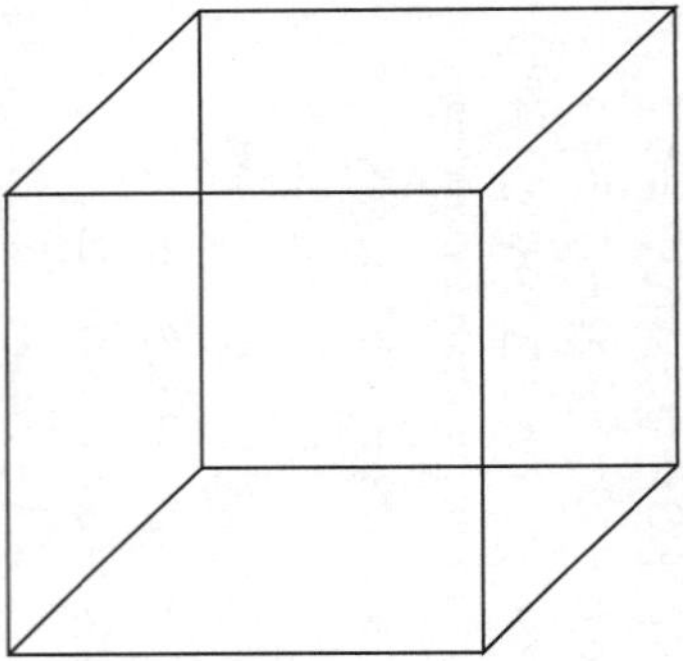

【図53】

【図54】ウサギとアヒル（ミュンヒェンで刊行された週刊誌*Fliegende Blätter*［フリーゲンデ・ブレッター］、1892年10月23日号［Nr. 2465］より）

は言います。つまり、ウサギについての理論、アヒルについての理論をすでに持っているからだというのです。その理論を通して、私たちはこれを「ウサギ」として、あるいは「アヒル」として見ているのです。

このような場合に「理論」と言うのは大袈裟に聞こえるかもしれませんが、もっと高度な理論を通して行われる観察はいっぱいあります。例えば、X線写真を専門医が見ている（観察している）場合をお考えいただければ、どれほどの理論がその観察に使われているか、おわかりいただけると思います。

この「観察の理論負荷性」の確認は、科学哲学において大きな問題を提起することになりました。なにしろ、自然科学は観察をベースとしており、どの理論が正しいかは観察の結果で判定できると、以前は考えられていたのです。ところが、その観察自体が、ある理論をすでに使っている。となると、観察が最後の拠り所だとは、簡単には言えなくなってしまいます。むしろ、観察を行うに際して使っている理論そのもののほうが、最終的な拠り所となっているようにも見えますからね。そんな議論の火付け役を、この「観察の理論負荷性」の指摘は、演じることになったのです。

「観察」の背後に「理論」の深い関与を見る。このことは、「モリニュー問題」のきっかけとなった『人間知性論』におけるロックの見解が、すでに久しい昔に先取りしていたことなのです。

†チェセルデンの報告

ところで、モリニューは、ロックの見解に触発されて、「モリニュー問題」を提起するのですが、やがて、この問題の解答の是非を検証するのに有効と思われる事実確認が行われます。それは、イギリスの外科医、ウィリアム・チェセルデン（William Chesselden, 1688–1752）による先天性白内障の手術でした。

彼は、一七二八年に、生来の白内障によって目の見えなかった一三歳の少年の水晶体を切除し、視力を回復させることに成功します。チェセルデンはそのときのことを、次のように記しています。

彼がはじめて目が見えるようになったとき、彼は距離についてまったく判断ができず、（彼の表現によれば）彼が触る物が彼の皮膚に接触しているのと同じように、どんな対象もみな、目に接触しているように思った。〔また、〕彼は対象の形を判断することができなかった。（William Chesselden, 'An Account of some Observations made by a young Gentleman, who was born blind, or lost his Sight so early, that he had no Remembrance of ever having seen, and was couch'd between 13 and 14 Years of Age', *Philosophical Transactions*, 35 [1728], p. 448.）

これは、モリニュー問題に対してロックとモリニューが与えた否定的解答が、決定的であると思わせるものでした。このことから、モリニュー問題は、さらに多くの人々の関心を集めることになりました。

†バークリの場合

モリニュー問題に関心を持った一七世紀の知識人の一人に、ジョージ・バークリ

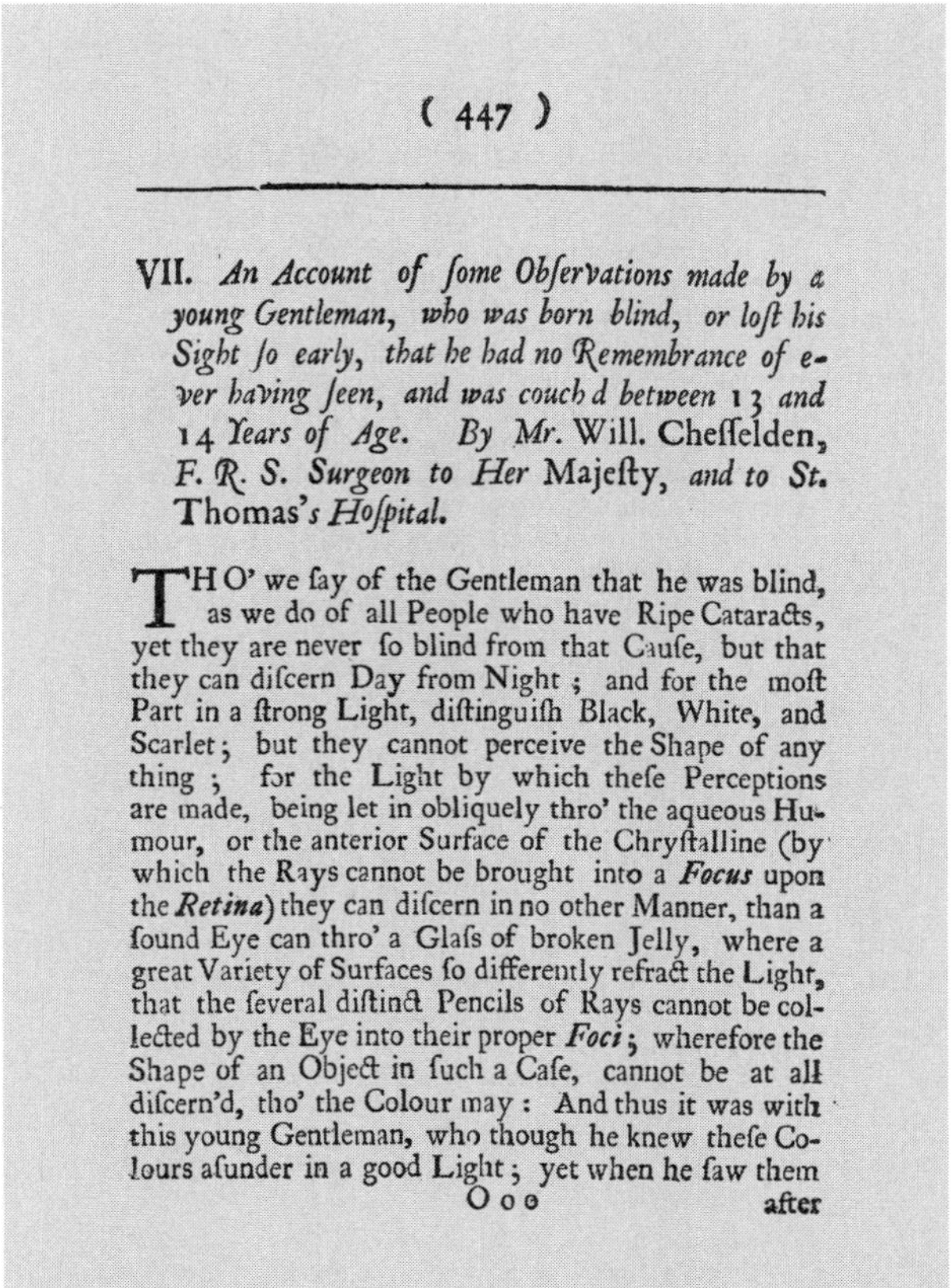

(447)

VII. *An Account of ſome Obſervations made by a young Gentleman, who was born blind, or loſt his Sight ſo early, that he had no Remembrance of ever having ſeen, and was couch'd between 13 and 14 Years of Age. By Mr.* Will. Cheſſelden, *F. R. S. Surgeon to Her* Majeſty, *and to St.* Thomas's *Hoſpital.*

THO' we ſay of the Gentleman that he was blind, as we do of all People who have Ripe Cataracts, yet they are never ſo blind from that Cauſe, but that they can diſcern Day from Night; and for the moſt Part in a ſtrong Light, diſtinguiſh Black, White, and Scarlet; but they cannot perceive the Shape of any thing; for the Light by which theſe Perceptions are made, being let in obliquely thro' the aqueous Humour, or the anterior Surface of the Chryſtalline (by which the Rays cannot be brought into a ***Focus*** upon the ***Retina***) they can diſcern in no other Manner, than a ſound Eye can thro' a Glaſs of broken Jelly, where a great Variety of Surfaces ſo differently refract the Light, that the ſeveral diſtinct Pencils of Rays cannot be collected by the Eye into their proper ***Foci***; wherefore the Shape of an Object in ſuch a Caſe, cannot be at all diſcern'd, tho' the Colour may: And thus it was with this young Gentleman, who though he knew theſe Colours aſunder in a good Light; yet when he ſaw them

Ooo after

【図 55】チェセルデンの報告論文（*Philosophical Transactions*, 35 [1728], pp. 447–450）の1ページ目（p. 447）

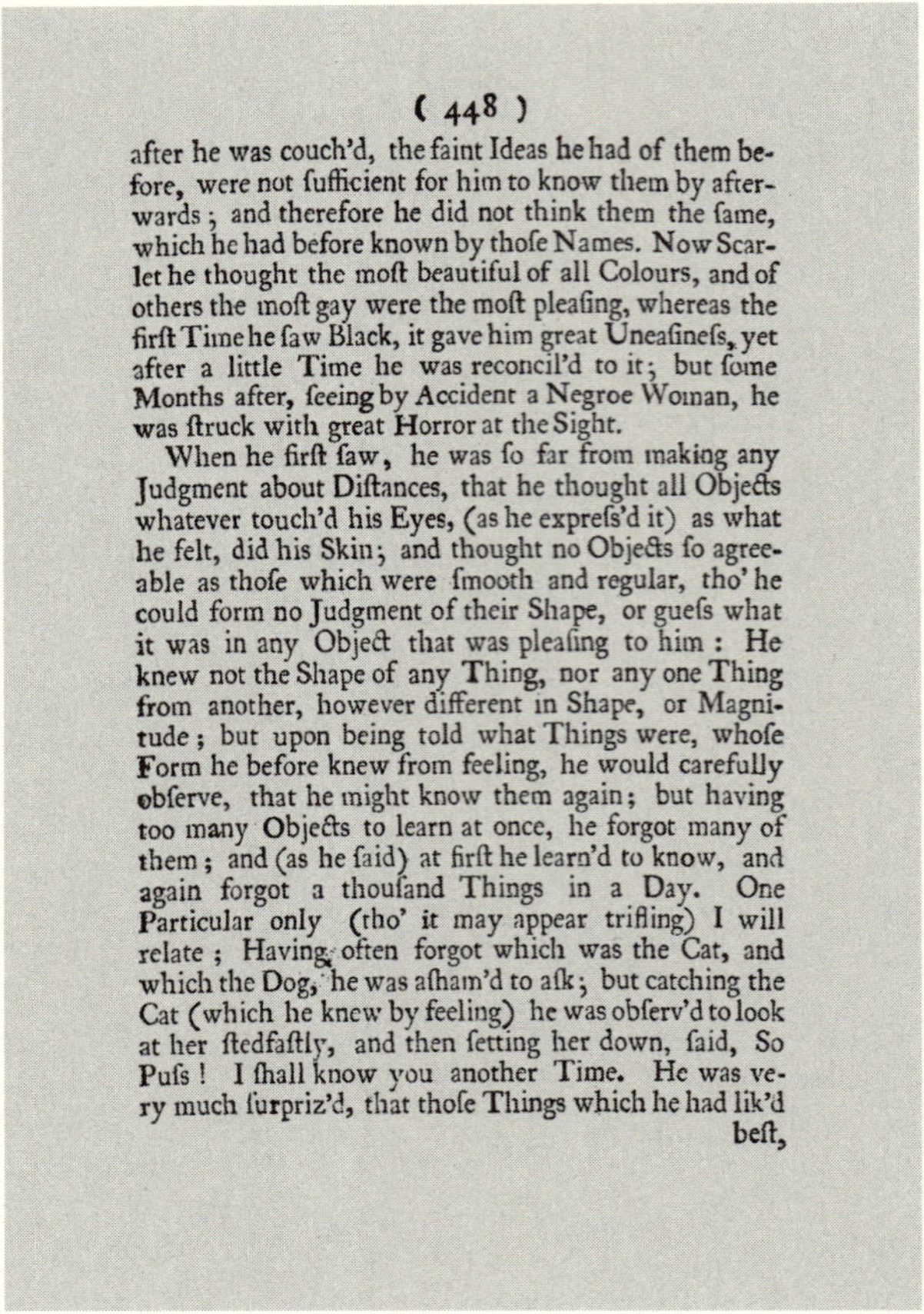

(448)

after he was couch'd, the faint Ideas he had of them before, were not ſufficient for him to know them by afterwards; and therefore he did not think them the ſame, which he had before known by thoſe Names. Now Scarlet he thought the moſt beautiful of all Colours, and of others the moſt gay were the moſt pleaſing, whereas the firſt Time he ſaw Black, it gave him great Uneaſineſs, yet after a little Time he was reconcil'd to it; but ſome Months after, ſeeing by Accident a Negroe Woman, he was ſtruck with great Horror at the Sight.

When he firſt ſaw, he was ſo far from making any Judgment about Diſtances, that he thought all Objects whatever touch'd his Eyes, (as he expreſs'd it) as what he felt, did his Skin; and thought no Objects ſo agreeable as thoſe which were ſmooth and regular, tho' he could form no Judgment of their Shape, or gueſs what it was in any Object that was pleaſing to him: He knew not the Shape of any Thing, nor any one Thing from another, however different in Shape, or Magnitude; but upon being told what Things were, whoſe Form he before knew from feeling, he would carefully obſerve, that he might know them again; but having too many Objects to learn at once, he forgot many of them; and (as he ſaid) at firſt he learn'd to know, and again forgot a thouſand Things in a Day. One Particular only (tho' it may appear trifling) I will relate; Having often forgot which was the Cat, and which the Dog, he was aſham'd to aſk; but catching the Cat (which he knew by feeling) he was obſerv'd to look at her ſtedfaſtly, and then ſetting her down, ſaid, So Puſs! I ſhall know you another Time. He was very much ſurpriz'd, that thoſe Things which he had lik'd

beſt,

【図56】チェセルデンの報告論文（*Philosophical Transactions*, 35 [1728], pp. 447–450）の２ページ目（p. 448）。引用は、その２段落目からのものです。

（George Berkeley, 1685–1753）がいます。彼は、自らの「物質否定論」（immaterialism）の準備の一環として、視覚的データが二次元的なもので心の中に現れるにすぎないものであるにもかかわらず、どのようにして私たちは三次元的な、奥行きのある空間知覚を行うのかを、二〇代半ば（二三歳もしくは二四歳のとき）に出版した『視覚に関する新たな理論に向けての試論』（*An Essay towards a New Theory of Vision* ［1709］）で論じました。

奥行きは本来触覚によってわれわれが知るものであるが、触ってこのように感じられるものは見たときにこのように見えるという経験を繰り返すことによって、視覚情報と触覚情報との間に記号的結びつきが成立し、見ただけで触覚情報が呼び起こされ、奥行きの知覚が成立するというのが、彼の議論の核心でした。この、ロック的・モリニュー的な考え方を基に、バークリは、どのような視覚情報を手掛かりとして私たちが距離や大きさなど奥行きに関わる知覚を形成しているかを説こうとしたのです。

バークリは、『視覚に関する新たな理論に向けての試論』の第一三二節において、次のような仕方でロックとモリニュー問題に言及しています。

われわれの説をさらに確証するものとして、われわれはロック氏が自身の『試論』〔『人間知性論』〕の中で公にしたモリニュー氏の問題の解決を挙げることができるであろう。私はそれを、それに関するロック氏の意見とあわせて、そのまま引用しておきたい。

(George Berkeley, *An Essay towards a New Theory of Vision*, in *The Works of George Berkeley, Bishop of Cloyne*, ed. A. A. Luce and T. E. Jessop, 9 vols. [London: Nelson, 1948–1957], i. § 132, p. 225.)

このように前置きしたあと、バークリはその節の残りの部分で、先に『人間知性論』から引用した部分を含む、ロックが「モリニュー問題」を紹介した箇所を、そのまま引用しています。そして、続く二節で若干の解説を試みたあと、第一三五節で、次のように述べています。

私は右に述べた問題を、なんらの考察もせずに済ませるわけにはいかない。すでに明らかになったように、生まれつき目の見えない人がはじめて見えるようになったとき、自分が見たものを、触覚の観念に対して使用するのを常としてきた名前で呼ぶことはないであろう（第一〇六節参照）。「立方体」、「球」、「テーブル」は、触覚によって知覚することのできるものに適用されることを彼が知っていた言葉であるが、まったく触れることのできないものにそれら〔の言葉〕が適用されることを、彼はまったく知らなかった。それらの言葉は、〔彼の〕それまでの使い方においては、常に、〔彼に〕抵抗を与えることによって知覚された物体ないしは固性を持つ物を、彼の心に表した。しかるに、固性や抵抗や出っ張りは、視覚によって知覚されるものではない。要するに、視覚の観念は〔彼にとっては〕すべて新たな知覚であって、それらの新たな知覚に対して付与されるいかなる名前も、彼の心の中には〔まだ〕存在していない。したがって、彼は、それらについて語られることを、理解することができない。そして、彼が見るテーブルの上に置かれた二つの物体について、どちらが球でどちらが立方体かと問うのは、彼にとってはまったくからかっているだけの、わけのわからない問いである。というのも、彼が見るものは、物体の観念や距離の観念、一般に彼がすでに知っているものの観念を、彼の思考に示唆することができないからである。(Ibid., § 135, p. 226.)

バークリの趣旨は明確です。触覚情報と視覚情報は本来別物だから、これまで触覚によって諸種の区別ができていたからといって、見ただけで同じ区別が行えるものではない、というのです。

また、続けてバークリは、次のようにも述べています。

同じ物が視覚と触覚のいずれをも〔同様に〕触発する〔刺激する〕と考えるのは誤りである。もし触覚の対象である角《かど》や四角い形が、そのまま視覚の対象でもあるとするなら、目の見えない人が見えるようになったとき、どうして角や四角い形がわからないのか。というのも、それらが視覚を触発する仕方が彼の触覚を触発した仕方とは異なるとしても、この〔視覚における〕新たな未知の触発の仕方や状況とともに、古い既知の角や形が〔彼の心の中に〕あるのだから、彼はそれを識別せずにはいられないはずだからである。(Ibid., § 136, p. 226.)

このように、ロックの見解とモリニュー問題は、バークリの『視覚に関する新たな理論に向けての試論』において、重要な役割を果たします。

†『アルシフロン』

バークリは、一七三二年に出版した『アルシフロン』(*Alciphron* [1732]) でも、同様の路線で議論を進めています。

『アルシフロン』は対話篇になっていて、当面の話題との関係で重要なのは、「第四対話」です。その中でバークリは、視覚それ自体は見ている当人から対象までの距離を知覚させるものではないとします。そして、対象との距離は本来触覚によって知られるものだとした上で、離れたところにある対象は小さく見えたりかすんで見えたりするといった経験を重ねると、私たちは見ただけで距離がわかるようになる、と論じます。

こうした議論に続けて、バークリは、自身の代弁者である登場人物の一人に、次のように語らせます。

生まれつき目が見えず、のちに目が見えるようになった人は、はじめて見えるようになったとき、見えるものが自分から離れたところにあるとは思わず、自分の目の中に、あるいは自分の心の中にあると思うということが帰結しないか。(George Berkeley, *Alci-*

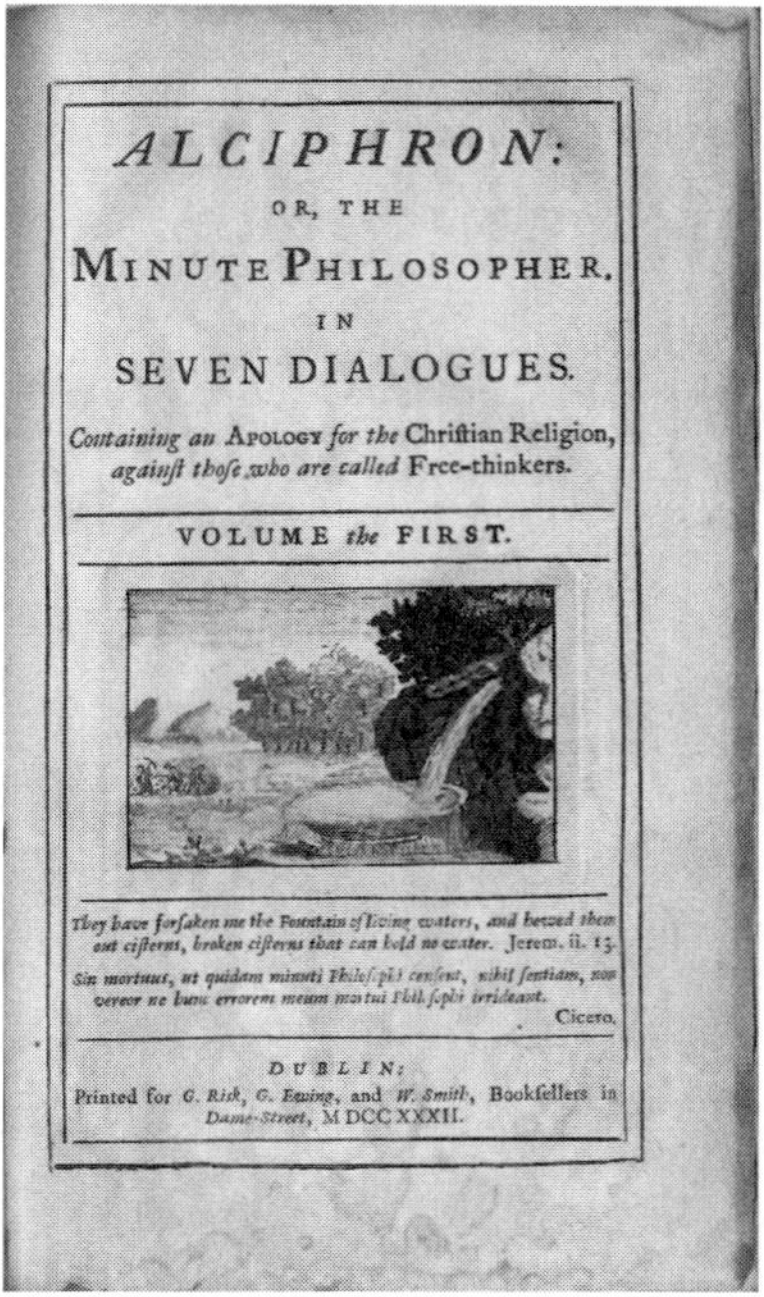
ALCIPHRON:
OR, THE
MINUTE PHILOSOPHER.
IN
SEVEN DIALOGUES.
Containing an APOLOGY *for the* Christian Religion, *against those who are called* Free-thinkers.

VOLUME *the* FIRST.

They have forsaken me the Fountain of living waters, and hewed them out cisterns, broken cisterns that can hold no water. Jerem. ii. 13.

Sin mortuus, ut quidam minuti Philosophi censent, nihil sentiam, non vereor ne hunc errorem meum mortui Philosophi irrideant. Cicero.

DUBLIN:
Printed for *G. Risk*, *G. Ewing*, and *W. Smith*, Booksellers in *Dame-Street*, M DCC XXXII.

【図57】バークリ『アルシフロン』(1732年)の扉

phron, in *The Works of George Berkeley, Bishop of Cloyne*, ed. A. A. Luce and T. E. Jessop, 9 vols. [London: Nelson, 1948-1957], iii. Fourth Dialogue, § 9, pp. 152-153.)

そして、この箇所のあとで、バークリは自分の分身に、さらに次のように語らせています。

およそ、視覚の本来の対象は、多様な色合いや度合いを持つ光と色であると見られる。それらはみな、無限に多様化され組み合わされて、触覚的対象の距離や形や位置や大きさやさまざまな性質をわれわれに示唆し示すのに驚くほど適した言語を形成する。

(Ibid., § 10, p. 154.)

バークリのこうした考えは、かつてロックとモリニューが提示した見解の応用編であることが、おわかりいただけると思います。彼は、ロックとモリニューの見解を受け継ぎ、ここでは立ち入りませんけれども、「自然の言語」もしくは「神の言語」の思想へと、さらに論を展開させていきます(バークリのこうした思想につきましては、拙著『観念論の教室』[ちくま新書、二〇一五年]や『観念論ってなに?——オックスフォードより愛をこめて』[講談社現代新書、二〇〇四年]を、あわせてご参照いただければ幸いです)。

†カントの『純粋理性批判』に対する批評の中で

ロックやモリニューの見解は、その後も人々の注目を集めるのですが、章を改める前に、もう一つ（実際にはあと二つ）、彼らの見解と関わる一八世紀の事例を見ておきましょう。

イマヌエル・カント（Immanuel Kant, 1724-1804）は一七八一年に『純粋理性批判』第一版を出版し、また一七八七年にはその第二版を出版しますが、それに対する批評の中に、モリニュー問題が出てきます。

カントは『純粋理性批判』の超越論的感性論の中で、空間の概念は私たちがこの世に生まれてきてから（実際に見たり触れたりといった）さまざまな経験を通して得たものではないと主張しました。彼によれば、私たちの感覚の能力には、あらかじめ空間の中に物を見るという仕掛けのもとが備わっていて、実際に物を見たり物に触れたりという経験が機会（きっかけ）となって、対象がすべて空間の中に現れるという事態が成立すると言うのです。彼の難しい言い方をすれば、空間は感性的直観の純粋形式であって、経験とは関わりなく（アプリオリに）、いわば物事の見方として、私たちにある仕方で最初から組み込まれているものなのだというのです。

こうしたカントの発言は、モリニュー問題に否定的に答える人々、つまり、空間視は触覚情報と視覚情報の結合によると見る人々には、問題がある見解、あるいは、少なくともなんらかのさらなる説明を要する見解に見えたのです。

†ピストーリウスの場合

カントの初期の批評者の一人に、ヘルマン・アンドレアス・ピストーリウス（Hermann Andreas Pistorius, 1730–1798）という人がいます。彼は、ヨーハン・フリードリッヒ・シュルツ（Johann Friedrich Schultz, 1739–1805）が一七八四年に出版したカント哲学の解説書（Johann Schultz, *Erläuterungen über des Herrn Professor Kant Critik der reinen Vernunft* [Königsberg: Carl Gottlob Dengel, 1784]）についての批評の中で、次のように述べています。

もしわれわれが、生まれつき目が見えない人々が空間をどのように考えるかを厳密に知るなら〔……〕、この曖昧な問題に対して若干の光を投じることになるであろう。空間の表象になんらかの経験的なものが混入していることは、あの有名なチェセルデンの手術を受けた、生まれつき目の見えない人について言われている次のような事情から明らかであると、私には思われる。すなわち、目が見えるようになったあと、その人にはまるであらゆる視覚的対象が直接彼の目のところにあり、目に触れているかのように見えたのである。したがって、彼は、距離も、ましてや距離の大きさもわからず、生得幾何学（angebohrne Geometrie）とでも言うべきものを持ってはいなかったのである。（Hermann

Andreas Pistorius, 'Erläuterungen über des Herrn Professor Kant Critik der reinen Vernunft von Joh. Schultze,' *Allgemeine deutsche Bibliothek*, 66. Band, 1. Stück [Berlin and Stettin: Friedrich Nicolai, 1786], pp. 101–102.）

カントが空間を、もともと私たちの感覚能力の中に組み込まれているとしたのに対して、それならチェセルデンの報告にあるようなケースをどう理解すればいいのかと、ピストーリウスは問題提起をしているのです。

【図58】ピストーリウスの批評が掲載された *Allgemeine deutsche Bibliothek* 第66巻第1篇（1786年）の扉

†フェーダーの場合

もう一人、フェーダーを取り上げておきましょう。ヨーハン・ゲオルク・ハインリッヒ・フェーダー（Johann Georg Heinrich Feder, 1740–1821）です。彼も、カント哲学を初期に批評した人として知られています。

彼は、一七八七年に出版した

102 Kurze Nachrichten

wenn wir genau wüßten, wie Blindgebohrne sich den Raum
denken, insonderheit, wenn wir wüßten, was der Blindge-
bohrne Saunderson, ein tiefsinniger Mathematiker, der in
seiner Blindheit über Licht und Farben schrieb, sich für Be-
griffe vom Raum gemacht hat. Daß etwas Empirisches sich
in der Vorstellung vom Raume einmische, scheint mir auch
aus dem Umstande zu erhellen, den man von einem durch den
berühmten Cheselden operirten Blindgebohrnen erzählt, daß
es ihm nämlich, wie ihm auf einmal das Gesicht geöffnet wor-
den, vorgekommen, als ob alle sichtbare Gegenstände ihm un-
mittelbar auf dem Auge lägen, und es berühreten; er wußte
also nichts von Entfernung, noch weniger von einem Maas
derselben, und hatte keine gleichsam angebohrne Geometrie;
und lernen wir nicht alle durch die Erfahrung und nach und
nach von Entfernungen, und der Größe entfernter Gegenstän-
de urtheilen? — Wie läßt sich aber mit den bisher erklärten
Begriffen vom Raume des Verfassers sogenannte reine An-
schauung vereinigen? Wie stimmt damit die von aller Er-
fahrung unabhängige Gewißheit und Evidenz der reinen Geo-
metrie überein? Ich denke, es läßt sich eine Vereinigung
stiften. Wenn wir bedenken, daß alles, was angeschauet
wird, im Raume wahrgenommen werden müsse, so ist uns
ja der Raum ein allgemeiner bey jeder Anschauung und äußern
Wahrnehmung, sie mag auch sonst noch so verschieden seyn,
wiederkehrender Verhältnißbegriff, was hinderts dann, daß
wir diesen Begriff eines Theils von den Gegenständen selbst,
die uns in denselben gegeben werden, und anderntheils von
den besondern Einschränkungen, so die Figuren und Lagen der
Gegenstände im Raume machen, absondern, und ihn uns
als ein vor sich bestehendes aneinanderhängendes einförmiges
Ganzes gedenken, und so den Begriff von einem allgemeinen
Raum, als einem Behältniß, worin Körper oder Gegenstän-
de seyn können, bilden, oder vielmehr erdichten. Sind wir
erst bis dahin gekommen, so können wir uns dies allgemeine
Behältniß gleichsam in Fächer abtheilen, demselben allerhand
Gestalten geben, oder dem Raum allerhand Einschränkungen
und Modificationen zutheilen. Diese Fächer geben die Oerter,
die wir den Gegenständen anweisen, die Einschränkungen und
Modificationen des allgemeinen Raums geben die verschiede-
nen Figuren und Lagen, lauter Geschöpfe der Einbildungskraft,
die wir willkürlich construiren. Von diesen Constructionen
muß dann das wohl gelten, was wir ihnen selbst beylegen, sie
müs-

【図59】ピストーリウスの批評が掲載された*Allgemeine deutsche Bibliothek* 第66巻第1篇（1786年）の102ページ。上から8行目のところに、チェセルデン（ここでは 'Cheselden' となっています）の名前を見ることができます。

『空間と因果性について――カント哲学の吟味のために』（Johann Georg Heinrich Feder, *Über Raum und Kausalität zur Prüfung der Kantischen Philosophie* [Göttingen: Johann Christian Dieterich, 1787]）の中で、次のように述べています。

> 生まれつき目の見えない人の空間の表象が、他の人々の〔空間の〕表象とどれほど違っているかという問いは、私の記憶するところでは、カントの『純粋理性批判』においては論じられていない。にもかかわらず、この問いは、この表象の基礎を研究する際には、至極当然のものであり、かつ重要な問いであると思われる。

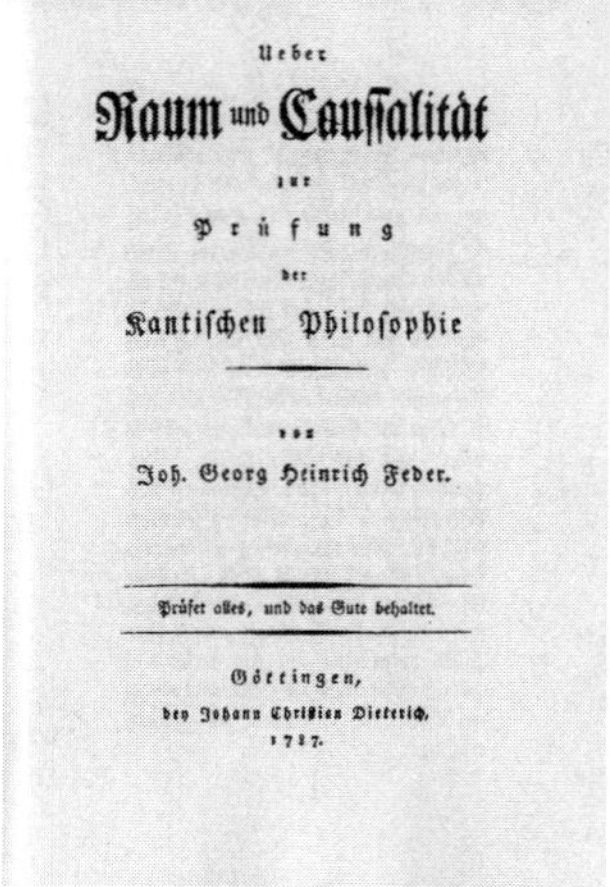
Ueber
Raum und Caussalität
zur
Prüfung
der
Kantischen Philosophie
von
Joh. Georg Heinrich Feder.
Prüfet alles, und das Gute behaltet.
Göttingen,
bey Johann Christian Dieterich,
1787.

【図 60】フェーダー『空間と因果性について――カント哲学の吟味のために』（1787 年）の扉

> しかし、生まれつき目が見えない人たちは、見えるようになる以前には、〔空間という〕この表現によってわれわれ他の者が今思い浮かべるのと同じ空間の表象をまったく持っていないということが、彼らについてなされた最良の観察から知られている。この表象が、実際に見える

ようになる以前から、生まれつき目の見えない人の心の中にあったとすれば、見えるようになったときに、これまで触知していた球と立方体を、なぜその人はすぐにそれとはわからないのか、あるいは、その人にはなぜ視覚の対象がはじめ目に触れているように見えるのか、そして、その人が物体の距離や嵩や位置を見るようになるまでに、言い換えれば、それらが見ただけでわかるようになるまでに、なぜあれほど時間がかかるのかが、理解できないことになる。(Ibid., pp. 57–58.)

フェーダーは、ここでチェセルデンの名前を挙げてはいませんが、「彼らについてなされた最良の観察」という言葉は、まず間違いなく、チェセルデンのそれを表しています。カントもまた、モリニュー問題とチェセルデンの報告を知っていました。ですから、カントを解釈する上で、カントが『純粋理性批判』でなぜそれを取り上げずに空間を感性的直観のアプリオリな純粋形式としたかが、議論の的となるのです。

このように、ロックの所見が刺激となって提起されたモリニュー問題は、当のロックの所見とともに、多くの知識人の心を捉えます。そして、そもそも当のロックの所見そのものが、先に述べましたように、現代哲学の重要な知見の先駆だったのです。

第8章 現代指示理論の二重のさきがけ——記述主義と反記述主義のはざまで

†記述主義の指示理論

ロックの知覚理論が現代の「観察の理論負荷性」をはじめとするある考え方の先取りであるとしますと、ロックの思想にはこのような現代の先取りが他にも少なからず見られます。その一つが、彼の指示理論です。

私たちはさまざまな言葉を使って対象を指し示し、それについてなにかを語っています。例えば、固有名詞（言語哲学では「固有名」［proper name］と言うのが一般的です）を用いて「ソクラテス」と言い、それによってソクラテスという人のことを語ろうとしていることを、聞き手に伝えます。この事態を、その固有名によってある対象を「指示する」（refer）と言います。

対象を指示するのに使える言葉は、固有名だけではありません。「世界で一番高い山」とか、「一六三二年に生まれ一七〇四年に亡くなったイギリスの哲学者」とか、こういった言葉遣いで、ある対象を指示することもできますよね。こういう、「かくかくしかじかのもの」、一般に、普通名詞に形容語がついたようなものも、「指示する」のに使えます。こういった言葉遣いは、対象がどういうものであるかを記述するものですから、「記述」（description）と言います。

まだあります。「あれ」とか「これ」とか「それ」とか言った言葉で、対象を指示することもできますよね。こういう言葉を、「直示語」(demonstrative ディモンストラティヴ)と言います。「あの人」のように、記述と直示語が一緒になったような表現も、よく見られます。

このように、私たちはいくつかの種類の言葉遣いによって、対象を「指示」しています。この「指示」という現象がどのようにして成立するかを論じるのが、「指示理論」(theory of reference)です。

「指示」についての議論は昔からありました。ですが、一九世紀の終わり頃から、とりわけこれが盛んになります。最初に注目されたのは、ゴットロープ・フレーゲ(Friedrich Ludwig Gottlob Frege, 1848–1925)に始まり、ジョン・サール(John Rogers Searle, 1932–)が継承・発展させた考え方でした。サールが一九六九年の『発話行為』(John R. Searle, *Speech Acts: An Essay in the Philosophy of Language* [Cambridge: Cambridge University Press, 1969])の中で展開した指示理論は、その考え方を典型的な形で示しています。

【図61】ジョン・サール

主としてフレーゲとサールが作り上げたこ

の指示理論は、指示に使われる語（指示語）にはなんらかの「記述内容」が結びついているとするものでした。例えば、「ソクラテス」という固有名には、「紀元前四六九年に生まれ、プラトンに影響を与え、アテネの裁判で有罪とされ死刑になったギリシャの哲学者」みたいな、先ほど言いました「記述」で表されるような内容（記述内容）が結びついているというのです。そして、この記述内容は、指示されるべき対象（指示対象）がどのようなものであるかを言うものですから、どれが指示対象であるかは、基本的に、その記述内容に合う対象であるかどうかによって決まるとされます。つまり、指示語と結びついている記述内容は、どれが指示対象であるかを決定する役割を担い、それに合う対象が指示対象と見なされる（言い換えれば、当該指示語はその対象を指示しているとされる）というわけです。

指示語には記述内容が結びついているということは、固有名の場合はもとより、「記述」の場合でも「直示語」の場合でも同じだと考えられます。「記述」の場合には、まさしくそれ自身が記述ですから、それがなんらかの記述内容と結びついているというのは、あたりまえですよね。例えば「世界で一番高い山」という記述は、「世界で一番高い山」という「記述内容」をそれ自身で示しています。したがって、何がその記述によって指示されているのか、何が指示対象なのかを確認しようとすれば、その記述内容にぴったり合う対象を捜せばいいわけです。つまり、固有名で「チョモランマ」とか「エベレスト」とか言われている山、それが、この場合の指示対象です。

直示語の場合も同じです。直示語を使ってなにかを指示しようとしている人は、例えば自分が「あれ」と言っているものが聞き手に理解されなければ、代わりになんらかの、それとわかる「記述」を提示する用意が、普通はありますよね。「あれ」でわからなければ、「目の前の机の上に置いてある本」といった具合に、「記述」を提示します。ですから、この場合にも、直示語はなんらかの記述内容と結びついていて、必要とあれば話し手はそれを聞き手に「記述」を用いて提示する用意がある、というわけです。

指示語には記述内容が結びついていて、これに合う対象が指示対象である（言い換えれば、記述内容が指示対象を決定する）という指示の考え方は、「記述主義」(descriptivism) と言われています。つまり、一九世紀の終わり頃から記述主義的指示理論が注目され、多くの支持を得てきたのです。

†反記述主義の指示理論

ところが、一九六〇年代の半ば頃から、こうした記述主義の考え方に対して、反対の立場が表明されるようになります。代表的な人物は、キース・ドネラン（Keith Donnellan, 1931–2015）、ソール・クリプキ（Saul Kripke, 1940–）、ヒラリー・パトナム（Hilary Putnam, 1926–2016）です。こういった人々の見解は、必ずしも一様ではありませんが、指示語と指示対象との結びつきは、記述内容によって決まるのではなく、話し手の信念（話し手が信じていること）とは関わりなく成立していること——例えば名前そのものが、名づけられた当人を起点として、その人を指示しようとしている話し手まで次々と現実の歴史の中で伝えられてきたこと——によると考える傾向があります。記述内容というのは、話し手が指示対象について信じていることですよね。そういう話し手が信じていることで指示語と指示対象との間の「指示」という関係が成立するのではなく、話し手の信念とは関わりなく存在しているある事実——例えば人から人への名前の受け渡し——によってそれが成立するというのです。

名前の受け渡しというのは、例えば、あなたは「ソクラテス」という名前を、他のある人から、あるいはある教科書から、受け取ったはずです。そのある人ないしある教科書を書いた人は、別の誰かからその名前を受け取った（聞かされた）はずですが、これをずっとたどっていって、ついには最初にその名前を与えられた（命名された）当人、つまりソクラテスその人に至るなら、その「ソクラテス」という固有名は、その人を指示対象とする、というわけです。

こうした傾向を持つ新たな見解が示された例を、挙げておきましょう。まずドネランからです。彼は自説を「歴史的説明説」（historical explanation theory）と呼んで、次のように述べています。

ある人を指示し、その人についてなにかを述定するという意図をもって話し手が名前を使用する場合、指示がうまくいくのはどういう場合か。それは、話し手がなにかを述定しようと意図したのは誰についてなのかを歴史的に正しく説明しようとするとき、その説明の中にある個人が入ってくる場合である。——これが〔私の〕考えの要点である。その場合、その個人が指示対象であり、なされた言明が真であるか偽であるかは、述語によって表示された性質をその人がもっているかどうかにかかっている。(Keith Donnellan, 'Speaking of Nothing', in Stephen P. Schwartz [ed.], *Naming, Necessity, and Natural Kinds* [Ithaca: Cornell University Press, 1977], p. 229.)

この引用だけでは、ドネランの論点を明確にするのに十分ということにはなりませんが、それでも、話し手がどのように思っているかだけで(つまり「記述内容」だけで)指示対象が決まるというのではなく、「話し手がなにかを述定しようと意図したのは誰についてなのかを歴史的に正しく説明」する作業という、話し手の記述内容とは多少とも距離を置いたところでの作業によって決まるというニュアンスは、読み取っていただけると思います。

もう一つ、今度は、『名指しと必然性』(Saul Kripke, 'Naming and Necessity', in Donald Davidson and Gilbert Harman [eds.], *Semantics of Natural Language* [Dordrecht: Reidel, 1972], pp.

253-355）の中の、クリプキの言葉です。

〔私の〕説をざっと述べれば、次のようになろう。最初の命名儀式がとり行われる。ここでは、対象は直示によって命名されるかもしれないし、名前の指示は記述によって固定されるかもしれない。〔そして、〕名前が「リンクからリンクへと受け渡される」ときには、思うに、名前を受け取る者は、人からそれを聞かされる際、その人の場合と同じ指示を行うようにそれを用いることを、意図しなければならない。（Ibid., p. 302.）

こちらのほうは、名前の「受け渡し」のイメージが明確に示されています。名前の「受け渡し」は、今指示を行おうとしている話し手が指示対象についてなにを信じていようとも（つまり、その人が指示語に結びつけている「記述内容」がなんであろうとも）、それとは関わりなく成り立っていると一応考えられそうです。で、これを核として指示対象が決まるというのであれば、それは記述主義の考え方とはずいぶんと違うように見えますよね。

反記述主義の立場は、このように、私たちが対象について何を信じているかということよりも、対象そのものが今それを指示しようとしている私たちとどのようにつながっているかに依拠して、指示語と指示対象の結びつきを確保しようとするものでした。言い換えれば、対象が持つなんらかの因果関係のようなものに依拠して、それを考えようとする傾向がありました。ですから、それに対しては、「因果論的指示理論」や「指示の因果説」(causal theory of reference) のような呼び方がしばしばなされてきました。

†パトナムの場合

新しい指示理論の中では、こうした動向の一環として、指示語と指示対象との関係は、話し手が何を信じているかではなくて、指示対象がそれ自体としてどうあるかで決まるという見解も、提示されていました。ここでは、その見解がよくわかるものの一つとして、ヒラリー・パトナムを取り上げてみたいと思います。

【図 62】ヒラリー・パトナム

私たちは、自然に存在するさまざまな物の「種」――ヒトとかネコとか、リンゴとかレモンとか、長石とか方解石とか、そういった「種」(これを「自然種」[natural kind] と言います)――は、私たちの考えによってではなく、それ自体で定まっていると、たいてい考えていますよね。その自然種を表す名前、つまり「自然種名」(natural-kind term) について、パトナムは次のように論じます。

自然種名は、特殊な役割を演じる言葉である。もし私があるものを「レモン」ないし「酸」と記述するとすれば、それがある特徴（黄色い皮、薄い水溶液での酸っぱい味など）を持っていそうだということを、私は示すことになる。しかしまた、それらの特徴が存在している場合には、それらの特徴の存在は、そのあるものが当該自然種の他の成員と共有しているなんらかの「本質的特性」によって説明されそうだということも、私は示すことになる。何が本質的特性であるかは、言語分析の問題ではなく、科学の理論構成の問題である。今日では、レモンの場合には、染色体構造がそれであり、また、酸の場合には、陽子供与体であることがそれであると言われるであろう。したがって、自然種名は、科学理論ないし前科学理論においてある種の役割を演じる言葉にほかならないと、言いたくなる。その役割は、大ざっぱに言えば、明らかな「弁別特徴」の根底にある共通の「本質的特徴」ないし「メカニズム」を、指し示すことである。(Hilary Putnam, 'Is Semantics Possible?', in Schwartz [ed.], *Naming, Necessity, and Natural Kinds*, p. 104.)

また彼は、次のようにも言っています。

自然種に属するためには〔……〕その種の範型的成員と同じ構造を持つか、あるいはそれと同じ法則に従わなければならない。そして、この構造ないし法則は、当該自然種名が導入されるときには通常知られてはおらず、それを発見するための〔……〕探求を必要とする。(Hilary Putnam, *Realism and Reason* [Cambridge: Cambridge University Press, 1983], p. 74.)

つまり、パトナムによれば、自然種名は、その種に属する典型的な個体の表面的特徴だけでなく、その本質をなす特徴(本質的特徴)とも結びついていて、多くの場合、あるものが当の自然種名の外延に属すかどうか(つまりその自然種名によって指示されるべき対象となるかどうか)は、典型的な個体が持っている本質的特徴(例えばレモンの場合、染色体構造)を共有しているかどうかによって決まるのであって、私たちが知っている表面的特徴(皮の色とか酸っぱい味とか)によって決まるのではない、というのです。

†ロックの記述主義

非常に興味深いことなのですが、ロックの『人間知性論』には、記述主義的指示理論と、今説明しましたパトナムの説にきわめて近い指示理論の二つが出てきます。これらはけっして矛盾を意味するものではなく、それらは、粒子仮説的な枠組みの歴史的状況を反映した、同じ一つの理論の二つの面をなすものなのです(これについては、あとで説明しますね)。まず、ロックが記述主義の立場を表明していることを確認してみましょう。彼は、次のように述べています。

各々の個体は〔一般名辞が表示する〕抽象観念との合致をその内に有するので、〔一般名辞の表す〕その種に属する。(John Locke, *An Essay Concerning Human Understanding*, ed. Peter H. Nidditch [Oxford: Oxford University Press, 1975], III. iii. 6, p. 411.)

ここに言う「一般名辞」(general Term) は、「人間」とか「動物」とかいった一般名のことですが、それは「一般観念」もしくは「抽象観念」を表示するという意味で、一般観念もしくは抽象観念と結びついています。そして、個々の個体は、「抽象観念との合致をその内に有する」とき、つまり、抽象観念の内容と合致するとき、「その種に属する」、つまり、その一般名で表されるものと見なされる、というのです。このように、ロックの場合、記述内容は、一般抽象観念が表していて、それに合う個体がその名前で呼ばれるという形を取っています。

同じことは、また、次のようにも表現されています。

存在する物は〔一般名辞の表示する〕抽象観念と一致するのがわかれば、それに応じてその名前のもとに類別され、あるいは同じことであるが、その種に属することになる。(Ibid., III. iii. 12, p. 414.)

また、次のような文言も見ることができます。

実体の共通名は、他の一般名辞と同じように、種を表す。それはつまり、いくつかの個々の実体が一致する、あるいは一致しうる、そうした複合観念の記号とされるということであり、このことによって、個々の実体は、一つの共通な想念に包括され、一つの名前で呼ばれることが可能である(Ibid., III. vi. 1, pp. 438–439.)

ここでは実体の共通名つまり一般名辞について、それは複合観念を表しており、これに合致する個々の実体は、「このことによって〔……〕一つの名前で呼ばれることが可能である」と言われています。ここに言う複合観念は、先ほどの「抽象観念」のことで、それに合うものがその名前で呼ばれる、つまりその名前によって指示される、というわけです。このように、ロックは明らかに、記述主義的指示理論の立場を表明しています。

注意が必要なのは、ここで言われている実体の抽象複合観念は、粒子仮説的物そのものの観念ではなく、日常的な実体つまり私たちが日常そのようなものだと思っている経験的対象としての実体の複合観念だということです。

もしロックの言う実体の複合観念が、経験的対象の観念ではなく、物そのものの観念であるとすれば、その内容はマイクロレベルの一次性質とそれに基づく能力のみに限定されるはずですよね。ところが、ロックが挙げる例は、そういうものではありません。例えば太陽の観念の場合、それは

> 輝き、熱く、丸く、恒常的な規則的運動を有し、われわれからかなり離れたところにあるといった、多様な単純観念（Ibid., II. xxiii. 6, pp. 298–299）

からなると言われていますし、金の観念は、

> 黄色の、重い、可熔性と展性とを持つ物体という〔……〕複合観念（Ibid., IV. viii. 5, p. 613）

として説明されています。これらの観念の構成要素に「熱く」とか「黄色の」とか、二次性質が働いて私たちが知覚するもの（いわゆる「二次性質の観念」）が含まれていることか

らもわかりますように、ロックが挙げている具体例は、私たちが感覚によって知覚するところの「物」の観念、つまり、日常的な物体の観念です。そして、こうした観念は、私たちがさまざまな実体すなわち物を観察して、そこに見出すさまざまな単純観念を寄せ集めたものです。実際、ロックは実体の観念について、次のように述べています。

われわれが持っている実体の種の観念は、〔……〕一つの基体において合一されそのようにして共存する単純観念の、ある集合体にほかならない。例えば、われわれが持っている炎の観念は、熱くて、明るく、上方運動をなす物体であり、金の観念は、ある度合いの重さを持つ、黄色で、展性がある、可熔性の物体である。人々の心の中にあるこれら、あるいはこれらに類するなんらかの複合観念を、「炎」、「金」という、異なる実体のこれら二つの名前は表している。これらもしくは他の種類の実体についてさらになにかを知ろうとするとき、これらの実体がほかにどんな性質ないし能力を持っているかあるいは持っていないかということ以外に、われわれは何を探究するか。それはつまり、その複合観念を形成する単純観念が、ほかのどんな単純観念と共存しあるいは共存しないかを知ること以外の、なにものでもない。(Ibid., IV. iii. 9, p. 544.)

また、別の箇所では、「自然誌」(natural History 先に説明しましたように、観察によって物がどのような性質・特徴を持つかを実地に確認することです）という言葉を用いて、次のように説明しています。

実体の名前を正しく定義するには、自然誌が探究されなければならず、それらの特性を、注意深く検討しながら見出さなければならない。〔……〕われわれは、その種の物に関する自然誌に精通することによって、それぞれの種の名前に属する複合観念を、修正し確定しなければならない〔……〕。(Ibid., III. xi. 24, p. 521.)

こうして、ロックは、感覚的に知覚することのできる経験的対象については、私たちはそれについての抽象観念を一般名辞によって表示させ、それと合致する個々のものをその一般名辞で呼ぶという見解を採っているのです。

†ロックのもう一つの面

ところが、実に興味深いことに、ロックはそれと同時に、パトナムの説と共通する見解をも示します。先ほどパトナムを例に挙げて説明しましたように、反記述主義の立場を採る人々は、しばしば、指示語が何を指示対象とするかを決定するのは、指示語と結びついた記述内容ではなく、指示対象それ自体がいかなる本質的なあり方をしているかであるという立場をとりました。ロックは、『人間知性論』第三巻「言葉について」の終わり近くで、これと同様のことを表明していました。

右に見ましたように、実体の複合観念は、私たちが当の実体（物）をよく観察して、どのような単純観念からなるかを確認しながら作っていくものです。ですから、実体の複合観念は、人によっても、時代や文化によっても異なっていたりしますし、同じ人でも、物の観察を続けることによって、その物の観念を構成する単純観念が増えたり、場合によっては減ったりして、その内容が変化していく可能性を常に持っています。

記述主義の立場からすれば、実体の一般名辞も含めて指示語が指示する対象（指示対象）を決定するのは、指示語と結びついている記述内容であり、ロックの場合、一般名辞については、それが表示している一般抽象観念が、指示対象を決定する役割を担います。そうすると、当の一般抽象観念が変化しますと、どれが指示対象であるかを決める基準となるものが変化するわけですから、理屈上は、それに合う対象がその都度以前とは異なることになりかねませんよね。つまり、その一般名辞で呼んでいるはずの実体（指示対象）が、抽象観念が変化するたびに別物になる可能性があるということを、意味しかねません。

ところが、そうした原理的懸念があるにもかかわらず、実体の一般名辞の場合、ロックは、それと結びついた抽象観念の内容が変化しても、私たちは一般に実体の種類が変わったとは考えないという現象に着目します。そして、それを次のように説明します。

複合観念を形成するもろもろの観念のどれかが取り去られたり変えられたりすると、別の種になってしまうということ〔……〕は、実体の場合にはない。なぜなら、〔例えば〕「金」と呼ばれる実体の場合、人が自分の複合観念の中にほかの人が入れないものを入れるとしても、あるいはその反対のことをするとしても、通常人々は、それによって種が変わったとは考えないからである。その理由は、人々が、自分の心の中で、密かにその名前を、それらのもろもろの特性が依存するある存在する物の実在的かつ不変の本質と関わらせ、それと結合していると想定することにある。人が、自分が持っている金の複合観念に、前には入れなかった不燃性や王水での可溶性を加えても、その種を変えたとはされず、〔……〕より完全な観念を持ったとされるだけである。(Ibid., III. x. 19, pp. 500–501.)

つまり、人々はその一般名辞を、密かに、本来当の物が持っているはずの実在的本質(つまり「物そのもの」の本質的構造)を名指すべきものと、見なしているというのです。けれども、その実在的本質は、仮説的に研究しうるものではあっても、ロックの時代にはそれに依拠することができるほど知られているものではないので、観察から得たその対象の見かけのあり方を表す観念を頼りに、種の区別を行っている、というわけです。

先述のように、実体の観念は変化するものですが、それでもその変化に応じて種が変わるとは考えないのは、当該一般名辞を暗黙のうちにその本質的構造（実在的本質）と結びつけ、その本質的構造自体は変化しないと確信しているからだと、ロックは説明しているのです。

†自然誌時代の指示理論

二つの指示理論が競合するものとして扱われていた前世紀後半には、ロックの指示理論に二つの面があると言うと、それを矛盾と見る人が少なくありませんでした。けれども、それは矛盾ではありません。本来できうるなら私たちは物の本質的なあり方（実在的本質）によって、物の種を区別したいところだが、その本質的なあり方を捉えられる状況にはない。したがって、実体の一般名辞によってさまざまな物を名指し区別する（つまり指示する）ために使えるのは、物が私たちを触発した結果私たちが感覚的に知覚するさまざまな性質からなる抽象観念だけである。これは私たちの研究の進展とともに変化する。けれども、私たちはもともと物の実在的本質によって種の区別がなされるはずだと考えているため、抽象観念の変化を種の変化とは考えない。——そういうことを、ロックは言っているだけなのです。

ロックのこの見解を、パトナムのそれと比較すると、ロックの二重構造的指示理論の特徴がよくわかります。先に引用したパトナムの一節を、もう一度引用してみます。

自然種名は、特殊な役割を演じる言葉である。もし私があるものを「レモン」ないし「酸」と記述するとすれば、それがある特徴（黄色い皮、薄い水溶液での酸っぱい味など）を持っていそうだということを、私は示すことになる。しかしまた、それらの特徴が存在している場合には、それらの特徴の存在は、そのあるものが当該自然種の他の成員と共有しているなんらかの「本質的特性」によって説明されそうだということも、私は示すことになる。何が本質的特性であるかは、言語分析の問題ではなく、科学の理論構成の問題である。今日では、レモンの場合には、染色体構造がそれであり、また、酸の場合には、陽子供与体であることがそれであると言われるであろう。したがって、自然種名は、科学理論ないし前科学理論においてある種の役割を演じる言葉にほかならないと、言いたくなる。その役割は、大ざっぱに言えば、明らかな「弁別特徴」の根底にある共通の「本質的特徴」ないし「メカニズム」を、指し示すことである。(Putnam, 'Is Semantics Possible?', p. 104.)

ここでパトナムは、レモンについて、皮の色や特徴のある味などの「弁別特徴」に、染色体構造のような「本質的特徴」を対置しています。これが、ロックの場合、私たちが持っている実体の複合観念と、その根底にある粒子仮説的構造としての「実在的本質」の対比に該当することは、明らかでしょう。パトナムは、自然種名（ロックの場合には実体の種の名前）の役割は、「「弁別特徴」の根底にある共通の「本質的特徴」〔……〕」を、指し示すこと」だと言っています。このパトナムの主張が、「人々が、自分の心の中で、密かにその名前を、それらのもろもろの特性が依存するある存在する物の実在的かつ不変の本質と関わらせ」るというロックの見解とどれほど重なっているかは、言うまでもありません。「それらのもろもろの特性」というのは、実体の複合観念を形成しているさまざまな単純観念のことで、人々は、実体の名前を、それらの特性が依存している実在的本質と「関わらせ」ると、ロックは見るのです。

ロックとパトナムの対応がこのように明らかになりますと、両者の見解の差異も明らかになります。ロックの場合には、自然種名は本質的特徴と結びつけられているにもかかわらず、物を本質的特徴によって種に分けることはできません。なぜなら、当時の科学における仮説的研究は、それに使えるだけの成果を人々に示すには至っていないからです。そういう時代には、自然誌に依拠して、物が私たちにどのような表面的特徴を示すかを観察し、それを基に、種への弁別（言い換えれば自然種名による指示）を行わざるをえません。ところが、今日では、仮説的研究が大いに成果を上げていて、それは本質的特徴にあたるものを私たちに示していると、人々は一般に強く信じています。ですから、パトナムの場合には、表面的特徴によってではなく、最終的には本質的特徴によって自然種名による個物の分類が可能である、とされているのです。

ロックがどれほどパトナムの見解を先取りしていたかは、これでおわかりいただけたと思います。異なるのは、ロックがまだ主として自然誌に依拠するしかない時代に生きていたという点にすぎないように思われます。

因みに、私自身は、反記述主義の立場も結局は記述主義の一種であると考えています。この件は、パトナムの見解を見ていただくと、わかりやすいと思います。パトナムは、本質的特徴が種の分類の基準となると考えるわけですが、本質的特徴というものもまた、かくかくしかじかという、なんらかの記述内容をなすものにほかなりません。それに合うものがその種のもので、それに合わないのが別の種のものだというのであれば、それはまさに、典型的な記述主義の手法にほかなりません。そのような意味で、「二つ」の指示理論の対立を強調するよりも、いわば二つのアスペクトの間の緊張関係の中で指示に関してどのようなことが見えてくるかを考察することのほうが、生産的であると私は考えています。ロックはそれを考えるのにうってつけです。なにしろ、どちらの面も備えていた人なのですから。

第9章　創造的変化の思想——ローティの批判にもかかわらず彼の先駆者として

†ローティとロック

いささかわたくしごとで恐縮ですが、ローティ先生（リチャード・ローティ Richard Rorty, 1931–2007）がまだお元気だった頃、ロック解釈をめぐって少々厳しいやりとりがありました（その実際は、例えば、Randall E. Auxier and Lewis Edwin Hahn [eds.], *The Philosophy of Richard Rorty* [Chicago and La Salle, Ill.: Open Court, 2010], pp. 293 ff. や、Yasuhiko Tomida, *Quine, Rorty, Locke: Essays and Discussions on Naturalism* [Hildesheim, Zürich, and New York: Georg Olms, 2007] に出てきます）。私は、ロックは私たち人間の生き方・考え方の変化や新たなあり方を肯定的に認める典型的な哲学者であったと考えていたのですが、ローティ先生は、それをお認めになりませんでした。その最も大きな論拠とされたのは、ロックが「実在的本質」（real Essence）という言葉を使用したことでした。ローティ先生は、その言葉は外的世界のあり方が、私たちがどう考えようとも決まっており、私たちはそれをあるがままに手にしなければならないとロックが考えていることの現れだとお考えでした。けれど、それは、あくまで、仮説的思考の中でのことです。ですから、「実在的本質」とは言うものの、それ自体として定まっているという意味での「自然」（彼の著書『哲学と自然の鏡』の表題に出てくる意味での「自然」。これについては、拙著『ローティ』［筑摩選書、二〇一六年］一三八～一三九ページをあわせてご覧いただければ幸いです）にあたるものではなくて、私たちがそう考えるのが今のところいいのではないかという意味で言われているることだというのが、私の見解でした。

ローティ先生は、これに加えて、そもそも認識のメカニズムを明らかにしようとすること自体、われわれの思考に一定の制限を加えようとするものだと見ていました。

【図63】ローティと筆者

けれども、『人間知性論』の論調は、けっしてそういうものではありません。先に述べましたように、生得原理や生得観念の否定は、それらを認めることによってある原理を問答無用で認めさせ、思考停止に陥らせようとすることへの抵抗の一環でした。また、その上で、知識の材料である観念はどのようにして得られるのか、そうした観念から知識や意見はどのようにして導出されるのかを検討することは、既成の権威に飲み込まれることなく、どのようにして（ロックの場合は、神が与えてくれた）限られた能力を精一杯使って、自分自身の努力で良き生を営むかを示すためのものでした。『人間知性論』におけるロックの姿勢は総じて控えめで、与えられたもの

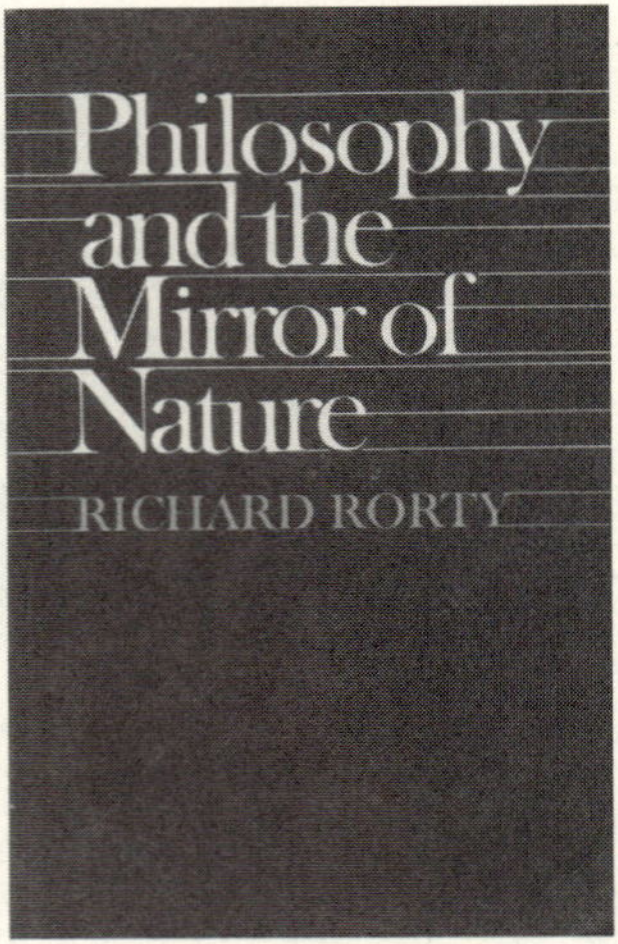

【図64】『哲学と自然の鏡』

が少ないからと不満を持たず、むしろあるものを最大限有効に使ってより良い生き方をするよう努めようというものでした（ですから、余計な話ですが、カントが『純粋理性批判』の中でロックは「狂信」に道を開いたと言うのを、自身の見解を持ち上げるための噴飯ものの発言であると、私は思っています）。そうした中で、彼が擁護したかった粒子仮説的自然科学を含めた各種の学問がどのようにして成り立つかを、ロックは明らかにしようとしたのです。

ロックはこれまでさまざまに誤解されてきました。その誤解の一つが、ロックは認識論によって私たちの思考に制限を加えようとしているという、右のローティ流の捉え方でした。しかし、私には相も変わらず、ロックはローティの先駆者だったとしか思えません。本章では、ロックがローティ流の創造性を重視する思想家であったことを、いくつかの話題を取り上げて論じたいと思います。

†問題提起

改めて、問題を提起しておきます。

単純観念が「受動的に」心にもたらされるのに対して、心はこれを素材として「能動的に」さまざまな複合観念を形成するというのが、ロックの観念説の基本的なイメージです。それですと、単純観念の場合はともかく、複合観念の形成にあたっては、それを進める私たちの心に、これまでにないなにかを新たにクリエイトする（創造する）余地があることになりそうですよね。実際ロックは、様態、特に混合様態の観念を論じる際、これがなんらかの外的原型に基づくことなく形成されることを、繰り返し論じています。

第3章で手短に説明しましたように、「様態」というのは平たく言えばものの「あり方」のことです。そのうち、長さの観念みたいに同じ単位となる単純観念を次々と足し合わせたようなもの、例えば一メートルという長さの観念や、三時間という時間の観念のようなものを、ロックは「単純様態」(simple Mode) と呼びました。これに対して、異種の単純観念を組み合わせて作られる様態の観念を、「混合様態」(mixed Mode) と呼びました。ロック自身の例を挙げますと、「窃盗」とか「義務」とか「酩酊」とか「嘘」とか「殺人」とか「近親相姦」とかがそれにあたります（これらがなぜ「混合様態」かと言うと、例えば「殺人」の観念は「殺すこと」という観念と「人間」という観念とを組み合わせたものと考えることができますよね。「殺すこと」という観念と「人間」という観念は、別種の観念です。ですから、それらの別種の観念から形成されている「殺人」の観念は、「混合様態」と言われるのです)。

ロックは、様態の観念について、外的原型に基づいて、つまり例えば実際の殺人の現場を目撃し、それをもとに「殺人」の観念を作るという可能性を認めてはいますけれども、基本は、そうした観念を私たちは外的原型なしに自分で自由に作ることができるというのが、ロックの見方です。

しかし、ロックは、すべての複合観念について、様態の場合と同様の自由が心にあると考えているわけではありません。同じく複合観念の一種である実体の複合観念の場合には、ロックはしばしばその「外的原型」の存在を説いています。外的原型があるのですから、勝手に観念を作るわけにはいきません。そのようなわけで、実体の複合観念の形成には、かなりの制限があることが説かれています。しかも、こうした様態の観念と実体の観念の対比は、彼の知識に関する考え方にも反映し、その結果、経験に基づく知識と経験に基づかない知識という知識の二分法が、ロックにも認められることになります。

しかし、実体の複合観念の場合、心の「創造」的な働きないし自由度にかなりの制限があるというのは、文字通りそうなのでしょうか。本章では、この問題を考察することによって、ロックの経験論的観念説が持つ創造的性格について考えてみたいと思います。

まず、様態の観念のうち、その形成における自由度の高さをロックがとりわけ強調した「混合様態」を取り上げ、それに関するロックの見方を確認するよう努めます。その上で、実体の複合観念の場合について考察し、最後に、「ロックはすべての知識を経験から得られると考えた」という時折聞かれる流言がなぜ流言なのかに触れておきたいと思います。

†混合様態に見られる創造的性格

まずは、「混合様態」の観念形成について、ロックがどのように言っているかを見ておきましょう。

> 心はその単純観念に関してはまったく受動的で、感覚ないし反省の提示するままに、物の存在と働きからそれらをすべて受け取り、一つの観念も作ることができない。これは、経験の示すところである。しかし、今話題になっている私が「混合様態」と呼ぶ観念を注意深く考察すると、その起源はまったく違うことがわかるであろう。心は、これらのいろいろな集成を作るにあたり、しばしば能動的な能力を行使する。というのも、ひとたび心に単純観念が備えつけられると、心はこれを集めてさまざまに構成でき、かくして多様な複合観念を、それが自然の中でもそのように一緒に存在するかどうかを検討せずに、作ることができるからである。したがって、これらの観念の起源や恒常的存在が

物の実在よりも人々の思考の中にあり、こうした観念を作るには、心がそれらの諸部分を寄せ集めることと、それらが実在するかどうかを考察せずに知性の中で撞着しないことだけで十分であるかのようであることから、こうした観念は「思念」と呼ばれるのだと私は思う。とはいうものの、それらのいくつかが、観察から、つまり、知性の中で集められるとおりに集成されているいくつかの単純観念の存在から取られることを、私は否定しない。というのも、偽善という観念をはじめて作った人は、最初、ある人が本人の持っていない善い性質を見せびらかすのを観察して、そこからこの観念を得たかもしれないからである。(John Locke, *An Essay Concerning Human Understanding*, ed. Peter H. Nidditch [Oxford: Oxford University Press, 1975], II. xxii. 2, pp. 288–289.)

ここに言われていますように、混合様態の観念は、その範型ないし外的原型を持っている場合もあります。けれども、多くの場合、混合様態の観念を作るにあたっては、心は自分の思うままに単純観念を寄せ集めて、それを一つにまとめることができるとロックは考えています。その場合の条件となるのは、「知性の中で撞着しないこと」、つまり、矛盾した内容を含まないということだけです。このことをロックはまた、次のように説いています。

混合様態と関係は、それらが人々の心の中で持つ以上の実在性を持たない。したがって、そうした種類の観念を実在的とするのに必要なのは、それらに合致して存在する可能性があるように形成されることだけである。これらの観念は、それ自身が原型であるから、その原型と異なることはありえず、したがって、誰かが不整合な観念をその中に混入しない限り、妄想的ではありえない。(Ibid., II. xxx. 4, p. 373.)

ロックが「混合様態」の観念の形成において、私たちの心にどれほどの自由を認めているか、これでおわかりいただけたのではないでしょうか。物の観念としての実体の複合観念の場合には、勝手に観念を作ると、それは架空のものでしかなく、無用のものだとされてしまいがちです。ところが、私たち自身のあり方、私たちの社会のあり方等々、広い意味でのもののあり方としての「混合様態」の観念の場合には、すでに存在するあり方の場合は別として、どんなあり方を考えようとも、それには、実体の複合観念の場合のような「外的原型」がないと考えられるのです。

†混合様態と言語の目的

右に見ましたように、私たちは、原理的には、矛盾さえなければどんな混合様態の観念でも作ることができます。けれども、実際には、なんでもいいというわけではありません。

ロックは、

混合様態の複合観念においては、心は物の存在に正確に従わない自由を有する(Ibid., III. v. 3, p. 429)

としながら、続けて次のように言っています。

心は一定の〔観念〕集合をそれぞれ別個の種的観念として合一し把持する一方で、自然の中で同じくらい頻繁に起こり外的な物によって同じくらい明確に示唆される他のものについては、特定の名前を与えることも種とすることもなく、無視したままでいる。(Ibid.)

つまり、私たちはある混合様態の観念集合は好んで作るけれども、外的事物がいかに他のあり方を示そうとも、それらには関心を払わないでいることがある、というのです。ある混合様態の観念には関心を持つが、他の混合様態の観念には見向きもしないというわけです。では、どうしてこのような違いが生じるのでしょうか。

この件に関して、ロックはこの違いを、「言語の目的」(the end of Language)との関係において説いています。例えば彼は次のように言っています。

さらにもう少し探究して、単純観念のいろいろな集成から、別個な、言わば決まった様態を作り、物そのものの本性上同様に集成されて別個の観念を作る適性を持っている他のものを無視するよう人々にしむけるものが何であるかを知ろうとすれば、その理由は言語の目的であることがわかるであろう。言語の目的は、できるだけ迅速に人々の思考を相互に表示し伝達することであるから、人々は通例、自分たちが生活し話し合う中で頻繁に用いるような観念集合から複合様態を作ってそれに名前を与え、言及する機会がほとんどない他のものはばらばらのままに放置して、それらを束ねる名前をつけずにおくのである。(Ibid., II. xxii. 5, p. 290.)

またロックは次のようにも言っています。

〔混合様態の観念〕は、次のような観念から、すなわち、まったくばらばらで、心が一つの観念に集成するようにけっして結合しない他のさまざまな観念と同じように、それ自体としてはほとんど結びつきのない観念から集成されたものであるが、しかし、それらは常に、言語の主要な目的である意思伝達の便宜のために作られる。言語の効用は、一般的想念を短い音で容易かつ迅速に表示することであり、この一般的想念には多数の特殊が含まれるだけでなく、実に多様な独立した観念が集められて一つの複合観念をなしている。したがって、混合様態の種を作るにあたっては、人々は互いに言及する機会があるような観念集成だけを考慮してきたのであった。(Ibid., III. v. 7, pp. 431-432.)

『人間知性論』第三巻第二章で説かれていますように、ロックは、思考の記録と他人に対するその伝達が、言語の一般的目的であると見ています。ところが、右に引用した箇所では、その目的が、さらにある興味深い事実を示唆するような仕方で説かれています。そこでの強調点は、さしあたって、話し手が自分の考えを「短い音で容易かつ迅速に表示する」という便宜の面にあります。このことはまた別の箇所で、

〔人々〕が日々携わるものを、ひどい回りくどさや遠回りなしに、一層容易に記録し話し合えるようにし、彼らが絶えず情報を与えたり得たりしているものが、一層容易かつ迅速に理解できるようにする(Ibid., II. xviii. 7, p. 225)

という仕方で説かれたりもしています。興味深いのは、このような「言語の目的」の背後にあって、それを動かしているある事態です。

†生活様式との関係

単に回りくどさを避けるということだけでは、なぜある混合様態の観念は形成され名前が付けられるのに、他のものはそうではないのか、ということがまだ十分に説明されたとは言えません。この説明にあたっては、むしろ、そのような遠回りを避け、考えを迅速に伝えようとするという人々の振る舞いの背後にあるものが重要です。ロックはそれを、人々の「関心」や「欲求」であり、また、特定のものに関心を抱かせる「習慣」であり「風習」であり「世論」であり「生活様式」であるとしています。ロックは生活様式（manner of Life）が国や文化、下位文化等々によって多様であること、したがって、その中に生きる人々の関心もそれぞれに異なりうることを、事実として十分に承知しています。そして、最終的には、そうした生活様式の違いを、主として混合様態の観念との関係で見ようとします。このことは、一般論としては、次のように説かれています。

〔人々はいろいろな業務について指図したり話し合ったりする際に、手早い処理のため、それらの業務に属するさまざまな活動の多様な複合観念に名前を与えるが、〕こうした観念は、それらの業務に携わらない人々の心には、一般に形成されない。したがって、それらを表示する言葉は、同じ言語を用いる大部分の人々には理解されないのである。（Ibid.）

一つの国民のいろいろな風習、習慣、風俗は、いろいろな観念集成、すなわち他の人々が作る機会をけっして持たず、あるいはおそらく気づく必要さえけっしてなかったような観念集成を、ある人々に馴染ませ必要とさせるので、当然それらに名前が付与され、日々話し合われるものにおいて回りくどい言い回しを避けるようになる。こうしてそれらは彼らの中で、それぞれ別個な複合観念となるのである。〔……〕そうした習慣がなかったところでは、そうした活動の思念は存在せず、合一されそれらの名辞によって言わば一緒に束ねられたそうした観念集成は使われることがなく、したがって他の国々ではそれらに対する名前が存在しなかったのである。(Ibid., II. xxii. 6, pp. 290–291.)

こうして混合様態においては心は都合がよいと思う観念を任意に複合観念へと合一するが、その一方では、自然において同じように結びついている他の観念は、ばらばらのままに放置されて、けっして一つの観念へと集成されない。なぜなら、それらには名前を付ける必要がないからである。(Ibid., III. v. 6, p. 431.)

ある国の人々は、彼らの習慣や生活様式によって、さまざまな複合観念を形成し、それらに名前を与える必要性を見出したが、他の国の人々はそれらを集めて種の観念にすることはけっしてなかった。(Ibid., III. v. 8, pp. 432-433.)

また、具体例を挙げた箇所としては、例えば、次のようなものがあります。

人々が殺すという観念に父親ないし母親の観念をつないで、息子や隣人を殺すのとは異なる種を作るとすれば、それは犯罪の凶悪さが異なるからである。〔……〕しかし、母と娘の観念は、殺すという観念との関係においては非常に異なる扱いを受け、一方はその〔殺すという〕観念と結びつけられて名前を持つ別個の抽象観念〔……〕を作るのに、他方はそうではない。ところが、性交に関しては、それらはいずれも近親相姦のもとに取り入れられる。それもやはり、他にはない特別な背徳性を持つけがらわしい交合を、一つの名前で表現し一つの種に数えるという、便宜のためである〔……〕。(Ibid., III. v. 7, p. 432.)

この例は、普遍的に確認できるある事実を述べたものではなく、ある社会の中での関心のあり方ないし必要性によって、特定の混合様態の観念が形成され名前が与えられることを示したものです。このほかロックは、ギリシャの「陶片追放」やローマの「氏名公示」(Ibid., II. xxii. 6, p. 290) をはじめとして、実に多くの例を挙げ、生活様式の多様性とそれに応じた混合様態の観念の違いに言及しています。

†新たな生活様式と新たな語彙

しかし、右に見たような事態は、観念形成にとっては、まだ、単なる「制限」でしかないように見えるかもしれませんね。人々の関心や必要からさまざまな混合様態の観念が作られ、しかもそれらの関心や必要が多様に折り重なって生活様式や習俗や文化となっているとしますと、混合様態の観念の形成は、かえって、人々が属する文化によって規制を受けているというふうに、見られなくもありません。けれども、これは既成の混合様態の観念をその名前とともに受容するという状況について言えることです。混合様態の観念形成に関してロックがこのような状況にも目を向けているのは確かです。それは、ロックが、他者からある混合様態の観念の構成要素となる単純観念の名前を告げられることによって、その混合様態の観念を形成するという事態を、幾度も論じていることからして、明らかです。けれども、右に引用したいくつかの箇所で取り上げられているのは、主として新たな混合様態の観念を形成する場合です。この場合には、新たな生活様式の獲得が、当該観念の形成と一体になっていると見るべきではないかと思われます。

この点をもう少し明確にするためには、ロックが、混合様態の観念の共時的多様性ばかりでなく、その通時的変化にも言及していることに、注意する必要があります。彼は、端的に、次のように言っています。

> したがってわれわれはまた、なぜ言語が絶えず変化して、新たな名辞を受け入れ古い名辞を捨てるのかを、理解することができよう。なぜなら、習慣や世論の変化が、それとともに、頻繁に考え語る必要のある新たな観念集成をもたらすので、長い記述を避けるために新しい名前がそれらに付与され、こうしてそれらは複合様態の新たな種となるからである。(Ibid., II. xxii. 7, p. 291.)

新たな生活様式の形成が、新たな混合様態の観念とその新たな名前を生むという、ここに示されたつながりは、右に触れたように、混合様態の観念形成がある種の社会的制約のもとにあることを意味するものではありますが、それは同時に、新たな生活様式の創造に対する混合様態の観念とその名前の積極的役割をも暗示しています。つまり、ロックは、社会のあり方が混合様態の観念形成を必然的に拘束すると主張しているわけではなく、むしろ、人間には常に新たな生活様式の可能性があって、その可能性の実現において混合様態の観念形成が多大の役割を担うということを示唆しているのです。しかも、言語が社会的なものであるというロックの言語観の基本を考慮しますと、社会のどこかで始まった新たな生き方と新たな語彙の使用は、社会の他の部分に対してもその生き方の変更に寄与する可能性を持つことになります。

こうして私たちは、「混合様態」の観念に関するロックの見解が、「言語」と「創造性」との関係を考察する現代哲学のある潮流（ローティもそれに属しています）と密接な関わりを持ちうるものであったことを、認めざるをえないのです。

†仮説的探究

混合様態の観念についてのロックの見解は、ロックの人間観の中で、人間の創造的進化の可能性を最もよく表しています。なにしろ、ロックが言うように、混合様態の観念には外的原型がある場合があるものの、それは本来、私たちが自由に形成してよい観念なのです。しかも、それは私たちの生き方、「生活様式」の、反映でもあるのです。これに対して、実体の複合観念の場合には、外的原型があって、それに合わせて作られなければならないというのが、ロックの基本的見解でした。そのため、この場合には、一見、ロックは私たちの思考をそれとは独立に定まったものに合わせなければならないと主張しているように見えるのです。ローティがこだわったことの一つは、それでした。ロックは、世界の定まったあり方があって、それを忠実に映し取るのが私たちの務めであるとする、いわゆる「自然の鏡的人間観」を持っていると、ローティは見たのです。

けれども、私はこの理解を受け入れることができません。なぜなら、ロックは、自然の世界がどのようにあるかについては、その定まったあり方をこれだと提示するスタンスではなく、私たちが自然誌によるデータを基に、さまざまに仮説を作ってみて、どういうふうに考えるのがいいかを試してみるというスタンスを採るからです。

例えば、ロックは、どうして粒子仮説を採用するのかについて、諸種の理由から少なくとも今のところ最良の仮説と考えられるからだと答えます。私たちの生き方と深く関わる混合様態の観念が、私たちが自由にその形成を試みていいように、仮説もまた、自由にそれを考案していい。但し、どちらも、なんでもいいから作ればいいというのではなく、なんらかの効用をそれぞれに持つかどうかで取捨選択されるというのが、ロックの捉え方です。

でも、それだとなぜロックは、特に実体の複合観念について、「外的原型」ということを言うのでしょうか。それを考えるには、ロックが粒子仮説的な「物そのもの」とともに、しばしば経験的対象、つまり、私たちが日常「物」と思っているものについて語るということを、念頭に置かなければなりません。私たちが日常「物」と思っているものが私たちにどのように現れるかは、私たちの自由になることではありません。リンゴを見れば、こんな色、こんな形が見え、匂いを嗅ぐと、ある匂いがします。そうしたものは、私たちが自分が見たいように、自分が嗅ぎたいように、任意に感じることができるようなものではありません。ロックは、日常的な言葉遣いを用いて、こういう、「物」が私たちに見せる姿を、「外的原型」と言っているのです。これを基にして、私たちはリンゴの観念を作らなければならない、だから、感覚される物のありようは、私たちが記憶に留めなければならない観念の「原型」である、というのです。もとより、感覚される物のありようもまた、厳密には観念ではあるのですが、ここは日常的な語法に近い形で、記憶に留められ再現される観念のほうだけを、「観念」と呼んでいるのです。ですから、日常的な物の観念に関する限り、感覚される物のありようが原型となるというわけで、勝手に観念を作ってよしとするわけにはいかないというのが、ロックの論旨です。

ですが、科学者としてのロックにとっては、日常的な「物」がどのように姿を見せるかということを踏まえて（つまり「自然誌」的研究を踏まえて）、いわばその向こうにある「物そのもの」をどう考えるかが問題でした。それについては、日常的な「物」がどのように姿を見せるかをデータとし、そのデータを基に、さまざまに仮説を立てて研究を進める必要がありました。その仮説の構成は、混合様態の創造的観念形成の場合にそうであるように、まさにさまざまに思いをめぐらし工夫をすることが、私たちに求められています。つまり、私たちの自由な観念形成能力を最大限生かして、よりよい仮説に至ることが求められているのです。

しかもロックは、自然誌的探究における柔軟な姿勢を、繰り返しわれわれに求めています。それは、探究の進展に応じて物体（物質）が新たなあり方を示す場合には、進んでその観念（実体の複合観念）を修正していくことを意味します。先に私たちは、混合様態の観念が通時的に変化していくことについてのロックの視点を確認しましたが、実体の複合観念の場合にも、経験的対象の観念であれ仮説的な「物そのもの」の観念であれ、それらを必要に応じて柔軟に変更していくことが、ロックにおいては当然のものと見なされているのです。

このように見ていただきますと、ロックが基本的に自由と創造と希望の哲学者だったことが、ご理解いただけると思います。現状に甘んじることができなければ、新たな考えを作り出して、それでやってみる。そうしたことがそれなりにできる力が、私たちには与えられているのだから、その力がいかに限られたものであろうと、それを最大限生かして、よりよい生を生きようではないか。『人間知性論』の序論に述べられたこの精神こそ、『人間知性論』全体に行きわたるロックの精神です。ですから、私の見るところ、ロックは間違いなく、ローティの先駆者なのです。

†補論——ロックの規約主義

最後に、本章のこれまでのお話との関係で、ロックはすべての知識を経験から得られるとしたという、ロックについて時折聞かれる、もう一つの根拠のない誤解を取り上げておきたいと思います。

ロックは、当初、複合観念を、「様態」(Mode)、「実体」(Substance)、「関係」(Relation)の三つに分けていましたよね。このうちの「様態」というのは、平たく言えば、物事のありようでした。ですから、「三角形」であるとか、「一メートル」の長さであるとか、「殺人」とか、「近親相姦」とか、「所有」とか「正義」とかというのがそれにあたります。そして、先に述べましたように、ロックはこうした「様態」のうち、空間や持続(時間の流れ)や数のありよう(例えば「一メートル」、「三角形」、「二四時間」、「一ダース」)のように、同じ種類の単純観念から形成されていると考えられるものを、「単純様態」(simple Mode)と呼び、「殺人」のように、異なる単純観念から形成されていると考えられるものを、「混合様態」(mixed Mode)と呼びました。

ロックは数学的真理が、さまざまな経験の結果からそれを一般化して得られるもの、つまり帰納的一般化によって得られるものとは見ていませんでした。数学的真理が持つ特異な特徴を説明するにあたり、彼は、数学が扱う数や空間のあり方が、すべて、外的原型とは関わりなく形成される単純様態の観念であることに、その根拠を見ようとしていました。

様態の観念が基本的に外的原型なしに形成されるものであることは、すでにお話ししたとおりです。確認のため、ここで、ロックが様態の観念一般について述べている箇所を、一つ挙げておきたいと思います。

われわれが持っている様態の複合観念は、どこかに存在する本物の原型ないし永続的範型に関わることなく心が集めて作る、単純観念の任意の集合体である〔……〕。様態の観念は、実在する物の写しとして作られるのではなく、物をそれによって分類し名づけるための、心によって作られる原型として意図されているので、それには欠けるところがありえない。〔……〕例えば、私が三つの辺が三つの角において出会う図形の観念を持てば、それによって私はある完全な観念を持つことになり、その観念においては、私はそれを完全にするための別のなにかを必要としない。心が、自分が持っているこの観念の完全さに満足していることは、心が「三角形」という言葉で表示するものが〔どこかに別途〕存在していることを想定して、心自身が三つの辺と三つの角の複合観念として持っているものよりも、完璧でより完全な観念をなんらかの知性が持つ、ないしは持ちうるとは考えないことから、明らかである。心自身が持っている三つの辺と三つの角の複合観念には、それがどこでどのように存在しようとも、それにとって本質的なもの、あるいはそれを完璧にするために必要なものが、すべて含まれている。しかし、実体の観念の場合はそうではない。というのも、実体の観念の場合には、われわれは、物を実在するがままに写すこと、そして、その特性のすべてがそれに依存するところの〔粒子の〕構成をわれわれ自身に表すことを欲するので、われわれの観念は自分たちが求めている完全さには至っていないということに、われわれは気づくのである。(Ibid., II. xxxi.

3. pp. 376-377.)

ロックのこの言葉は、彼が単純観念の起源を「経験から」としながら、様態の観念については、その観念を、経験とは関わりなく心が任意に形成できると考えていることを、雄弁に物語っています〔ここで立ち入ることはしませんが、例えばカントは、ロックのこのような見解をまったく無視してロックを批判し、これが誤ったロック理解を促す一つの原因となりました〕。

ロックは、このように、外的原型とは関わりなく心が形成することのできる様態の観念の中に、実体の観念に関わる通常の〔自然誌的、仮説的方法による〕自然科学とは異なる学問の可能性を見ようとします。そして、通常の自然科学の場合とは異なり、知性自身が作った観念からどのような知識が導出できるかという観点から、数学と道徳の、学問としての特殊性を捉えようとしたのです。

これに関するロックの発言を、一つ引用しておきたいと思います。彼は、道徳が数学同様論証可能であることについて、次のように述べています。

そこ〔論証可能な道徳〕では、自明な命題から、数学の帰結と同様の、論争の余地のない必然的な帰結によって、〔……〕正・不正の尺度〔基準〕が立証されるであろう。数と

> 延長の様態間の関係同様、他の様態間の関係も、確実に知覚されるであろう。そして、他の様態も、もしそれらの一致ないし不一致を検討ないし追求するための適切な方法が思いつかれるなら、論証できないわけがないと私は思う。所有がなければ不正はないという命題は、ユークリッドのどの論証とも同じように、確実な命題である。(Ibid., IV. iii. 18, p. 549.)

ここには興味深い表現が見られます。「数と延長の様態間の関係同様、他の様態間の関係も、確実に知覚されるであろう」とロックは言っています。私たちが作った様態の観念が、先に見ましたように、それ自身が原型で「完全」なものであるとしますと、その完全・完璧な原型どうしの間にどのような「関係」が見出されるかは、観察や実験によって調べてみなければわからないというのとはわけが違いそうですよね。

自分たちが作った完璧なものから何が帰結するか。ロックのこの考えは、一種の「規約主義」として理解することができます。私たちが一定の規約を設けたとき、そこからどのような帰結が生じるか。これは、事実確認による知識獲得とは異なる知識獲得のあり方を示唆しています。

規約主義については、ペアノやクワインやカルナップなど、さまざまな数学者、論理学者、哲学者がこれに関わってきました。ロックの右の見解は、こうした路線と接続した上で、今一度十分な見直しが図られる必要がありそうです。

あとがき

本書は、二〇一五年から出版を開始した、互いに関わりの深い一連の書の、五冊目です。これまで出版したものは、次のとおりです。

1 『観念論の教室』ちくま新書、二〇一五年。
2 『ローティ――連帯と自己超克の思想』筑摩選書、二〇一六年。
3 『カント哲学の奇妙な歪み――『純粋理性批判』を読む』岩波現代全書、二〇一七年。
4 『カント入門講義――超越論的観念論のロジック』ちくま学芸文庫、二〇一七年。

1は、主としてバークリの原型的観念論の論理を扱っています。2は、リチャード・ローティの人となりと思想を解説しています。3と4は、カントの超越論的観念論を扱っています。本書では、遡って、ロックの経験論的観念説のロジックを明確にするよう努めました。

また同時期に出版した英文著書の改訂増補版に、次のものがあります。

Yasuhiko Tomida, *Locke, Berkeley, Kant: From a Naturalistic Point of View* (Hildesheim, Zürich, and New York: Georg Olms, 2012; 2nd edn., revised and enlarged, 2015).

ところで、これら一連の著書がそれぞれの仕方で関わっている西洋近代観念説・表象説の研究にとって、デカルトは欠かせません。彼の思想をどう見るかについての私の議論は、次の論著に出てきます。ご参考までに、挙げさせていただきます。

Yasuhiko Tomida, *Idea and Thing: The Deep Structure of Locke's Theory of Knowledge*, in Anna-Teresa Tymieniecka (ed.), *Analecta Husserliana: The Yearbook of Phenomenological Research*, Vol. XLVI (Dordrecht, Boston, and London: Kluwer, 1995), pp. 3–143 at pp. 101–102.

冨田恭彦「「観念」の論理再考——デカルトにおける形而上学と自然学との間」『人間存在論』第一号、一九九五年、一一一〜一二一ページ。（この論文は、冨田『アメリカ言語哲学入門』ちくま学芸文庫、二〇〇七年、第Ⅲ部「近代観念説と現代アメリカ哲学」第七章に、「デカルトにおける形而上学と自然学との間――「観念」の自然主義的論理空間」として収載されています。）

Yasuhiko Tomida, 'Yolton on Cartesian Images', in Tadashi Ogawa, Michael Lazarin, and Guido Rappe（eds.）, *Interkulturelle Philosophie und Phänomenologie in Japan: Beiträge zum Gespräch über Grenzen hinweg*（München: Iudicium, 1998）, pp. 105–111.

—— 'Descartes, Locke, and "Direct Realism"', in Stephen Gaukroger, John Schuster, and John Sutton（eds.）, *Descartes' Natural Philosophy*（London: Routledge, 2000）, pp. 569–575.

西洋近代観念説・表象説の基本的枠組みは、新たな科学の営みが生み出したものでありながら、次第に科学の論理から遠ざかって歪んだものになっていったというのが、私の基本的な見方です。別の言い方をすれば、西洋近代観念説・表象説は、クワインの言う意味での「自然主義」的なものとして始まったが、それは次第に論理を歪めて反自然主義的な方向へ転化するという、きわめて興味深い様相を呈するものであったと私は見ています。ただ、その歪みは、単なる否定的な結果だけを残したわけではありません。その結果、人間は実におもしろい見解を、そこから次々と打ち出していったのです。でも、結果のおもしろさと、その枠組み自体の論理構造の是非は、別の話です。この論理の変質を明確にしないために、かえって、本来理解され別の豊穣さの源となってよかったはずのある知的領域が、その潤いと刺激性を失おうとしているという現実もあるのです。

本書第1章「ロックの生涯」の執筆にあたっては、

H. R. Fox Bourne, *The Life of John Locke*, 2 vols.（London: Henry S. King, 1876）
Maurice Cranston, *John Locke: A Biography*（Oxford: Oxford University Press, 1957）
Roger Woolhouse, *Locke: A Biography*（Cambridge: Cambridge University Press, 2007）

から多くを教えられるとともに、海外のさまざまな機関が蓄積し、公開している、夥しい基礎データの恩恵を受けました。いちいちの名前を挙げることは割愛させていただきますが、データを提供してくださった関係各位に、衷心より御礼を申し上げます。

また、第2章以降の執筆にあたっては、次の拙著・拙論をベースとしました。

冨田恭彦「ロックの単純観念のある統一的性格」『哲學』（日本哲学会編）第三一号、一九八一年、一三五～一四三ページ。

――「ロックにおける経験的対象と物自体――「知覚のヴェール説」的ロック解釈に対する批判の試み」『思想』第七八七号、一九九〇年、一〇一～一一六ページ。

――『ロック哲学の隠された論理』勁草書房、一九九一年。

Yasuhiko Tomida, 'A Phenomenological Interpretation of John Locke's Distinction between Sensible and Intelligible Ideas', *Phenomenological Inquiry*, 16（1992）, pp. 5-27.

冨田恭彦「経験論の再検討――その自然主義的枠組をめぐって」『アルケー』（関西哲学会編）第二号、一九九四年、一三七～一四五ページ。

――『クワインと現代アメリカ哲学』世界思想社、一九九四年。

Yasuhiko Tomida, *Idea and Thing: The Deep Structure of Locke's Theory of Knowledge*, in Anna-Teresa Tymieniecka（ed.）, *Analecta Husserliana: The Yearbook of Phenomenological Research*, Vol. XLVI（Dordrecht, Boston, and London: Kluwer, 1995）, pp. 3-143.

冨田恭彦「超越論哲学と分析哲学――デイヴィドソン的反表象主義と近代観念説の論理」『哲學』（日本哲学会編）第四五号、一九九五年、四七～五九ページ。

――「観念形成における自由と創造性――ロックの観念説再解釈に向けての一つの試

み」竹市明弘・金田晉編『久野昭教授還暦記念哲学論文集』以文社、一九九五年、四七～六八ページ。

――「「観念」の論理再考――デカルトにおける形而上学と自然学との間」『人間存在論』第一号、一九九五年、一一一～一二一ページ。

Yasuhiko Tomida, 'The Imagist Interpretation of Locke Revisited: A Reply to Ayers', *The Locke Newsletter*, 27 (1996), pp. 13–30.

――'Quinean Naturalism and Modern History of Philosophy', *Annals of the Japan Association for Philosophy of Science*, 9, no. 3 (1998), pp. 27–34.

――'Yolton on Cartesian Images,' in Tadashi Ogawa, Michael Lazarin, and Guido Rappe (eds.), *Interkulturelle Philosophie und Phänomenologie in Japan: Beiträge zum Gespräch über Grenzen hinweg* (München: Iudicium, 1998), pp. 105–111.

――'Descartes, Locke, and "Direct Realism",' in Stephen Gaukroger, John Schuster, and John Sutton (eds.), *Descartes' Natural Philosophy* (London: Routledge, 2000), pp. 569–575.

冨田恭彦「ロックの「観念」の論理空間・再考」『思想』第九一〇号、二〇〇〇年、六三～八四ページ。

――「心像論的ロック解釈の再検討」『思想』第九二〇号、二〇〇一年、七八～九八ページ。

Yasuhiko Tomida, *Inquiries into Locke's Theory of Ideas* (Hildesheim, Zürich, and New York: Georg Olms, 2001).

冨田恭彦「バークリの観念説の矛盾」『アルケー』(関西哲学会編)第九号、二〇〇一年、一五～二五ページ。

――「バークリ再考――ロックとの比較」『思想』第九二九号、二〇〇一年、九九～一一六ページ。

――「バークリ再考(Ⅱ)――物質否定論の諸前提」『思想』第九三六号、二〇〇二年、四一～六三ページ。

Yasuhiko Tomida, 'Locke, Berkeley, and the Logic of Idealism', *Locke Studies*, 2 (2002), pp. 225-238.

―― 'Locke, Berkeley, and the Logic of Idealism II', *Locke Studies*, 3 (2003), pp. 63-91.

―― 'Sensation and Conceptual Grasp in Locke', *Locke Studies*, 4 (2004), pp. 59-87.

―― '"Separation" of Ideas Reconsidered: A Response to Jonathan Walmsley', *Locke Studies*, 5 (2005), pp. 39-56.

―― 'Locke's Representationalism without Veil', *British Journal for the History of

Philosophy, 13 (2005), pp. 675–696.
冨田恭彦『観念説の謎解き——ロックとバークリをめぐる誤読の論理』世界思想社、二〇〇六年。
——『アメリカ言語哲学入門』ちくま学芸文庫、二〇〇七年。
Yasuhiko Tomida, *The Lost Paradigm of the Theory of Ideas: Essays and Discussions with John W. Yolton* (Hildesheim, Zürich, and New York: Georg Olms, 2007).
—— *Quine, Rorty, Locke: Essays and Discussions on Naturalism* (Hildesheim, Zürich, and New York: Georg Olms, 2007).
—— 'Locke's "Things Themselves" and Kant's "Things in Themselves": The Naturalistic Basis of Transcendental Idealism', in Sarah Hutton and Paul Schuurman (eds.), *Studies on Locke: Sources, Contemporaries, and Legacy* (Dordrecht: Springer, 2008), pp. 261–275.
冨田恭彦「認識論史の終焉」『岩波講座哲学 第一四巻 哲学史の哲学』岩波書店、二〇〇九年、一七一～一九五ページ。
Yasuhiko Tomida, 'The Lockian Materialist Basis of Berkeley's Immaterialism', *Locke Studies*, 10 (2010), pp. 179–197.
—— 'Davidson-Rorty Antirepresentationalism and the Logic of the Modern Theory

of Ideas', in Randall E. Auxier and Lewis Edwin Hahn (eds.), *The Philosophy of Richard Rorty* (Chicago and La Salle, Ill.: Open Court, 2010), pp. 293–309.

—— 'Ideas without Causality: One More Locke in Berkeley', *Locke Studies*, 11 (2011), pp. 139–154.

—— *Locke, Berkeley, Kant: From a Naturalistic Point of View* (Hildesheim, Zürich, and New York: Georg Olms, 2012; 2nd edn., revised and enlarged, 2015).

—— 'Experiential Objects and Things Themselves: Locke's Naturalistic, Holistic Logic, Reconsidered', *Locke Studies*, 14 (2014), pp. 85–102.

冨田恭彦「古典的経験論と自然主義」『人間存在論』第二一号、二〇一五年、七五～八五ページ。

——『観念論の教室』ちくま新書、二〇一五年。

——「「ロックと言えばタブラ・ラサ」考」『人間存在論』第二二号、二〇一六年、四三～四七ページ。

——『ローティ——連帯と自己超克の思想』筑摩選書、二〇一六年。

——『カント哲学の奇妙な歪み——『純粋理性批判』を読む』岩波現代全書、二〇一七年。

——『カント入門講義——超越論的観念論のロジック』ちくま学芸文庫、二〇一七年。

各々の論著に記載されていますように、これらもまた、各国の研究者の恩恵をさまざまな形で受けています。

著書として最も教えられることが多かったのは、学生時代に読んだ、

Richard I. Aaron, *John Locke* (3rd edn., Oxford: Oxford University Press, 1971)

でした。エアロン先生にお目に掛かることはついぞないままでしたが、心より御礼を申し上げます。

お目に掛かることがなかったと言えば、ジョン・ヨルトン先生にも、お会いすることのないまま、数々の書簡にて多くのことを教えていただきました。彼が私の *Idea and Thing: The Deep Structure of Locke's Theory of Knowledge*, in Anna-Teresa Tymieniecka (ed.), *Analecta Husserliana: The Yearbook of Phenomenological Research*, Vol. XLVI (Dordrecht, Boston, and London: Kluwer, 1995), pp. 3-143 の書評を *British Journal for the History of Philosophy* 誌でしてくださったのがきっかけで、亡くなられるまで、繰り返し、私の観念説解釈に対して、刺激的な質問と示唆をくださいました。ヨルトン先生の教育的配慮に富む温かい励ましがなかったら、私の西洋近代観念説・表象説研究が今日の

ような形をとることはなかったと思います。心より感謝申し上げます。

加えて、*Locke Newsletter* 誌および *Locke Studies* 誌の編集長を永らく務められた、ローランド・ホール先生、*British Journal for the History of Philosophy* 誌の編集長を永らく務められた、G・A・J・ロジャーズ先生にも、拙論の出版の機会をお与えくださったことをはじめとする数々のご厚誼に対して、心より感謝申し上げます。また、私の何篇かの論文の覆面レフェリーを務めてくださった（のちにそのことを知りました）故イアン・ティプトン先生にも、心より御礼を申し上げます。

さらに、お目に掛かることのもともとありえなかった方にも御礼を申し上げてよいとすれば、エトムント・フッサール先生にも、心より御礼を申し上げたいと思います。昔、私が二〇代のはじめに下宿の小さな炬燵の上に積み上げて、あるいはまた、当時第二版は容易に手に入りましたが初版が身近になく、早稲田大学の図書館のご厚意でお送りいただいたマイクロフィルムを京都大学附属図書館でプリントしていただいて読み進めた、フッサールの *Logische Untersuchungen*（『論理学研究』）は、私がのちにロックの『人間知性論』を読む際に、事象を心の「作用」の面から捉える上で、大変有益な視点をそこから汲み取ることになりました。私が、フッサールのある種の絶対主義に反対する立場をとりながらも、彼の『論理学研究』を、カントの『純粋理性批判』、ロックの『人間知性論』とともに、最も長く関わってきた書物として挙げる（この件については、拙著『カント哲学の奇妙な歪み』の「まえがき」をご参照いただければ幸いです）最大の理由は、この点にあります。
また、フッサールの講義録 *Erste Philosophie*（『第一哲学』）からも、フッサールなら歴史をこのように読むのだということをその頃教わりました。今でも私にとっては身近な書の一つです。

最後になりましたが、筑摩書房の天野裕子さんには、この度も大変お世話になりました。『アメリカ言語哲学入門』、『観念論の教室』、『ローティ――連帯と自己超克の思想』、『カント入門講義――超越論的観念論のロジック』同様、天野さんのお力添えがなければ、本書はありえませんでした。衷心より感謝申し上げます。

冨田恭彦

二〇一七年夏

本書は、ちくま学芸文庫のために書下ろしたものである。

社会学の考え方〔第2版〕
ジグムント・バウマン／ティム・メイ　奥井智之訳
日常世界はどのように構成されているのか。日々変化する現代社会をどう読み解くべきか。読者を〈社会学的思考〉の実践へと導く最高の入門書。新訳。

ウンコな議論
ハリー・G・フランクファート　山形浩生訳／解説
ごまかし、でまかせ、いいのがれ。なぜ世の中、こんなものがみちるのか。道徳哲学の泰斗がその正体とカラクリを解く。爆笑必至の訳者解説を付す。

世界リスク社会論
ウルリッヒ・ベック　島村賢一訳
迫りくるリスクは我々から何を奪い、何をもたらすのか。『危険社会』の著者が、近代社会の根本原理をくつがえすリスクの本質と可能性に迫る。

民主主義の革命
エルネスト・ラクラウ／シャンタル・ムフ　西永亮／千葉眞訳
グラムシ、デリダらの思想を摂取し、根源的で複数的なデモクラシーへ向けて、新たなヘゲモニー概念を提示した、ポスト・マルクス主義の代表作。

鏡の背面
コンラート・ローレンツ　谷口茂訳
人間の認識システムはどのように進化してきたのか、そしてその特徴は。ノーベル賞受賞の動物行動学者が試みた抱括的知識による壮大な総合人間哲学。

人間の条件
ハンナ・アレント　志水速雄訳
人間の活動的生活を《労働》《仕事》《活動》の三側面から考察し、《労働》優位の近代世界を思想史的に批判したアレントの主著。（阿部齊）

革命について
ハンナ・アレント　志水速雄訳
《自由の創設》をキイ概念としてアメリカとヨーロッパの二つの革命を比較・考察し、その最良の精神を二〇世紀の惨状から救い出す。（川崎修）

暗い時代の人々
ハンナ・アレント　阿部齊訳
自由が著しく損なわれた時代を自らの意思に従い行動し、生きた人々。政治・芸術・哲学への鋭い示唆を含み描かれる普遍的人間論。（村井洋）

責任と判断
ハンナ・アレント　ジェローム・コーン編　中山元訳
思想家ハンナ・アレント後期の未刊行論文集。人間の責任の意味と判断の能力を考察し、考える能力の喪失により生まれる〈凡庸な悪〉を明らかにする。

プリズメン
Th・W・アドルノ
渡辺祐邦／三原弟平訳
「アウシュヴィッツ以後、詩を書くことは野蛮である」。果てしなく進行する大衆の従順化と、絶対的物象化の時代における文化批判のあり方を問う。

哲学について
ルイ・アルチュセール
今村仁司訳
カトリシズムの救済の理念とマルクス主義の解放の思想との統合をめざしフランス現代思想を領導した孤高の哲学者。その到達点を示す歴史的文献。

スタンツェ
ジョルジョ・アガンベン
岡田温司訳
西洋文化の豊饒なイメージの宝庫を自在に横切り、愛・言葉そして喪失の想像力が表象に与えた役割をたどる。21世紀を牽引する哲学者の博覧強記。

アタリ文明論講義
ジャック・アタリ
林昌宏訳
歴史を動かすのは先を読む力だ。混迷を深める現代文明の行く末を見通し対処するにはどうすればよいのか。「欧州の知性」が危難の時代を読み解く。

プラトンに関する十一章
アラン
森進一訳
『幸福論』が広く静かに読み継がれているモラリスト、アラン。卓越した哲学教師でもあった彼が平易かつ明快にプラトン哲学の精髄を説いた名著。

コンヴィヴィアリティのための道具
イヴァン・イリイチ
渡辺京二／渡辺梨佐訳
破滅に向かう現代文明の大転換はまだ可能だ！　人間本来の自由と創造性が最大限活かされる社会をどう作るか。イリイチが遺した不朽のマニフェスト。

重力と恩寵
シモーヌ・ヴェイユ
田辺保訳
「重力」に似たものから、どのようにして免れればよいのか……ただ「恩寵」によって。苛烈な自己無化への意志に貫れた、独自の思索の断想集。ティボン編。

工場日記
シモーヌ・ヴェイユ
田辺保訳
人間のありのままの姿を知り、愛し、そこで生きたい――女工となった哲学者が、極限の状況で自己犠牲と献身について考え抜き、克明に綴った、魂の記録。

青色本
L・ウィトゲンシュタイン
大森荘蔵訳
「語の意味とは何か」。端的な問いかけで始まるこのコンパクトな書は、初めて読むウィトゲンシュタインとして最適な一冊。（野矢茂樹）

法の概念〔第3版〕
H・L・A・ハート
長谷部恭男訳
法とは何か。ルールの秩序という観念でこの難問に立ち向かい、法哲学の新たな地平を拓いた名著。批判に応える「後記」を含め、平明な新訳でおくる。

解釈としての社会批判
マイケル・ウォルツァー
大川正彦／川本隆史訳
社会の不正を糾すのに、普遍的な道徳を振りかざすだけでは有効でない。暮らしに根ざしながら同時にラディカルな批判が必要だ。その可能性を探究する。

ポパーとウィトゲンシュタインとのあいだで交わされた世上名高い10分間の大激論の謎
デヴィッド・エドモンズ／ジョン・エーディナウ
二木麻里訳
このすれ違いは避けられない運命だった？　二人の思想の歩み、そして大激論の真相に、ウィーン学団の人間模様やヨーロッパの歴史的背景から迫る。

大衆の反逆
オルテガ・イ・ガセット
神吉敬三訳
二〇世紀の初頭、《大衆》という現象の出現とその功罪を論じながら、自ら進んで困難に立ち向かう《真の貴族》という概念を対置した警世の書。

死にいたる病
S・キルケゴール
桝田啓三郎訳
死にいたる病とは絶望であり、絶望を深く自覚し神の前に自己をすてる。実存的な思索の深まりをデンマーク語原著から訳出し、詳細な注を付す。

ニーチェと悪循環
ピエール・クロソウスキー
兼子正勝訳
永劫回帰の啓示がニーチェに与えたものは、同一性の下に潜在する無数の強度の解放である。二十一世紀にあざやかに蘇る、逸脱のニーチェ論。

世界制作の方法
ネルソン・グッドマン
菅野盾樹訳
世界は「ある」のではなく、「制作」されるのだ。芸術・科学・日常経験・知覚など、幅広い分野で徹底した思索を行ったアメリカ現代哲学の重要著作。

新編 現代の君主
アントニオ・グラムシ
上村忠男編訳
労働運動を組織しイタリア共産党を指導したグラムシ。獄中で綴られたそのテキストから、いま読み直されるべき重要な29篇を選りすぐり注解する。

ハイデッガー『存在と時間』註解
マイケル・ゲルヴェン
長谷川西涯訳
難解をもって知られる『存在と時間』全八三節の思考を、初学者にも一歩一歩追体験させ、高度な内容を読者に確信させ納得させる唯一の註解書。

色彩論
ゲーテ
木村直司訳
数学的・機械論的近代自然科学と一線を画し、自然の中に「精神」を読みとろうとする特異で巨大な自然観を示した思想家・ゲーテの不朽の業績。

倫理問題101問
マーティン・コーエン
榑沼範久訳
何が正しいことなのか。医療・法律・環境問題等、私たちの周りに溢れる倫理的なジレンマから101の題材を取り上げて、ユーモアも交えて考える。

哲学101問
マーティン・コーエン
矢橋明郎訳
全てのカラスが黒いことを証明するには？　コンピュータと人間の違いは？　哲学者たちが頭を捻った101問を、譬話で考える楽しい哲学読み物。

マラルメ論
ジャン＝ポール・サルトル
渡辺守章／平井啓之訳
思考の極北で〈存在〉そのものを問い直す形而上学的〈劇〉を生きた詩人マラルメ――固有の方法的批判により文学の存立の根拠をも問う白熱の論考。

存在と無（全3巻）
ジャン＝ポール・サルトル
松浪信三郎訳
人間の意識の在り方（実存）をきわめて詳細に分析し、存在と無の弁証法を問い究め、実存主義を確立した不朽の名著。現代思想の原点。

存在と無Ⅰ
ジャン＝ポール・サルトル
松浪信三郎訳
Ⅰ巻は、「即自」と「対自」が峻別される緒論「存在の探求」から、「対自」としての意識の基本的在り方が論じられる第二部「対自存在」まで収録。

存在と無Ⅱ
ジャン＝ポール・サルトル
松浪信三郎訳
Ⅱ巻は、第三部「対他存在」を収録。私と他者との相剋関係を論じた「まなざし」論をはじめ、愛、憎悪、マゾヒズム、サディズムなど具体的な他者論を展開。

存在と無Ⅲ
ジャン＝ポール・サルトル
松浪信三郎訳
Ⅲ巻は、第四部「持つ」「為す」「ある」を収録。この三つの基本的カテゴリーとの関連で人間の行動を分析し、絶対的自由を提唱。（北村晋）

公共哲学
マイケル・サンデル
鬼澤忍訳
経済格差、安楽死の帮助、市場の役割など、私達が現代の問題を考えるのに必要な思想とは？　ハーバード大講義で話題のサンデル教授の主著、初邦訳。

省察
ルネ・デカルト
山田弘明訳

徹底した懐疑の積み重ねから、確実な知識を探り世界を証明づける。哲学入門者が最初に読むべき、近代哲学の源泉たる一冊。詳細な解説付新訳。

哲学原理
ルネ・デカルト
山田弘明/吉田健太郎/久保田進一/岩佐宣明訳・注解

『省察』刊行後、その知のすべてが記された本書は、デカルト形而上学の最終形態といえる。第一部の新訳と解題・詳細な解説を付す決定版。

方法序説
ルネ・デカルト
山田弘明訳

「私は考える、ゆえに私はある」。近代以降すべての哲学は、この言葉で始まった。世界中で最も読まれている哲学書の完訳。平明な徹底解説付。

宗教生活の基本形態（上）
エミール・デュルケーム
山﨑亮訳

宗教社会学の古典的名著を清新な新訳で。オーストラリアのトーテミスムにおける儀礼の研究から、宗教の本質的要素＝宗教生活の基本形態を析出する。

宗教生活の基本形態（下）
エミール・デュルケーム
山﨑亮訳

「最も原始的で単純な宗教」の分析から、宗教を、社会を「作り直す」行為の体系として位置づけ、20世紀人文学の原点となった名著。詳細な訳者解説を付す。

社会分業論
エミール・デュルケーム
田原音和訳

人類はなぜ社会を必要としたか。社会はいかにして発展するか。近代社会学の嚆矢をなすデュルケーム畢生の大著を定評ある名訳で送る。（菊谷和宏）

公衆とその諸問題
ジョン・デューイ
阿部齊訳

大衆社会の到来とともに公共性の成立基盤は衰退した。民主主義は再建可能か？　プラグマティズムの代表的思想家がこの難問を考究する。（宇野重規）

旧体制と大革命
A・ド・トクヴィル
小山勉訳

中央集権の確立、パリ一極集中、そして平等を自由に優先させる精神構造――フランス革命の成果は、実は旧体制の時代にすでに用意されていた。

ニーチェ
G・ドゥルーズ
湯浅博雄訳

〈力〉とは差異にこそその本質を有している――ニーチェのテキストを再解釈し、尖鋭なポスト構造主義的イメージを提出した、入門的な小論考。

現代哲学
バートランド・ラッセル　髙村夏輝訳
世界の究極的あり方とは？　そこで人間はどう描けるのか？　現代哲学の始祖が、哲学と最新科学の知見を総動員。統一的な世界像を提示する。本邦初訳。

存在の大いなる連鎖
アーサー・O・ラヴジョイ　内藤健二訳
西洋人が無意識裡に抱き続けてきた「存在の大いなる連鎖」という観念。その痕跡をあらゆる学問分野に探り「観念史」研究を確立した名著。（高山宏）

自発的隷従論
エティエンヌ・ド・ラ・ボエシ　山上浩嗣訳　西谷修監修
圧制は、支配される側の自発的な隷従によって永続する――支配・被支配構造の本質を喝破した古典的名著。20世紀の代表的な関連論考を併録。（西谷修）

自己言及性について
ニクラス・ルーマン　土方透／大澤善信訳
国家、宗教、芸術、愛……。私たちの社会を形づくるすべてを動態的・統一的に扱う理論は可能か？ 20世紀社会学の頂点をなすルーマン理論への招待。

レヴィナス・コレクション
エマニュエル・レヴィナス　合田正人編訳
人間存在と暴力について、独創的な倫理にもとづく存在論哲学を展開し、現代思想に大きな影響を与えているレヴィナス思想の歩みを集大成。

実存から実存者へ
エマニュエル・レヴィナス　西谷修訳
世界の内に生きて「ある」とはどういうことか。存在は「悪」なのか。初期の主著にしてアウシュヴィッツ以後の哲学的思索の極北を示す記念碑的著作。

倫理と無限
エマニュエル・レヴィナス　西山雄二訳
自らの思想の形成と発展を、代表的著作にふれながら語ったインタビュー。平易な語り口で、自身によるレヴィナス思想の解説とも言える魅力的な一冊。

黙示録論
D・H・ロレンス　福田恆存訳
抑圧が生んだ歪んだ自尊と復讐の書「黙示録」を読みとき、現代人が他者を愛することの困難とその克服を切実に問うた20世紀の名著。（高橋英夫）

考える力をつける哲学問題集
スティーブン・ロー　中山元訳
宇宙はどうなっているのか？　心とは何か？　遺伝子操作は許されるのか？　多彩な問いを通し、「哲学する」技術と魅力を堪能できる対話集。

物質と記憶
アンリ・ベルクソン
合田正人／松本力訳
観念論と実在論の狭間でイマージュへと焦点があてられる。心脳問題への関心の中で、今日さらに重要性が高まる、フランス現象学の先駆的著書。

創造的進化
アンリ・ベルクソン
合田正人／松井久訳
生命そして宇宙は「エラン・ヴィタル」を起爆力に、自由な変形を重ねて進化してきた——。生命概念を刷新したベルクソン思想の集大成的主著。

道徳と宗教の二つの源泉
アンリ・ベルクソン
合田正人／小野浩太郎訳
閉じた道徳／開かれた道徳、静的宗教／動的宗教への洞察から、個人のエネルギーが人類全体の倫理的行為へ向かう可能性を問う。最後の哲学的主著新訳。

笑い
アンリ・ベルクソン
合田正人／平賀裕貴訳
「おかしみ」の根底には何があるのか。主要四著作に続き、多くの読者に読みつがれてきた本著作の最新訳。主要著作との関連も俯瞰した充実の解説付。

象徴交換と死
J・ボードリヤール
今村仁司／塚原史訳
すべてがシミュレーションと化した高度資本主義像を鮮やかに提示し、〈死の象徴交換〉による、その内部からの〈反乱〉を説く、ポストモダンの代表作。

永遠の歴史
J・L・ボルヘス
土岐恒二訳
巨人ボルヘスの時間論を中心とした哲学的エッセイ集。宇宙を支配する円環的時間を古今の厖大な書物に分け入って論じ、その思想の根源を示す。

経済の文明史
カール・ポランニー
玉野井芳郎ほか訳
市場経済社会は人類史上極めて特殊な制度的所産である——非市場社会の考察を通じて経済人類学に大転換をもたらした古典的名著。（佐藤光）

経済と文明
カール・ポランニー
栗本慎一郎／端信行訳
文明にとって経済とは何か。18世紀西アフリカ・ダホメを舞台に、非市場社会の制度的運営とその原理を明らかにした人類学の記念碑的名著。

暗黙知の次元
マイケル・ポランニー
高橋勇夫訳
非言語的で包括的なもうひとつの知。創造的な科学活動にとって重要な〈暗黙知〉の構造を明らかにしつつ、人間と科学の本質に迫る。新訳。

プラトン入門　竹田青嗣

哲学はプラトン抜きには語れない。近年の批判を乗り越え、普遍性や人間の生をめぐる根源的な思索者としての姿を鮮やかに描き出す画期的入門書！

統計学入門　盛山和夫

統計に関する知識はいまや現代人に不可欠な教養だ。その根本にある考え方から実際的な分析法、さらには陥りやすい問題点までしっかり学べる一冊。

論理学入門　丹治信春

大学で定番の教科書として愛用されてきた名著がついに文庫化！　完全に自力でマスターできる「タブロー」を用いた学習法で、思考と議論の技を鍛える！

論理的思考のレッスン　内井惣七

どうすれば正しく推論し、議論に勝てるのか。なぜ、どこで推理を誤るのか？　推理のプロから15のレッスンを通して学ぶ、思考の整理法と論理学の基礎。

日本の哲学をよむ　田中久文

近代を根本から問う日本独自の哲学が一九三〇年代に生まれた。西田幾多郎・田辺元・和辻哲郎・九鬼周造・三木清による「無」の思想の意義を平明に説く。

「やさしさ」と日本人　竹内整一

「やさしい」という言葉は何を意味するのか。万葉の時代から現代まで語義の変遷を丁寧にたどり、日本人の倫理の根底をあぶりだした名著。（田中久文）

日本人は何を捨ててきたのか　鶴見俊輔／関川夏央

明治に造られた「日本という樽の船」はよくできた「樽」だったが、やがて「個人」を閉じ込める「檻」になった。21世紀の海をゆく「船」は？（高橋秀実）

カント入門講義　冨田恭彦

人間には予めものの見方の枠組がセットされている――平明な筆致でも知られる著者が、カント哲学の本質を一から説き、哲学史的な影響を一望する。

不在の哲学　中島義道

言語を習得した人間は、自身の〈いま・ここ〉の体験よりも、客観的に捉えた世界の優位性を信じがちだ。しかしそれは本当なのか？　渾身の書下ろし。

ちくま学芸文庫

ロック入門《にゅうもん》講義《こうぎ》　イギリス経験論《けいけんろん》の原点《げんてん》

二〇一七年十二月十日　第一刷発行
二〇二四年　十　月五日　第二刷発行

著　者　冨田恭彦（とみだ・やすひこ）

発行者　増田健史
発行所　株式会社 筑摩書房
東京都台東区蔵前二―五―三　〒一一一―八七五五
電話番号　〇三―五六八七―二六〇一（代表）
装幀者　安野光雅
印刷所　三松堂印刷株式会社
製本所　三松堂印刷株式会社

ISBN978-4-480-09833-7　C0110